本书获云南大学边疆治理研究中心资助

"十三五"国家重点图书出版规划项目

中国减贫研究书系/专题研究
CHINA'S POVERTY ALLEVIATION SERIES

# 云南人口较少民族贫困治理：理论与实践

# POVERTY GOVERNANCE OF ETHNIC MINORITIES WITH LESS POPULATION IN YUNNAN PROVINCE: THEORY AND PRACTICE

张翠霞 / 著

社会科学文献出版社
SOCIAL SCIENCES ACADEMIC PRESS (CHINA)

# 《中国减贫研究书系》出版说明

消除贫困是人类自古以来的理想，是人类的共同使命，也是当今世界面临的最大全球性挑战。中国的消除贫困行动取得了举世瞩目的成就，为全球减贫事业作出了重大贡献。党的十八大以来，新一届中央领导集体高度重视扶贫开发工作，明确了“到2020年现行标准下农村贫困人口全部脱贫，贫困县全部摘帽，解决区域性整体贫困”的目标，召开中央扶贫开发工作会议，对打赢脱贫攻坚战进行了全面部署。目前，全国上下全面实施精准扶贫、精准脱贫方略，中国迎来了与贫困作战的新一轮浪潮。

在这种大背景下，社会科学文献出版社希望通过减贫与发展主题作品的出版，搭建减贫研究的资源共享和传播平台，向社会和政策界传递学界的思考和分析，探索和完善中国减贫和发展的模式，并通过学术成果“走出去”，丰富国际减贫经验，为人类消除贫困贡献中国模式。

《中国减贫研究书系》和“中国减贫数据库”是社会科学文献出版社自主策划的出版项目，项目策划之初就获得了中国社会科学院李培林副院长、蔡昉副院长的肯定和支持。图书项目目前已被列入“十三五”国家重点图书出版规划。依托于该书系以及社会科学文献出版社历史上已出版图书的“中国减贫数据库”业已入选“十三五”重点电子出版物出版规划。

中文版书系将全面梳理新中国成立以来，特别是改革开放40多年来我国减贫政策演变进程及历史经验；系统分析现阶段我国减贫工作所面临的突出问题并探索相应的解决方式与途径，为减贫工作提供理论资源和智识支持；总结政府、社会、市场协同推进的大扶贫格局，跨地区、跨部门、跨单位、全社会共同参与的多元主体社会扶贫体系的优势；探索区域合作、国际合作在减贫问题上的实践路径，为全球减贫视野贡献中国智慧。

“中国减贫数据库”旨在全面整合社会科学文献出版社30年来出版的减贫研究学术成果，数据库设有减贫理论、政府减贫、市场减贫、国际减贫、区域减贫、金融减贫、社会救助、城市减贫、减贫政策（战略）、社会减贫、减贫案例等栏目。我们希望以此为基点，全面整合国内外相关学术资源，为中国减贫事业的开展、学术研究、国际合作提供数据平台支持。

基于中文版书系及数据库资源而成的“走出去”项目，将以多语种展现中国学术界在贫困研究领域的最新成果，展现减贫领域的中国模式并为其他国家的减贫事业提供中国镜鉴，增强中国发展模式的国际话语权。

作为人文社会科学专业学术出版机构，社会科学文献出版社长期关注国内外贫困研究，致力于推动中外减贫研究领域的学术交流与对话，出版了大批以减贫与发展为主题的学术著作。在新时期中央有关减贫战略思想的指导下，我们希望通过《中国减贫研究书系》这个平台，多维度、多层次展现中国减贫研究的优秀学术成果和成功的中国经验，为中国减贫事业贡献出版界的力量。

# 《中国减贫研究书系》编辑委员会

（以姓氏笔画为序）

# 目录

# 导 言

我国自古以来就是一个统一的多民族国家，各民族和谐发展共同书写了悠久的中国历史，铸就了辉煌的中华文明。今天，在我国960万平方公里的广袤土地上，共同生活着56个民族。据2020年第七次人口普查数据，汉族人口有128631万人，占全国总人口的91.11%；其他55个民族人口有12547万人，占全国总人口的8.89%。[①] 55个少数民族人口数量差别较大，如人口最多的壮族，人口超过千万，而部分民族人口则仅有几千人。我国实行民族平等政策，各民族不论人口数量多少一律平等。这种平等，不仅包含政治上的平等，也包含经济、文化等诸多方面共同发展、共同繁荣。新中国成立以来，我国消除了影响人口较少民族发展的制度性障碍，但是各民族社会经济发展不平衡，尤其是受历史、地理和自然等因素的制约，人口较少民族总体发展水平相对滞后，贫困面广、程度深，区域性、整体性贫困问题较为突出。扶持人口较少民族发展，实现人口较少民族脱贫致富，实现各民族共同繁荣发展，是历代中国共产党人的坚定目标。“全面实现小康，少数民族一个都不能少，一个都不能掉队。”[②] 这是以习近平同志为核心的党中央给全国56个民族的郑重承诺。全面开展人口较少民族贫困治理，实施人口较少民族扶贫开发，是新时代中国共产党人庄严的历史使命。2020年，在党的坚强领导下，全国各民族人民众志成城、攻坚克难，

---

① 《第七次全国人口普查主要数据情况》，国家统计局网站，2021年5月11日，http://www.stats.gov.cn/tjsj/zxfb/202105/t20210510_1817176.html，最后访问日期：2021年5月12日。

② 《习近平：全面建成小康社会，一个民族都不能少》，人民网，2017年6月12日，http://theory.people.com.cn/n1/2017/0612/c40531-2933825.html，最后访问日期：2022年2月13日。

终于夺得了脱贫攻坚战的决定性胜利，28 个人口较少民族人民和其他各族人民一起同步进入小康社会。云南省是我国人口较少民族最多的省份，也是全国人口较少民族脱贫攻坚任务最为艰巨的省份。2020 年，云南省 8 个人口较少民族与我国其他地区和民族一起步入小康社会，向世界展示了具有中国特色和优势的整族脱贫成功路径，为世界脱贫事业贡献了宝贵的中国经验和中国智慧。

## 一 云南人口较少民族概述

### （一）人口较少民族概念的提出及其划定

人口较少民族概念是在我国民族政策的制定与实施实践中提出的，是我国民族区域自治制度的创新与发展。实际上，人口较少民族概念的提出和划定是基于我国特殊国情形成的具有中国特色的民族政策及其实践。我国 55 个少数民族虽然有 1.05 亿人，占全国总人口的 8.47%，但相对于拥有 11 亿多人的汉族来说，他们是少数民族。而在少数民族中，一些民族人口数量更少，有的只有几千人或几万人，相对于那些有几十万人、几百万人乃至上千万人口的少数民族来说，他们是少数民族中的少数，因此称其为人口较少民族。[①] 人口较少民族是一个相对的概念。“人口较少民族无论从理论上还是政策、法规上都没有特定的含义，只是根据国家发展实际而定的。‘十一五’规划时，国家定的人口较少民族是 22 个，当时定的时候是以人口总数为标准定的，就是 10 万人以下的 22 个民族被定为人口较少民族。到了‘十二五’时期，我们国家的经济实力有了重大进展，想把覆盖面扩大一些，标准由人口 10 万以下提升到 30 万以下，变成了 28 个人口较少民族。”[②] 人口较少民族概念自提出以来，其划定的标准和范围就

---

① 《中国人口较少民族发展研究丛书》编委会编《中国人口较少民族经济和社会发展调查报告》，民族出版社，2007，第 1 页。

② 《罗黎明同志在扶持人口较少民族发展研讨会上的讲话（2015 年 5 月 24 日）》，载国家民族事务委员会经济发展司编《中国人口较少民族发展报告（2015）》，民族出版社，2018，第 4 页。

不是一成不变的。随着少数民族人口规模的变化，以及国家综合国力的提升，国家扶持少数民族发展的力度越来越大，而作为特殊扶持群体的“人口较少民族”，其范围也会发生变化（见表1－1）。

**表1－1　1990年、2000年、2010年人口较少民族人口数量及分布情况**

| 序号 | 民族 | 主要分布地区 | 人数（人） | | |
|---|---|---|---|---|---|
| | | | 1990年 | 2000年 | 2010年 |
| 1 | 布朗族 | 云南 | 82280 | 90388 | 119639 |
| 2 | 怒族 | 云南 | 27123 | 28759 | 37523 |
| 3 | 阿昌族 | 云南 | 27708 | 33936 | 39555 |
| 4 | 德昂族 | 云南 | 15462 | 17935 | 20556 |
| 5 | 普米族 | 云南 | 29657 | 33600 | 42861 |
| 6 | 独龙族 | 云南 | 5816 | 5884 | 6930 |
| 7 | 基诺族 | 云南 | 18021 | 20899 | 23143 |
| 8 | 塔吉克族 | 新疆 | 33538 | 41028 | 51069 |
| 9 | 乌孜别克族 | 新疆 | 14502 | 12370 | 10569 |
| 10 | 塔塔尔族 | 新疆 | 4873 | 4890 | 3556 |
| 11 | 俄罗斯族 | 新疆、内蒙古、黑龙江 | 13504 | 15609 | 15393 |
| 12 | 鄂温克族 | 内蒙古、黑龙江 | 26315 | 30505 | 30875 |
| 13 | 鄂伦春族 | 内蒙古 | 6965 | 8196 | 8659 |
| 14 | 保安族 | 甘肃 | 12212 | 16505 | 20074 |
| 15 | 裕固族 | 甘肃 | 12297 | 13719 | 14378 |
| 16 | 门巴族 | 西藏 | 7475 | 8923 | 10561 |
| 17 | 珞巴族 | 西藏 | 2312 | 2965 | 3682 |
| 18 | 撒拉族 | 青海、甘肃 | 87697 | 104503 | 130607 |
| 19 | 毛南族 | 广西、贵州 | 71968 | 107166 | 101192 |
| 20 | 京族 | 广西 | 18915 | 22517 | 28199 |
| 21 | 赫哲族 | 黑龙江 | 4245 | 4640 | 5354 |
| 22 | 高山族 | 福建（未统计台湾） | 2909 | 4461 | 4009 |

资料来源：国家统计局第四次、第五次、第六次全国人口普查数据资料。

2000年第五次全国人口普查数据显示，我国人口在10万人以下的少数民族有22个，即西藏自治区的门巴族、珞巴族，福建省的高山族，广西壮族自治区的京族，贵州省的毛南族，云南省的基诺族、阿昌族、布朗族、怒族、独龙族、普米族、德昂族，黑龙江省的赫哲族，新疆维吾尔自治区的塔塔尔族、塔吉克族、俄罗斯族、乌孜别克族，内蒙古自治区的鄂伦春族、鄂温克族，甘肃省的保安族、裕固族，青海省的撒拉族，总人口63万人，占全国人口总数的0.05%，占少数民族人口总数的0.6%，主要分布在内蒙古、黑龙江、福建、广西、云南、贵州、青海、新疆等10个省（区）的86个县、238个乡镇、640个行政村。其中，在22个人口较少民族聚居的640个村中，总人口95.6万人，人口较少民族人口38.4万人，占总人口比重为40.2%，占全国人口较少民族总人口的61%。[①] “十一五”时期，党中央、国务院制定并实施《扶持人口较少民族发展规划（2005—2010年）》，采取特殊政策措施，集中力量帮助这些民族加快发展步伐，走上共同富裕道路，对于贯彻落实科学发展观，进一步增强民族团结，维护边疆稳定，实现全面建设小康社会的奋斗目标，构建社会主义和谐社会，具有十分重要的意义，其规划范围覆盖上述22个人口较少民族的聚居区。

“十二五”时期扶持人口较少民族发展规划中所称的人口较少民族是指全国总人口在30万人以下的28个民族，这些民族是：珞巴族、高山族、赫哲族、塔塔尔族、独龙族、鄂伦春族、门巴族、乌孜别克族、裕固族、俄罗斯族、保安族、德昂族、基诺族、京族、怒族、鄂温克族、普米族、阿昌族、塔吉克族、布朗族、撒拉族、毛南族、景颇族、达斡尔族、柯尔克孜族、锡伯族、仫佬族、土族。这些民族分布于内蒙古、辽宁、吉林、黑龙江、福建、江西、广西、贵州、云南、西藏、甘肃、青海、新疆等13个省（区）和新疆生产建设兵团，这些地区包括2119个人口较少民族聚居的行政村、71个人口较少民族的民族乡、16个人口较少民族的自治县、2个人口较少民族的自治州。28个人口较少民族所在的聚居区总人口701.7万人，其中人口较少民族153.5万人，占21.9%，占这28个民族全国总人口的90.6%。其中，2119个聚居村总人口272.7万人，人口较少民族人口

① 国家民委、国家发展改革委、财政部、中国人民银行和国务院扶贫办：《扶持人口较少民族发展规划（2005—2010年）》。

136.0 万人，占 49.9%；71 个民族乡总人口 68.4 万人，人口较少民族人口 20.5 万人，占 30.0%；16 个自治县总人口 378.1 万人，人口较少民族人口 69.3 万人，占 18.3%；2 个自治州总人口 172.7 万人，人口较少民族 33.4 万人，占 19.3%。[①]

相较“十一五”时期制定实施的《扶持人口较少民族发展规划（2005—2010 年）》，“十二五”时期人口较少民族的划定标准由原来的 10 万人以下扩展到 30 万人以下，据此，人口较少民族的数量也由原有的 22 个增加至 28 个。景颇族、达斡尔族、仫佬族、锡伯族、土族、柯尔克孜族 6 个少数民族也被纳入扶持人口较少民族的规划。自“十二五”以来，以“人口数量 30 万人以下”为标准划定的 28 个人口较少民族的概念和范围，在国家政策制定以及学术研究中广泛使用。

人口较少民族概念之所以得以提出和划定，究其原因，一方面是基于人口较少民族本身所呈现的共同特点，另一方面是基于国家民族政策及扶贫开发政策制定及实施的实践。我国人口较少民族，尽管分布广，社会经济发展水平不一，但基本呈现如下特点。一是人口数量比较少。第五次全国人口普查数据显示，28 个人口较少民族总人口为 169.5 万人。其中，人口最少的是珞巴族，仅有 2965 人。二是大多地处边境偏远地区，多为跨境民族。除毛南族、保安族、裕固族、撒拉族之外，其余人口较少民族多分布在边境沿线，其中很多民族为跨境民族。如中国的京族与越南主体民族越族为同一民族；在缅甸中国的德昂族被称为崩龙人、独龙族被称为日旺人、景颇族被称为克钦人；中国的俄罗斯族、鄂伦春族、鄂温克族、赫哲族、塔塔尔族、乌孜别克族、撒拉族，在俄罗斯及中亚五国分别被称为俄罗斯人、奥罗奇人、埃文克人、那乃人、鞑靼人、乌兹别克人、撒鲁尔人。此外，布朗族、阿昌族以及门巴族、珞巴族在境外相邻地区也有一些分布；

① 国家民委、国家发展改革委、财政部、中国人民银行和国务院扶贫办：《扶持人口较少民族发展规划（2011—2015 年）》。

京族、乌孜别克族、俄罗斯族等民族在国外的人口有几千万甚至上亿，比我国国内人口数量多；独龙族、德昂族、景颇族等民族在缅甸也有数万人或几十万人。三是大多聚居在以乡、行政村为单位的农村社区。28个人口较少民族主要分布于内蒙古、辽宁、吉林、黑龙江、福建、江西、广西、贵州、云南、西藏、甘肃、青海、新疆等13个省（区）的2个人口较少民族的自治州、16个人口较少民族的自治县、71个人口较少民族的民族乡、2119个人口较少民族聚居的行政村，还有部分杂居于其他民族之中。四是经济社会总体发展水平相对滞后。新中国成立以来，人口较少民族在政治上得到了翻身解放，尤其是改革开放以来，人口较少民族地区经济和社会发生了深刻变化，生活水平有了很大提高，但总体而言，受历史发展、地理位置和生态环境等诸多因素的影响，人口较少民族的经济和社会发展总体水平相对落后，部分人口较少民族聚居地区呈现区域性整体性贫困问题。五是各人口较少民族都是中华民族共同体中平等的一员。无论人口数量多少，经济发展程度如何，人口较少民族的历史文化是中华多元文化的重要组成部分，他们是中华民族大家庭中重要的一员。民族平等团结是马克思主义民族观的一个根本原则，也是中国共产党和中国政府制定民族政策的理论基础。可见，中国人口较少民族是一个现实存在，其概念的提出划定符合人口较少民族的现实发展实际，是中国共产党和中国政府面对区域发展及特殊群体发展不充分、不平衡问题的理论和实践创新，是坚定贯彻落实民族政策，深入推进贫困地区扶贫开发，坚决履行在小康社会建设路上“决不让一个兄弟民族掉队”的成果。

### （二）云南人口较少民族分布及基本概况

#### 1. 云南省人口较少民族分布情况

云南省集边疆、民族、贫困、山区于一体，是我国人口较少民族最多的省份，也是全国扶持人口较少民族任务最为艰巨的省份。2020年第七次全国人口普查统计结果显示，云南省总人口（常住人口）为47209277人，其中，汉族人口为31573245人，占总人口的66.88%；各少数民族人口为

15636032 人，占总人口的 33.12%。[①] 云南省内有 25 个世居少数民族，[②] 16 个跨境民族，[③] 15 个特有民族，[④] 8 个人口较少民族，[⑤] 9 个“直过民族”[⑥] 与汉族交错杂居，这些民族主要分布在云南省的 13 个州市（除昭通、曲靖、文山外）61 个县市区，聚居在 322 个乡镇 1400 个行政村，其中有 222 个行政村是沿边行政村，聚居区共有人口 72.72 万户 286.15 万人。[⑦] 独龙族、德昂族、基诺族、怒族、阿昌族、普米族、布朗族、景颇族等 8 个人口较少民族，除普米族、阿昌族之外都属于“直过民族”，共有人口 42.1 万人，人口数量占全国 28 个人口较少民族人口总数的 24.8%，[⑧] 主要分布在保山、红河、普洱、西双版纳、大理、德宏、怒江、迪庆、丽江、临沧 10 个州市的 35 个县市区 138 个乡镇的 422 个行政村。[⑨]

云南省 8 个人口较少民族从具体分布上看，布朗族主要分布在西双版纳傣族自治州、普洱市和临沧市；普米族主要分布在丽江市、怒江傈僳族

① 《云南省第七次全国人口普查主要数据公报》，云南省统计局网站，2021 年 5 月 17 日，http://stats.yn.gov.cn/tjsj/jjxx/202105/t20210517_1051975.html，最后访问日期：2021 年 5 月 21 日。

② 云南省有 25 个世居少数民族，分别是：彝族、白族、哈尼族、傣族、壮族、苗族、回族、傈僳族、佤族、拉祜族、瑶族、纳西族、景颇族、布朗族、阿昌族、布依族、普米族、德昂族、怒族、基诺族、独龙族、水族、藏族、满族、蒙古族。在 25 个世居少数民族中，人口超过 100 万的民族有 6 个，即彝族、哈尼族、白族、傣族、壮族、苗族。云南少数民族人口超过全省总人口的三分之一，是全国少数民族人口超过千万的 3 个省区（广西、云南、贵州）之一。

③ 云南省有 16 个跨境民族，分别是：傣族、壮族、苗族、景颇族、瑶族、哈尼族、德昂族、佤族、拉祜族、彝族、阿昌族、傈僳族、布依族、怒族、布朗族、独龙族。

④ 云南省有 15 个特有民族，是我国特有民族最多的省份。这些特有民族分别为白族、哈尼族、傣族、傈僳族、佤族、拉祜族、纳西族、景颇族、布朗族、阿昌族、普米族、德昂族、怒族、基诺族、独龙族。

⑤ 人口较少民族是指全国总人口在 30 万人以下的民族。云南人口较少民族有独龙族、德昂族、基诺族、怒族、阿昌族、普米族、布朗族、景颇族，共 8 个，主要聚居在保山、红河、普洱、西双版纳、大理、德宏、怒江、迪庆、丽江、临沧等州（市）。

⑥ “直过民族”是指新中国成立初期，直接从原始社会末期、奴隶社会等低级社会形态过渡到社会主义社会的民族。云南的“直过民族”有独龙族、德昂族、基诺族、怒族、布朗族、景颇族、佤族、拉祜族、傈僳族，共 9 个。这些民族的聚居区被称为“直接过渡区”（简称“直过区”），这些民族简称“直过民族”。

⑦ 参见云南省民族宗教事务委员会经济处统计数据。

⑧ 参见云南省民族宗教事务委员会经济处统计数据。

⑨ 参见云南省民族宗教事务委员会经济处统计数据。

自治州、迪庆藏族自治州；阿昌族主要分布在德宏傣族景颇族自治州、保山市和大理白族自治州；怒族主要分布在怒江傈僳族自治州；基诺族主要分布在西双版纳傣族自治州；德昂族主要分布在德宏傣族景颇族自治州、临沧市；独龙族主要分布在怒江傈僳族自治州；景颇族主要分布在德宏傣族景颇族自治州。

**表1-2　云南省8个特有人口较少民族属性及其分布情况**

| 民族名称 | 民族类别 | | | | | 人口（人） | 主要分布地区 |
|---|---|---|---|---|---|---|---|
| | 人口较少民族 | 世居民族 | 特有民族 | “直过民族” | 跨境民族 | | |
| 布朗族 | √ | √ | √ | √ | √ | 116573 | 西双版纳傣族自治州、普洱市和临沧市 |
| 普米族 | √ | √ | √ | | | 42043 | 丽江市、怒江傈僳族自治州、迪庆藏族自治州 |
| 阿昌族 | √ | √ | √ | | √ | 38058 | 德宏傣族景颇族自治州、保山市、大理白族自治州 |
| 怒族 | √ | √ | √ | √ | √ | 31821 | 怒江傈僳族自治州 |
| 基诺族 | √ | √ | √ | √ | | 22759 | 西双版纳傣族自治州 |
| 德昂族 | √ | √ | √ | √ | √ | 20186 | 德宏傣族景颇族自治州、临沧市 |
| 独龙族 | √ | √ | √ | √ | √ | 6353 | 怒江傈僳族自治州 |
| 景颇族 | √ | √ | √ | √ | √ | 142956 | 德宏傣族景颇族自治州 |

资料来源：《中国2010年人口普查资料》，国家统计局网站。

云南省8个人口较少民族具有较为相似的特征。这8个人口较少民族均为云南省特有的世居少数民族，其中独龙族、阿昌族、布朗族、德昂族、景颇族、怒族6个民族与境外同一民族毗邻而居，语言相通，宗教信仰与文化传统相似，社会经济发展水平和程度相近。因此，这些聚居于边境地区的人口较少民族的减贫与发展，对于维护边境安全和边疆稳定具有重要的意义。但是，云南省8个人口较少民族聚居的地区社会发育程度低，经济发展水平滞后。8个人口较少民族中，除普米族、阿昌族之外，布朗族、德昂族、怒族、景颇族、独龙族、基诺族等6个人口较少民族均是20世纪50年代通过社会主义改造从原始社会末期直接过渡到社会主义社会的“直过民族”，是我国脱贫攻坚及全面建设小康社会的重点扶持对象。

2. 八个人口较少民族简况

(1) 布朗族

布朗族自称“布朗”“波朗”“帮”“消满”“乌”“阿娃”等，古称“徽”“蒲人”“朴子”，是云南省一个古老的世居少数民族，其先民在先秦时为百濮的一支。汉晋时称“濮”，唐时称“扑子蛮”，先后受南诏、大理国统治，元、明、清时期称“浦人”“蒲满”“包满”“濮曼”。新中国成立后，根据本民族的意愿，称为布朗族。布朗族有自己的语言，布朗语属于南亚语系孟高棉语族布朗语支，分为布朗和阿瓦两大方言区。部分布朗族人会讲傣语、佤语或汉语。布朗族没有本民族的文字，通用汉文和傣文。2010年第六次人口普查统计结果显示，云南省布朗族人口总数为有116573人，占云南少数民族人口总数的0.661%。其中，男性有60117人，女性有56456人。[①] 布朗族主要分布在云南西部和西南部沿澜沧江中下游西侧的山岳地带，主要聚居于西双版纳傣族自治州勐海县布朗、打洛、西定、巴达等一带的山区，西双版纳傣族自治州的景洪市和勐腊县，临沧市的云县、镇康县、永德县、双江县、耿马县，普洱市的墨江、景东、澜沧县，保山市的施甸、昌宁等县也有部分布朗族散居或杂居。布朗族是跨境民族，主要跨中国、泰国、缅甸和老挝4个国家而居，中国境内勐海县布朗族基本沿边境一线居住，县域内布朗山乡国境线长达96.5公里。我国布朗族与境外布朗族同属一个民族，他们之间语言相通，生活习俗相近，交流往来十分频繁。布朗族聚居地区气候暖和湿润，主要从事山地农业，以种植旱稻（陆稻）、水稻、玉米、小麦为主，豆类、杂粮（荞、土豆、芋头等）次之；经济作物有茶叶、棉花、甘蔗、烟叶、麻类及各种蔬菜。茶叶就是布

① 云南省人口普查办公室、云南省统计局编《云南省2010年人口普查资料》（上册），中国统计出版社，2012。

朗族先民栽培的著名物产，布朗族所居之地多为云南今日盛产茶叶之地，是云南大叶种茶叶的主产区。近年来，勐海县布朗山一带的茶叶产量增长迅猛，成为中国出口“普洱茶”的主要基地之一。布朗族服饰以黑色和青色为主，男子上身喜着黑色或青色无领或圆领长袖对襟短衫，下着黑色宽裆裤，裤腿短而肥大，头裹黑色或白色布料包头；妇女喜戴银质的耳塞和耳环，手臂箍有银臂镯，胸前佩戴银项链，服饰上衣多为黑、白、蓝三色的左右两衽无领窄袖短衫，上衣里面还穿有一件对襟圆领无袖贴身小背心，背心多由色彩艳丽的净色布缝制而成，下穿双层筒裙，外裙为黑色，膝部以上织有红、黄、黑等彩色横条花纹。布朗族妇女均挽髻于顶，头缠黑色、青色包头巾。布朗族以大米为主要食粮，以玉米、豆类为辅，饮食特点以酸、辣、香、凉、生为主，烹制方法主要有煮、炒、蒸、炸、烧、烤、腌、生食等。布朗族喜食酸鱼、酸菜、酸笋等食物，而且喜欢饮用酸茶。布朗族的传统住房为干栏式竹楼，为竹木结构，既可通风防潮又能避开野兽的侵扰，比较适合山区的地理环境和气候特点。大部分布朗族信仰南传上座部佛教，普遍信仰鬼神，崇拜祖先，主要节日有开门节、关门节、赕佛节、堆沙节、浴佛节、泼水节等。

（2）普米族

“普米”一词是普米语音译，云南兰坪、丽江、永胜的普米族自称“普英米”，宁蒗的普米族自称“普日米”或“培米”，“普米”的汉语意思就是“白人”。1960 年 10 月，国务院根据本民族人民的意愿，正式定名为普米族。据 2010 年全国人口普查数据，普米族总人口为 42043 人，其中男性为 21055 人，女性为 20988 人。普米族旧称“西番”，是古代氐羌族群的一支，先民在西藏、甘肃、青海、四川边沿一带活动。约在公元 7 世纪以前，已分布在今四川越西、冕宁、汉源、九龙及石棉等地，是当时西昌地区的主要民族之一。元朝时大批普米族先民随元世祖征战云南，后留居在滇西北地区。13 世纪以来，普米族陆续迁入宁蒗、丽江、维西、兰坪一带定居。明时，曾有普米族人被委任为土司之职，后来，逐渐被纳西族土司取而代之，普米族转变为纳西族土司的隶属百姓。普米族主要聚居在滇西北横断山脉中部山原地带，与白族、纳西族、彝族、傈僳族等民族交错杂居，分布在云南省怒江傈僳族自治州、兰坪白族普米族自治县和丽江市的宁蒗县、永胜县、玉龙县以及迪庆藏族自治州的维西傈僳族自治县，其余分布在川西南的木里、盐源、九龙等县。其中，云南省兰坪县和宁蒗县是普米族人口最集中的地方。普米族有自己的语言普米语，属汉藏语系的藏缅语族羌语支，有南、北方言之分，四川省木里、盐源等地区的普米语属北部方言，云南省宁蒗、兰坪及丽江、维西等地区的普米语属南部方言，方言之间差别较大，一个方言区内不同地方的方言，在词汇和语音上也有区别。普米族没有本民族的文字，历史上木里和宁蒗一带的普米族，曾经使用一种简单的图画文字，还使用过一种用藏文字母拼写的文字“韩规”，用来拼写普米族读音的原始经典，记载本民族的历史传说、诗歌故事等，但主要是巫师用于宗教活动。近代以来，普米族地区普遍使用汉文，通用汉文。普米族主要从事农业生产和畜牧业，以生产销售农产品为主要生活来源。普米族主要从事农业，90%以上的耕地是山地，农作物主要有玉米、小麦、蚕豆、大麦、燕麦、青稞、荞麦等。普米族还兼营畜牧业、手工业和副业。由于普米族原来就是游牧民族，擅长饲养和放牧，因此，普米族有较为发达的畜牧业。畜牧品种以猪、牛、羊为主，家庭养鸡、养蜂也相当普遍。普米族的手工业主要是对农副产品的加工，有纺织、皮革、铁器制造、酿酒、榨油、竹器编织等。宁蒗地区的木漆碗，制作精美。历史上的普米族男子编辫子，头戴藏式帽，佩刀披毡子，戴耳环，左手穿袖子，赤足。妇女肩披细缕发辫，多首饰，穿裙子，赤足。现在的普米族女子头饰普遍只用花帕，穿领口、襟边、袖口镶边的大襟长衣，外套红、黑、绿色领褂，腰系彩色镶边的黑色或白色方形围腰，戴一些简单的饰品。现今各地普米族男子除仪式、节庆外，大部分都穿着汉族服装。普米族传统饮食以玉米为主食，兼食大米、小麦、青稞等，喜食肉，以猪肉数量为最多，其中猪膘肉是普米人加工整猪的一种特殊方式。普米人喜喝早茶、中午茶和晚饭茶“三茶”，喜欢喝酥油茶、牛角酒。普米族人的住房，除了少数汉式瓦盖楼房外，多数都是板屋土墙结构的楼房或木楞子楼房。普米族信仰的主要是原始宗教，信奉崇拜祖先，少数普米族人也信仰道教或藏传佛教。普米族的主要节日有大过年、大十五节、绕岩洞、转山会、尝新节等，有些地方也过清明节、端午节等节日。

（3）阿昌族

阿昌族自称“蒙撒”、“掸撒”、“汉撒”和“阿昌”。阿昌族起源于青藏高原北部，其先民属氐羌族群，与南诏、大理国时期的“寻传蛮”有直接的渊源。唐宋称“峨昌”“莪昌”“阿昌”等。阿昌族先民很早就居住在滇西北的金沙江、澜沧江和怒江流域一带，后来一部分迁至怒江西岸，后逐渐南移，约于13世纪定居于现在的陇川县户撒坝子；另一部分则沿云龙、保山、腾冲迁徙，最后定居于梁河地区。新中国成立后，根据本民族的意愿，统称为阿昌族。据2010年全国人口普查统计，阿昌族现有总人口为38059人，其中男性有19017人，女性有19042人，主要分布在云南德宏傣族自治州的陇川县户撒和梁河县九保、囊宋3个阿昌族乡，少数分布在德宏州的盈江、芒市、瑞丽，保山市的龙陵、腾冲，大理州的云龙等县。阿昌族是跨境民族，缅甸境内有一定数量的阿昌族人。阿昌族有自己的民族语言，属汉藏语系藏缅语族，有梁河方言和户撒方言两种方言，兼通汉语、傣语等其他民族的语言或方言，无本民族文字，通用汉字。阿昌族主要种植水稻，其种植的梁河水稻品种有“水稻之王”的美称。户撒的阿昌族打铁、制刀的技术很高，其打制的铁器经久耐用。特别是长刀、尖刀、砍刀、菜刀、剪刀、拒斥镰刀等锋利美观，以“户撒刀”著称于世，颇为附近傣、汉、景颇、德昂等各族人民所喜好。户撒阿昌族所生产的长刀还远销至怒江的傈僳族聚居区、临沧的佤族聚居区、中甸的藏族地区和邻邦缅甸。阿昌族饮食以大米为主食，辅以面食，嗜食酸笋、酸菜等食物，喜欢饮酒，也喜食火烧猪肉。阿昌族已婚妇女大多喜欢嚼槟榔，闲暇时，大家互传槟榔，以牙齿染成黑色为美。阿昌族男子一般穿蓝、白或黑色的对襟上衣，黑色长裤，户撒阿昌族男性青壮年喜欢包白色包头，梁河的男性青壮年则喜欢包黑色包头。妇女的服饰因地而异。户撒阿昌族女性的服饰，已婚和未婚的没有区别，均与附近傣族的相似。腊撒、梁河两地妇女上衣均为长袖圆摆对襟衣，下着筒裙，也佩戴银项圈、银手镯等饰物。阿昌族多居住在坝区和半山区。典型的阿昌族住房是由正房加两纵厢房、一堵照壁组成的“四合院”。一般为土木结构瓦房或砖木结构瓦房，有的还建砖混结构的平顶房。梁河地区的阿昌族过去多信鬼神，户撒的阿昌族信仰小乘佛教，也信仰鬼灵，崇拜祖先。阿昌族节日众多，有赶摆、泼水节、进洼、出洼、烧白柴、火把节、换黄单、过新年、浇水花等，最隆重的民族节日是阿露窝罗节。

（4）怒族

怒族自称“怒苏”“阿怒”“阿龙”“柔若”等，是居住在怒江和澜沧江两岸的世居民族。据2010年第六次全国人口普查数据，怒族人口为31821人，其中男性16240人，女性15581人。怒族与傈僳族、独龙族、藏族、白族、汉族、纳西族等民族交错杂居，主要分布在云南省怒江傈僳族自治州的泸水、福贡、贡山、兰坪四县和迪庆藏族自治州维西傈僳族自治县及西藏的察隅县等地。怒族是跨境民族，境外的怒族主要分布在缅甸的克钦邦北部高黎贡山及恩梅开江上游地区。怒族有自己的语言，怒语属汉藏语系藏缅语族，由于长期和傈僳族相处，怒族人民普遍通晓傈僳语，怒族无自己的文字，通用汉语。怒族人很早就开始经营农业，怒江地区的怒族主要从事农业生产，农作物有玉米、荞子、大麦、青稞、土豆、红薯及豆类。耕地分“火山地”、锄挖地、牛犁地和水田四种。家庭手工业活动有织麻布、编竹器、制木器、打铁、酿酒等。怒族男女服饰多为麻布质地，妇女一般穿敞襟宽胸、衣长到踝的麻布袍，在衣服前后摆的接口处，缀一块红色的镶边布。怒族民居的房屋多为干栏式竹楼，木楞房和土墙房，石头顶房。干栏式竹楼俗称“千脚落地”。怒族信仰万物有灵的原始宗教，部分人信仰藏传佛教、天主教或基督教。柔若怒族节日有春节、火把节、七月十四、新米节、祭山林节等，碧江怒族在农历腊月二十九要祭谷神，三十则要祭雨神。每年的农历三月十五至十七日，正当杜鹃花盛开的时候，怒族人便要为“仙女”过节，此节又称鲜花节，是云南省贡山一带怒族地区民间传统节日。

（5）基诺族

“基诺”是本民族的自称，可释意为“舅舅的后人”或“尊重舅舅的民族”。汉文献的零星记载中，多半将基诺族称为“攸乐”或“枚乐人”。1979 年，基诺族被正式确认为单一民族，成为中国的第 56 个民族。据 2010 年第六次全国人口普查统计，基诺族总人口数为 23143 人，主要聚居于云南省西双版纳傣族自治州景洪市基诺山基诺族民族乡及四邻的勐旺、勐养、勐罕，勐腊县的勐仑、象明也有少量基诺族散居。基诺族有自己的民族语言基诺语，属汉藏语系藏缅语族彝语支，没有文字，过去多以刻木、刻竹等方式计数、记事，通用汉语。基诺族主要从事农业生产，农作物有旱稻、玉米等，亦种植香蕉、木瓜等亚热带水果。基诺山是出产普洱茶的六大茶山之一。基诺人擅长狩猎、捕鱼，小黑江、勐旺河、卜天河等河湖纵横，鱼类资源非常丰富。基诺族生活的地区漫山遍野都是竹子，基诺族男子的传统手工业是竹篾编制，基诺族住竹楼，吃竹笋，桌、椅、板凳、床、箱是竹编的；甑、碗、瓢、盆、筷是竹做的；刻木记事用竹板、竹片，吹拉弹奏也离不开竹；农耕用的剁铲，狩猎用的弯弓、跳签，小到烟盒，大到背篓，都可以用竹子制成，这是基诺男子技巧技能精湛的表现。纺织和刺绣是基诺妇女的一项基本技能。基诺男子通常上穿无领无扣对襟黑白花格麻布褂，上衣背面正中缝上一块方形红布，上绣一朵美丽的太阳花，下身穿着白色或蓝色宽大长裤或短裤，扎宽布腰带。女子上身穿无领镶绣对襟杂色小褂，下穿镶红边黑色前开合短裙，现在也有改穿长裙的。基诺妇女习惯裹绑腿、挽高发髻，喜欢嚼食槟榔或用花梨木黑汁染齿。男女喜两耳穿孔，内塞竹管、木塞，以耳孔大为美。基诺族习惯于日食三餐，以大米为日常主食，杂以玉米、瓜豆等，喜酸、辣、咸口味，尤其喜酸，酸笋是主要的家常菜。基诺村寨喜建于平缓向阳的小山坡上。基诺族房屋多是用竹木和茅草修建的干栏式竹楼。基诺族信奉万物有灵挂念，崇拜祖先，尊奉诸葛孔明。每年节日的活动很多，传统节日“好希早”即新米节，“特懋克”节日要举行盛大隆重的祭祀仪式祭太阳鼓。

（6）德昂族

德昂族自称“德昂”“尼昂”“纳昂”，此外，还有“崩龙”“昂”“冷”“梁”“布雷”“纳安诺买”等称呼。根据德昂族妇女的裙子上所织线条的不同色调特征，不同地方德昂族又称作“红崩龙”“花崩龙”“黑崩龙”等。新中国成立后进行民族识别，沿用了“崩龙”这个名称。后根据本民族的意愿，1985 年 9 月，经国务院批准，“崩龙族”正式改名为德昂族。德昂族是跨境民族，主要居住在中国与缅甸交界地区，中国一侧的德昂族主要分布在云南省德宏、保山、临沧等 3 个地州 9 个县市。根据 2010 年第六次全国人口普查统计，德昂族总人口数为 20556 人。德昂族是西南边疆最古老的民族之一，源于古代的“濮人”。“濮人”早在公元前 2 世纪就居住在怒江两岸，是开发保山、德宏一带较早的民族。隋唐时称为“茫蛮”“扑子蛮”“望苴子蛮”。他们先后臣服于汉、晋王朝及南诏、大理国，德昂族先民还在宋朝后期建立起自己的区域统治，即“金齿国”。“濮人”汉代属永昌郡（今云南保山市），唐宋至元明时期，德昂族先民“茫施蛮”活动于澜沧江两岸。元代中期，“白夷”（傣族先民）迅速强盛起来，德昂族被迫逐渐向山区迁移。明代，中央政府封傣族刀姓为茫施（今芒市）长官司长官，傣族土司又封德昂族头人为“老”，以代表土司管辖德昂族人民，于是德昂族先民成了傣族土司的属民。德昂族有自己的民族语言德昂语，属于南亚语系孟高棉语族佤德昂语支，分为“布雷”“汝买”“若进”三种方言，没有本民族的文字，因长期与傣、汉、景颇等民族相处，许多德昂人通傣语、汉语和景颇语。德昂族的建筑以竹楼著称，多依山而建，坐西向东。德昂族男子多穿蓝、黑色大襟上衣和宽而短的裤子，裹黑、白布头巾，巾的两端饰以彩色绒球。德昂族妇女多穿藏青色或黑色的对襟短上衣和长裙，用黑布包头，上衣襟边镶两道红布条，用四五对大方块银牌为纽扣，长裙上织有彩色的横条纹。青年人不论男女均喜欢佩戴银项圈、耳筒、耳坠等首饰 。妇女服饰中最引人注目的是妇女身上的腰箍，腰箍大多用藤篾编成，也有的前半部分是藤篾，后半部分是螺旋形的银丝。藤圈宽窄粗细不一，多漆成红、黑、绿等色，有的上面还刻有各种花纹图案或包上银皮、铝皮。德昂人以农业生产为主，种植水稻、玉米、薯类等，他们还擅长编织竹器，好饮茶，善于种茶，被周围的民族称为“古老的茶农”。成年男子和中老年妇女几乎不可一日无茶，茶不仅是德昂人日常生活中的重要饮品，而且在社会生活中也有着非常重要的地位，几乎事事都离不开茶。德昂族是全民信仰小乘佛教的民族，许多德昂村寨中最好的一幢建筑物是供着佛像的奘房。多数村寨都有自己的佛寺和佛爷以及小和尚（入寺为僧的儿童），佛爷识傣文，诵傣文经书，生活除靠宗教节日群众布施外，平日由全寨人家轮流供食。德昂族节日主要有泼水节、关门节、开门节、做摆、烧白柴等。

（7）独龙族

独龙族自称“独龙”“迪麻”等，“俅帕”“曲洛”也是其他民族对独龙族的称谓。1952 年，根据本民族的意愿正式定名为独龙族。据 2010 年第六次全国人口普查数据，独龙族总人口 6353 人，其中男性有 3096 人，女性有 3257 人。独龙族主要分布在云南省西北部怒江傈僳族自治州的贡山独龙族怒族自治县西部的独龙江峡谷两岸、北部的怒江两岸，以及相邻的维西傈僳族自治县康普乡齐乐村和西藏自治区察隅县察瓦龙乡等地。云南省怒江傈僳族自治州贡山独龙族怒族自治县是独龙族唯一的自治县。其中，处在独龙江河谷地区的独龙江乡又是县内独龙族最主要的聚居区，独龙族人口占全乡总人口的 98.87% 。独龙族是跨境民族，邻邦缅甸境内也有不少独龙人居住。独龙语属汉藏语系藏缅语族，语支归属目前尚无定论。独龙语内部可分为两大方言，即独龙江的独龙语方言和贡山丙中洛的怒江独龙语方言。19 世纪末，在缅甸北部传教的传教士以独龙语为基础创制了一套以拉丁字母拼写的主要用于传教的文字，独龙族现在普遍使用以这套拉丁字母为基础的拼音文字。独龙族自古生活在崇山峻岭之中，生存条件恶劣，交通闭塞，所以社会发展较为迟缓，生产力水平低下，新中国成立前后仍保留着浓厚的原始公社制残余。独龙族的生产活动以“刀耕火种”的粗放农业为主，而且“刀耕火种”农业与采集、渔猎并存，手工业没有从农业中分离出来作为一个独立的生产部门，也没有专业的手工业从业者。独龙族的妇女精于织麻，从种麻、剥皮、漂晒、纺线，最后到在简易的织机上织出有彩虹般色彩条纹的独龙麻布毯。独龙族男子擅长竹篾编制，生产、渔猎、生活用的竹具都很精巧美观，一些竹盒、兜箩等造型别致。受社会经济发育程度及周边自然生态环境的影响，历史上他们的食物来源较为匮乏，其饮食结构属于粮食和野生植物各占一半的杂食型结构。食物品种不多，主要是玉米、土豆、青稞、荞子、燕麦等，其中淀粉质食物常常占绝大部分的比例。炊具简陋，多为竹、木制成，再加上副食和调料的缺乏，故制作食物的方法也很简单，大多沿用烧、烤、煮的烹饪方法。独龙族的传统衣着十分简单。男女一律袒露臂膀，小腿都缠裹麻布绑腿。男的斜披一条称为“约德格仁瓜”的条纹麻毯，左右包抄到胸前拴结。胯部通常用麻绳系着一小块叫“能布特连”的麻布包裹下半身。左佩刀，右系篾箩。妇女用两块叫“其拉衣约瓜”的长麻毯围身至膝，并包抄向前。自左抄右的，用绳紧紧系在腰间。从右抄左的，则披脱自如。通常是白天为衣，夜间做被。独龙族男女均散发，前垂齐眉，后披在肩上，左右盖耳。喜欢坠系耳饰和佩挂项链，过去女子有文面的习惯，独龙语称为“巴克图”。独龙江上游一带独龙人习惯于满面文，即前额、双颊、鼻梁及上下唇都刺有花纹；下游一带则只在鼻尖刺一圈和唇下刺两三路。新中国成立以后，这种文面习俗已逐渐被独龙族妇女所摒弃。独龙族大都居住在独龙江河谷两岸的山坡台地上，并按照家族和血缘近亲关系组成大小不等的自然村落。独龙族的房屋一般很小，建房材料主要有冬瓜树、竹、草等，房屋有木楞房和竹篾房两种，房子为两面滴水的茅草顶，楼楞用粗细相等的冬瓜木铺成，上面覆盖竹篾笆。而贮放粮食的仓库一般都在离住房 20 ~ 30 米的地方另搭。一年收获的粮食，均放在里面，只到食用前才去取用。房子下层矮小，只做饲养猪、鸡之用。独龙族信仰万物有灵，崇拜自然物，认为世间一切事与物都有灵魂。所以，灵魂观念、鬼的观念、天的观念一直是独龙族原始信仰的核心。

（8）景颇族

景颇族先民以“寻传蛮”“高黎贡人”的称谓见诸汉文史籍，自元、明、清至新中国成立前，又先后出现了“峨昌”“遮些”“野人”等名称。景颇族的起源与青藏高原上古时代的氐羌人有关，景颇族先民在康藏高原南部山区，约自唐代开始沿横断山脉南迁至云南西北部、怒江以西的地区，16世纪以后，大量景颇族迁移到德宏地区。景颇族包含“景颇”“载瓦”“勒期”“浪峨”“波拉”5个支系，支系的名称也是各支系的自称和支系语言的名称。其中，“景颇”既是支系名称也是民族名称。各支系有自称和对其他支系的他称，与景颇族杂居的汉、傣等民族对景颇族各支系也有不同的称呼。中华人民共和国成立后，根据本民族的意愿统称为景颇族。据2010年第六次全国人口普查统计，景颇族总人口数为147828人，主要聚居在云南省德宏傣族景颇族自治州山区，少数居住在怒江傈僳族自治州。景颇族是跨境民族，在中国与缅甸克钦邦接壤地区也有景颇族居住，缅甸境内的大部分克钦族支系与中国境内的景颇族、傈僳族也有极深的渊源。新中国成立前，景颇族社会实行着一种以“崩督”为首的政治制度，景颇语称为“贡萨”制度。山官是景颇族在一定地区范围内的最高政治领袖，山官制度下有一套管理辖区内部事务的政治组织。景颇族是一个以农业为生计来源的民族，粮食作物以水稻、旱谷、玉米、小麦、粟米为主，经济作物有甘蔗、油菜、八角、草果、香茅草等。景颇族对土地的经营，分为水田和旱地两种耕作类型，旱地多是分布于山林中的坡地，水田多为分布于山脚坝子边缘或山间小平地里的梯田。景颇族多数居住在海拔1500米左右的半山腰或山间的小平地上，少数居住在坝区边缘地带。村寨内房屋建盖分散，户与户之间相距几十米甚至百米，一幢幢楼宅隐现在苍林翠竹丛中。传统民居多为竹木结构的草房，过去只有少数地方的山官、头人才有瓦房。房屋侧面均为长方形，分上下两层，下层距离地面高度1~2米，用于堆放薪柴、农具并饲养猪、鸡。上层住人，用竹竿隔成若干间，每间设有一个火塘，除用作炊事的火塘外，火塘四周就是家人歇息的地方。房屋框架除柱子外，基本都用竹子做成，用藤条绑扎，屋顶以茅草覆盖，墙面和地板均用竹篾编织或剖开的竹子铺成。景颇族主食以大米为主，菜肴以辣著称，其中舂菜是景颇族菜肴中最具特色的一种。景颇族男子服饰以黑、白为主色，各支系服饰存在区别。妇女的服饰分便装和盛装，若着便装，上身为黑色或各色对襟或右襟紧身短衣，下身为净色或织有景颇族特色图案的棉布长筒裙；盛装是节庆或婚嫁时的着装，上为黑色短襟无领窄袖衫，胸、肩和背部饰有银泡、银牌和银穗，下为用红、黑、黄、绿等各色毛线织出美丽图案的毛质筒裙，腰间系红色腰带，头饰为羊毛织成的红底提花包头，小腿包裹与筒裙质地色泽相同的裹腿，佩戴数串红色项珠及耳饰、手镯。景颇族有自己的语言和文字。景颇族语属汉藏语系藏缅语族，由于5个支系分别使用5种不同的语言，因此支系语言在语支的归属方面存在差异。景颇支系使用的景颇语属汉藏语系藏缅语族景颇语支，载瓦支系使用的载瓦语、勒期支系使用的勒期语、浪峨支系使用的浪峨语和波拉支系使用的语言属于汉藏语系藏缅语族缅语支。日常生活中，各支系除坚持使用本支系的语言外，相当一部分人还能兼用其他支系的语言。景颇族文字有景颇文和载瓦文两种，两种文字都是以拉丁字母为基础的拼音文字。景颇族社会中并存着两种类型的信仰，一种是秉承传统的超自然信仰，另一种是外来的基督教和天主教信仰。民族传统节日主要有目脑纵歌节、能仙节、新米节等，其中最盛大、隆重的节日为目脑纵歌节。

## 二 云南人口较少民族扶贫开发的背景及意义

### （一）国家人口较少民族扶贫开发战略的提出

我国人口较少民族人口数量少、特点各异，居住边远，跨境民族多，贫困问题突出。新中国成立以来，我国人口较少民族政治上得到了翻身，经济社会持续发展，人民生活得到明显改善。但是，由于历史、自然条件等多方面的原因，人口较少民族的社会和经济总体发展水平还比较落后，贫困问题仍然比较突出，曾在很长一段时间内处于绝对贫困状态，是我国全面建设小康社会扶贫工作的重点和难点。

人口较少民族贫困与发展问题历来都受到党中央的高度重视。20 世纪 90 年代末，党和国家扶持人口较少民族发展的政策，一定程度上成为我国人口较少民族减贫发展及其相关研究的基础。针对人口较少民族发展的实际情况和特殊性，国家制定实施扶持人口较少民族发展专项规划，通过重点扶持，逐步缩小乃至消除人口较少民族地区与发达地区之间的发展差距，实现区域协调发展。1998 年 6 月，国家民族事务委员会（以下简称国家民委）领导人拜访著名的民族研究专家费孝通，费先生说："做了大半辈子民族工作，有一桩心事没有了却。这就是人口较少民族发展问题。"针对人口较少民族发展问题，费孝通提出了"小民族，大政策，大思路，大发展"的主张。[①] 1999 年 7 月，近 90 岁高龄的费老专程到 56 个民族大家庭中的"小兄弟"赫哲族主要聚居的黑龙江省同江市进行调查研究。在与当地各族干部群众的座谈中，费老深情地说："汉族老大哥有责任、有义务帮助小兄弟过上好日子。要对小民族实施大政策，扶持这些民族尽快发展起来。"1999 年 11 月，国家民委与国务院扶贫办合作，在云南省西双版纳州基诺族聚居的基诺山和布朗族聚居的布朗山开展"两山"综合扶贫开发试验示范工作，探索人口较少民族聚居区扶贫攻坚的新思路、新办法。1999 年至 2001 年，在费孝通先生的主持下，国家民委组织民族问题研究中心、北京大学、中央民族大学的专家学者和工作者，深入 10 个省区，对 22 个人口较少民族的经济和社会发展开展逐一调查研究。这是我国自 20 世纪 50 年代少数民族社会历史调查以来的第二次大规模少数民族社会经济调查。

① 李德洙：《在纪念费孝通先生民族研究 70 年座谈会上的讲话》，中央民族大学民族学与社会学学院编《民族学与社会学学院学术通讯第 3 期 · 纪念费孝通先生民族研究 70 年专刊》。

通过调查，摸清了22个人口较少民族的情况，每个民族形成了一个专题调研报告，在此基础上又形成了总报告，提出了扶持人口较少民族发展的政策建议。

2001年2月28日，第九届全国人民代表大会常务委员会第二十次会议修改的《中华人民共和国民族区域自治法》第71条中明确规定，“高等学校和中等专业学校招收新生的时候”，“对人口特少的少数民族考生给予特殊照顾”。这是国家法律上第一次出现有关人口较少民族的规定。2001年3月15日，第九届全国人大第四次会议审议通过的“十五”计划纲要明确提出要注意支持人口较少的少数民族的发展。这是国家五年计划中第一次明确提出扶持人口较少民族发展。2001年11月，国家民委在京组织召开座谈会，敦促有关省（区）加快促进人口较少民族发展。黑龙江、内蒙古、福建、云南、贵州、西藏、甘肃、青海、新疆等9个省（区）相关部门负责人及领导分别参加座谈，讨论并提出了推动扶持人口较少民族发展的工作意见和建议。2002年4月，国家民委成立扶持人口较少民族发展工作领导小组并召开会议，研究部署扶持人口较少民族发展工作。同年11月，国务院扶贫办、亚洲开发银行、国家民委联合召开人口较少民族扶贫规划研讨会，研究人口较少民族扶贫规划工作方案和意见。会议认为，对人口较少民族地区的扶贫开发是我国扶贫工作的难点。会议确定，规划以人口较少的少数民族相对集中的贫困乡、村为重点，争取覆盖全国60%左右的人口较少民族人口，力争三年内整体解决温饱问题，帮助其达到或超过当地经济社会发展平均水平，为建成小康社会创造条件。2003年5月，国务院扶贫开发领导小组第一次会议提出，要把人口较少民族脱贫致富列入今后国家扶贫开发工作的重点，明确要求在资金安排、项目实施方面，对人口较少民族地区重点倾斜，争取早日解决他们的温饱问题。2004年5月，在上海召开的全球扶贫大会上，温家宝总理在《中国政府缓解和消除贫困的政策声明》中庄严承诺：加快22个人口较少民族贫困地区脱贫的步伐，力争先于其他同类地区实现减贫目标。2004年11月，国家民委会同有关部门和省区政府编制扶持人口较少民族发展规划，成立规划编制小组，在充分听取各省区意见的基础上形成了规划初稿。2005 年 5 月 18 日，国务院第 90 次常务会议审议通过了国家民委、国家发展改革委、财政部、中国人民银行和国务院扶贫办 5 部门编制的《扶持人口较少民族发展规划（2005—2010 年）》。该规划所涉范围是 22 个人口较少民族聚居的 10 个省区中的 86 个县、238 个乡镇、640 个行政村。该规划提出，“根据党中央、国务院的要求，制定扶持人口较少民族发展规划，采取特殊政策措施，集中力量帮助这些民族加快发展步伐，走上共同富裕道路”。同年 8 月 29 日至 30 日，国务院召开全国扶持人口较少民族发展工作会议，对贯彻实施该规划做了具体部署和安排。该规划的实施，是巩固和发展平等团结互助和谐的社会主义民族关系的重要举措，对促进人口较少民族加快发展和全面建设小康社会具有十分重要的意义。① 这次会议标志着中国扶持人口较少民族发展工作进入全面实施的新阶段。自此，我国人口较少民族扶贫开发工作也进入以该规划为指导的全新阶段，人口较少民族聚居地区经济社会发展迎来黄金时期。

### （二）云南人口较少民族扶贫开发的理论依据和现实意义

#### 1. 理论依据

（1）民族平等理论

民族平等理论是马克思主义民族观的核心内容，是马克思主义处理民族问题的根本原则，也是中国共产党和中国政府制定民族政策的理论基础。在中国特色社会主义实践过程中，民族平等已经成为社会生活的真实情景，成为社会主义民族关系的基石。随着我国改革开放的深入和社会主义市场经济体制的完善，坚持各民族的平等，对于加强民族团结，维护祖国统一，实现各民族共同繁荣，巩固和发展社会主义民族关系具有重要的意义。②

① 国家民族事务委员会经济发展司编《中国人口较少民族发展报告（2015）》，民族出版社，2018，第 496 ~ 502 页。

② 吴仕民主编《中国民族理论新编》（第 3 版），中央民族大学出版社，2016，第 157 页。

我国将民族平等作为立国的根本原则之一，各民族共同当家做主，各民族不分人口多少，历史长短，发展程度高低，一律平等。民族平等，不仅表现在政治法律上，还应体现在社会关系、社会生活的各个方面，成为真实的社会关系。重视民族平等的真实性，把民族平等的原则体现在相关的政策和行政行为中，特别是着力促进少数民族的政治经济权益的平等获得和保护。新中国的民族平等政策与马克思主义的民族平等观一脉相承而又带有中国的特点，其中，在政策制定及现实社会生活中，对少数民族的权利在一些方面实行特殊保护，特别是在发展方面给予特殊帮助，这一点在事实上构成了我国民族平等原则的一大特点。[①] 民族平等是我国民族政策的根本原则，是我国建立和谐社会、促进各民族繁荣发展的重要保证。

（2）各民族共同繁荣发展理论

各民族共同繁荣发展，是中国共产党在民族问题上的根本立场，是解决民族问题的崇高目标。坚持这一立场，实现这个目标，体现了我国社会主义制度的优越性，符合全国各族人民的根本利益。促进各民族共同繁荣，是我们党立党为公，执政为民的具体体现和必然要求，也是我国各族人民的共同使命和光荣职责。实现各民族共同繁荣与发展是和中国特色社会主义经济、政治、文化、社会全面发展相联系的目标，也是和加快推进现代化相统一的目标，符合我国国情和现代化建设的实际，符合各民族人民的愿望。毛泽东同志早在新中国成立初期就强调，“让各少数民族得到发展和进步”，并把这看成“是整个国家的利益”。[②] 周恩来同志首先做出了“共同发展”和“共同繁荣”的表述，指出“我们对各民族既要平等，又要使大家繁荣”。[③] 关于如何摆脱国家贫困落后状态，他认为唯一的办法就是各民族合作起来，共同发展，各民族共同繁荣发展与社会主义的本质相联系。“社会主义的本质，是解放生产力，发展生产力，消灭剥削，消除两

① 吴仕民主编《中国民族理论新编》（第 3 版），中央民族大学出版社，2016，第 163 页。

② 《新华月报》编辑部：《新华月报》，人民出版社，1954 年 7 月号，第 23 页。

③ 《周恩来统一战线文选》，人民出版社，1984，第 379 页。

极分化，最终达到共同富裕。”① 各民族共同繁荣是社会主义的价值取向和奋斗目标。各民族共同繁荣是解决我国民族问题的现实途径，是实现全面建成小康社会和中华民族伟大复兴宏伟目标的重要前提，也是实现国家长治久安的重要保证。

（3）中华民族多元一体理论

费孝通指出，“国家和民族是两个不同的又有联系的概念”，中华民族是指现在中国疆域里具有民族认同的十亿人民，它所包括的五十多个民族单位是多元，中华民族是一体。“中华民族作为一个自觉的民族实体，是近百年来中国和西方列强对抗中出现的，但作为一个自在的民族实体则是几千年的历史过程所形成的……它的主流是由许许多多分散存在的民族单位，经过接触、混杂、联结和融合，同时也有分裂和消亡，形成一个你来我去、我来你去，我中有你、你中有我，而又各具个性的多元统一体。”②中华民族多元一体格局理论在学术界引起很大反响，得到普遍认同和迅速传播，逐渐为学界所认同和接受，成为中国民族研究最重要的成果之一。“中华民族多元一体格局”理论的提出以及学术界的探讨、实践，为中华民族的整体性研究指明了方向，开辟了新的广阔领域，促进了中华民族整体性的建构，使中华民族在文化上、学术上获得了广泛的认同，为增强中华民族的凝聚力，维护国家的统一做出了重大贡献。③ 同时，这一重要理论，也成为当代阐述中国历史和现实民族状况、民族关系、民族格局等问题科学、简明、通用的概念。④ 党的十九大报告明确指出：“全面贯彻党的民族政策，深化民族团结进步教育，铸牢中华民族共同体意识，加强各民族交往交流交融，促进各民族像石榴籽一样紧紧抱在一起，共同团结奋斗、共同繁荣

① 《邓小平文选》（第3卷），人民出版社，1993，第373页。

② 费孝通：《中华民族的多元一体格局》，《北京大学学报》（哲学社会科学版）1989年第4期。

③ 徐杰舜、韦小鹏：《“中华民族多元一体格局”理论研究述评》，《民族研究》2008年第2期。

④ 参见《习近平：决胜全面建成小康社会 夺取新时代中国特色社会主义伟大胜利——在中国共产党第十九次全国代表大会上的报告》，共产党员网，2017年10月18日，http://www.12371.cn/2017/10/27/ARTI1509103656574313.shtml，最后访问日期：2021年4月18日。

发展。”[①] 这一理论不仅在学术界，在社会层面被广泛应用，而且也成为党和国家阐述民族问题的正式用语。

（4）全面小康社会建设

“小康社会”是邓小平于20世纪70年代末80年代初在规划中国经济社会发展蓝图时提出的战略构想。党的十六大报告指出：“我们要在本世纪头二十年，集中力量，全面建设惠及十几亿人口的高水平的小康社会，使经济更加发展、民主更加健全、科技更加进步、文化更加繁荣、社会更加和谐、人民生活更加殷实。”[②] 全面建设小康社会是建设有中国特色的社会主义过程中承上启下的发展思路和继往开来的战略目标。我们在今后要建设的小康社会是高水平的、全面的、发展平衡的小康社会。所谓“全面”和“发展平衡”，不仅可以理解为政治、经济、文化等各方面的全面建设，而且可以理解为全国范围内的、我国各民族的、“惠及十几亿人口”的小康社会的建设，这为目前还相对比较落后的少数民族地区提供了有利的发展机遇和战略支持。[③] 构建全面和谐的小康社会是中华民族伟大复兴和社会主义现代化进程中至关重要的环节。没有人口较少民族的小康，就没有全国的小康。人口较少民族地区面临解决贫困人口温饱问题和全面建设小康社会的双重任务，是我国构建和谐社会和全面建设小康社会的重点和难点区域。因此，人口较少民族聚居地区和人口较少民族群众构建和谐社会和建设小康社会对于构建社会主义和谐社会和全面建设小康社会具有十分重要的意义。习近平总书记按民族地区在云南考察时对独龙族代表指出：全面实现小康，一个民族都不能少。同时，在国家民委上报的工作简报中批了“两个不能”：一个民族地区也不能掉队，一个少数民族都不能少。[④] 人口较

① 史金波：《“中华民族多元一体格局”理论的形成背景和当代价值》，《中央民族大学学报》（哲学社会科学版）2018年第5期。

② 江泽民：《全面建设小康社会 开创中国特色社会主义事业新局面——在中国共产党第十六次全国代表大会上的报告》，人民出版社，2002。

③ 方泽：《民族平等团结思想与全面建设小康社会》，《黑龙江民族丛刊》2004年第4期。

④ 国家民族事务委员会经济发展司编《中国人口较少民族发展报告（2015）》，民族出版社，2018，第3页。

少民族地区是全面建成小康社会的短板和重难点，明确认识内容、主体、区域的全面性是全面建成小康社会的重要标志，必须加快实现人口较少民族地区跨越式发展，探索一条具有中国特色和民族地区特点的科学发展道路。“一个都不能少”的全面小康观，为我们扶持人口较少民族发展指明了方向。

2. 现实意义

一是从政治稳定方面来看，云南省 8 个人口较少民族与汉族交错杂居，主要聚居于保山、红河、普洱、西双版纳、德宏、怒江、临沧、文山等 8 个边境州（市）长达 4060 千米的边境线沿线附近。其中，独龙族、景颇族、德昂族、阿昌族、怒族、布朗族等 6 个民族与国外相同或相似民族跨境而居，语言相通，习俗相近，关系十分密切。党和国家在人口较少民族地区实行扶贫开发，扶持云南人口较少民族发展，是发展社会主义平等、团结、互助、和谐的民族关系的要求，也是各民族共同繁荣，“全面建设小康社会，一个民族都不能少”的客观要求，更是巩固边防，维护云南边疆乃至国家边境安全和稳定的迫切需要。

二是从经济发展层面来看，云南省 8 个人口较少民族中有 6 个为“直过民族”，大都处于深度贫困、整族贫困的状态。通过专项扶持，精准帮扶，帮助人口较少民族脱贫致富，不仅有利于改善云南人口较少民族聚居区的交通、水电、通信、教育等基础设施，大幅度改善人口较少民族群众生产生活条件，而且有利于人口较少民族聚居区产业和经济结构调整，结合本地实际和优势，改变单一的经济增长模式，帮助他们发展生产多向经营，增加人口较少民族贫困群众的收入。

三是从社会层面来看，云南省 8 个人口较少民族都是云南世居、独有的少数民族，在长期的历史发展过程中形成了璀璨的民族文化，扶持人口较少民族发展，在人口较少民族聚居区进行扶贫开发，不仅有利于边境人口较少民族群众受教育水平和文化素质的提高，而且有利于保护和传承云南 8 个人口较少民族的优秀民族文化传统，挖掘优秀民族文化资源，传播优秀民族文化为社会主义文化建设服务。此外，大力推进云南人口较少民族扶贫开发，帮扶人口较少民族发展，实现脱贫致富，对新时期筑牢中华民族共同体，增强制度自信、强化国家认同感也具有重要意义。

## 三 云南人口较少民族脱贫前贫困状况及特征

### （一）云南人口较少民族贫困状况

云南省有 8 个人口较少民族，是全国人口较少民族最多的省份。人口较少民族聚居区集多民族、地处边疆、地处山区和深度贫困于一体，也是全国扶持人口较少民族任务最为艰巨的省份。加上在 8 个人口较少民族中，独龙族、怒族、德昂族、布朗族、基诺族、景颇族 6 个民族是从原始社会末期直接过渡到社会主义社会的“直过民族”；独龙族、景颇族、德昂族、阿昌族、怒族、布朗族等 6 个民族属跨境民族，这些民族居住在边境一线，地理位置偏远，贫困面广，程度深，区域性、整体性贫困问题突出。再加上 8 个人口较少民族聚居地区基础设施薄弱，公共服务滞后，自然保护区面积大，发展空间受限，生态保护压力大，自我发展能力不足，是云南省脱贫攻坚对象中的贫中之贫、困中之困，也是国家扶贫开发和脱贫攻坚中“最难啃的硬骨头”。

云南民族自治地方贫困地区和少数民族贫困群体是全省脱贫攻坚的重点和难点。云南民族自治地方共有 63 个贫困县，占全省 88 个贫困县的 71.6%。2015 年底，云南建档立卡贫困人口总数为 471 万人，贫困发生率为 12.7%，其中少数民族建档立卡贫困人口占全省建档立卡贫困人口的 43.4%，15 个特有少数民族有贫困人口 191.8 万人，贫困发生率为 28.2%，高出全省平均水平 15.5 个百分点，部分少数民族处于深度贫困和整体贫困状态。[1] 特别是 9 个“直过民族”和 8 个人口较少民族共 11 个民族贫困问

① 《云南省人民政府关于印发云南省脱贫攻坚规划（2016—2020 年）的通知》，云南省人民政府网站，2017 年 8 月 15 日，http://www.yn.gov.cn/zwgk/zcwj/zxwj/201708/t20170814_142279.html。

题尤为凸显。据统计，2014 年底，这 11 个民族的聚居区有建档立卡贫困村 642 个，贫困人口达 70.27 万人，占全省贫困人口的 12%。这些民族聚居区整体性贫困程度较深、贫困面大，脱贫攻坚任务艰巨，帮助这些民族脱贫是打赢脱贫攻坚战，决胜小康社会建设的难中之难，坚中之坚。①

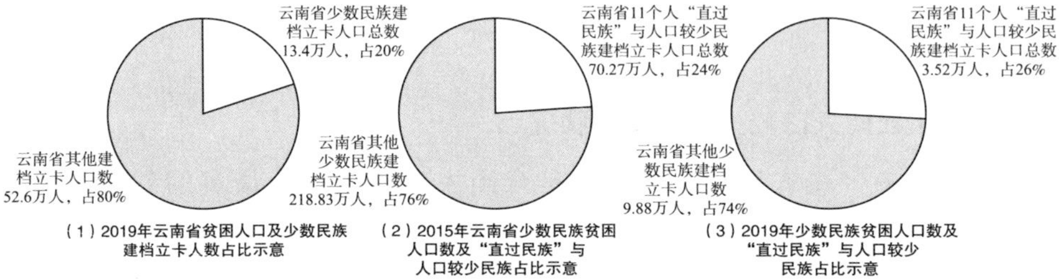


**图 1－1　2015 年、2019 年云南省贫困人口分布情况**

说明：2015 年云南省贫困人口总数为 471 万；少数民族贫困人口总数为 289.1 万，11 个“直过民族”和人口较少民族贫困人口数为 70.27 万人；2019 年云南省贫困人口总数为 66 万人；少数民族贫困人口总数为 13.4 万人；11 个“直过民族”和人口较少民族贫困人口数为 3.52 万人。

资料来源：《云南省 2019 年国民经济与社会发展公报》，云南省统计局网站，2020 年 4 月 14 日，www.stats.yn.gov.cn/tjsj/tjgb/202004/t202004/4_938595.html。

### （二）云南人口较少民族贫困特征

1. 贫困人口分布相对集中

云南人口较少民族贫困人口分布相对集中，部分人口较少民族聚居区呈现连片群体性贫困，区域性、群体性贫困问题突出。《中国农村扶贫开发纲要（2011—2020）》在全国范围内确定了 14 个集中连片特殊困难地区，云南省分布有滇西边境山区、乌蒙山区、迪庆藏族自治州、滇黔桂石漠化地区 4 个集中连片特困地区。其中，滇西边境山区包含 10 个州市 56 个县，是集边境地区和民族地区于一体，边境县数量和世居少数民族最多的片区。滇西边境连片特困地区是云南省少数民族贫困人口最为集中的区域，片区内少数民族人口有 831.5 万人，片区包含大理、红河、德宏、西双版纳、怒江、楚雄等 6 个民族自治州（云南省总共有 8 个少

① 参见云南省民族宗教事务委员会经济处内部统计数据。

数民族自治州），20 个民族自治县（云南省总计有 29 个自治县），整族贫困和深度贫困的 9 个“直过民族”和 8 个人口较少民族聚居区全境均位于所确定的片区之内。

2. 整族贫困状况显著

云南省人口较少民族，由于历史地理等原因，社会经济发展滞后，整族贫困、深度贫困状况显著。20 世纪 50 年代初，云南的独龙族、德昂族、基诺族、怒族、布朗族、景颇族、佤族、拉祜族、傈僳族等 9 个少数民族及部分哈尼族、苗族、瑶族、彝族、阿昌族、藏族等少数民族群众，通过直接过渡政策，由原始社会末期直接过渡到社会主义社会，涉及 8 个州市、25 个县区、161 个乡镇（包括 74 个整乡）、715 个行政村和 42 个散居寨。“直过区”和“直过民族”经过 60 多年的发展，社会经济文化有了长足的发展，人口从当时的约 66 万人增长至 232.7 万人（其中少数民族人口有 197.6 万人），但整族贫困、深度贫困状况依然严峻。“直过区”有 48 个贫困县、107 个贫困乡镇、601 个贫困村，贫困人口约 111.6 万人。云南 8 个人口较少民族中的独龙、德昂、基诺、怒、布朗、景颇等 6 个民族均属于“直过民族”，他们是历史形成的特殊的整体贫困程度较深的群体，素质型贫困突出，必须经过长期的、千百步的艰苦努力，才能达到与其他地区和民族同步发展的水平，脱贫攻坚任务十分艰巨。2010 年，云南人口较少民族 395 个建制村中有贫困人口 26 万人，贫困发生率为 34.3%，高出全省民族地区 24.8 个百分点，高出全省 25.7 个百分点。特别是独龙族、怒族、景颇族等民族，贫困面大，贫困程度深，脱贫任务艰巨。[①]

3. 素质型贫困问题突出

贫困人口综合素质较低是致贫原因，也是贫困的结果。云南少数民族地区“素质型贫困”问题十分突出，主要体现为大部分人口受教育程度偏低，文盲率高、劳动生产率低，思想观念落后等，严重限制了贫困人口发

① 云南省民委、云南省发展改革委、云南省财政厅、人民银行昆明中心支行、云南省扶贫办：《云南省扶持人口较少民族发展规划（2011—2015 年）》。

展的可能。尤其是特有少数民族受教育程度总体较低，第六次全国人口普查结果显示：该群体中学历为小学的人口有3114884人，占6岁及以上人口的50.88%，未上过学人口有732195人，占6岁及以上人口的11.96%，也就是说，受教育程度为小学和未上过学的人口占到全部适龄人口的60%以上。同期，独龙族拥有研究生学历的仅有5人，拥有大学本科学历的有70人；而德昂族则没有人有研究生学历，大专及以上文化水平的人口比例仅为2.06%，比云南省平均水平低了4.15个百分点。2014年，云南省人均受教育年限为6.33年，而少数民族贫困地区平均受教育年限只有5.69年，还不到小学毕业水平，文盲率达19.02%，比全省15.44%的数据高出3.58个百分点，云南省扫盲人口中15岁以上人口占4.56%，少数民族贫困地区的这一数字为6.13%。由于受教育水平不高，少数民族贫困地区人们接受新科技、新思想的能力普遍较差，致使经济社会发育程度低，思维方式、生产方式和生活方式十分落后，发展商品生产、开拓市场的能力相当弱，人均纯收入与全省人均纯收入水平差距较大。

**表1-3 云南省人口较少民族6岁及以上人口受教育程度构成及平均受教育年限**

单位：%，年

| 区域/民族 | 未上过学 | 小学 | 初中 | 高中 | 大专及以上 | 平均受教育年限 |
|---|---|---|---|---|---|---|
| 云南全省 | 7.99 | 47.19 | 29.64 | 8.98 | 6.21 | 7.57 |
| 云南特有少数民族 | 11.96 | 50.88 | 25.61 | 6.91 | 4.64 | 6.93 |
| 景颇族 | 9.62 | 55.35 | 25.47 | 5.86 | 3.70 | 6.91 |
| 布朗族 | 14.42 | 59.25 | 18.25 | 4.65 | 3.42 | 6.30 |
| 普米族 | 14.77 | 39.86 | 27.78 | 9.83 | 7.77 | 7.31 |
| 阿昌族 | 8.28 | 51.05 | 29.32 | 6.68 | 4.67 | 7.25 |
| 怒族 | 16.13 | 50.47 | 21.12 | 6.60 | 5.68 | 6.63 |
| 基诺族 | 9.20 | 41.23 | 34.09 | 9.27 | 6.21 | 7.65 |
| 德昂族 | 19.63 | 57.43 | 17.29 | 3.60 | 2.06 | 5.76 |
| 独龙族 | 16.92 | 43.37 | 25.99 | 7.73 | 5.98 | 6.83 |

资料来源：根据第六次全国人口普查数据整理。

4. 贫困呈现多维综合态势

云南人口较少民族贫困地区不仅面临交通、水利、能源、信息等基础设施建设薄弱及教育、文化、卫生等公共服务发展滞后等问题，而且群众的观念落后、受教育水平低，特色产业发展缓慢等内生性问题依然深刻而且长久地影响着少数民族地区贫困人口。外部诸多客观条件的制约，主观内生发展动力的缺乏，多维综合性贫困因素使少数民族贫困地区反贫困任务十分艰难。

（1）基础设施公共服务滞后

交通、水利、能源、信息等基础设施薄弱，教育、文化、卫生等基本公共服务均等化水平低，是少数民族地区发展滞后的主要制约因素，也是限制当前云南省少数民族贫困地区经济社会发展的主要瓶颈。2010 年，在人口较少民族聚居的 3520 个自然村中，不通公路的村占 44.1%，不通电的村占 2.9%，没有安全饮用水的村占 40.3%，不通电话的村占 0.6%，不能接收广播电视节目的村占 1.7%。建制村公路标准较低，晴通雨阻，其中不通油路的村占 76.2%。[①] 农业基础薄弱，抵御灾害能力弱，缺乏产业支撑，群众收入较低。人口较少民族聚居区农业产业化程度低，第二、第三产业发展滞后，特色产业规模小，农民增收渠道狭窄。2010 年，人口较少民族聚居的 395 个建制村农民人均纯收入为 2294 元，比全省民族地区平均水平（3379 元）低 1085 元，比全省平均水平（3952 元）低 1658 元。[②] 社会事业发展滞后，民生问题突出。人口较少民族聚居区基本公共服务体系不完善。学前教育普及率普遍较低，义务教育学校标准化率低、寄宿制学校规模小，双语教育发展滞后，职业教育薄弱。2010 年，人口较少民族聚居的 395 个建制村中，卫生室业务用房不达标的村占 6.3%，没有文化活动

① 云南省民委、云南省发展改革委、云南省财政厅、人民银行昆明中心支行、云南省扶贫办：《云南省扶持人口较少民族发展规划（2011—2015 年）》。

② 云南省民委、云南省发展改革委、云南省财政厅、人民银行昆明中心支行、云南省扶贫办：《云南省扶持人口较少民族发展规划（2011—2015 年）》。

室的村占 14.7%，有 4.55 万户是住房困难户。[①] 人口较少民族优秀传统文化流失、失传等现象比较严重。此外，不少居住在边境的人口较少民族还面临着毒品、艾滋病的威胁。

尽管经过长时期的努力和发展，人口较少民族聚居地区仍然存在基础设施薄弱，产业发展难度大等问题，群众住房难、行路难、增收难，生产生活条件较差。直至 2018 年底，云南省 11 个“直过民族”和人口较少民族有建档立卡贫困人口 75.17 万人，还有未脱贫人口 22.44 万人，占全省未脱贫人口的 12.4%。[②] 云南省包括 6 个人口较少民族在内的“直过民族”聚居区整体性危房（D 级）有 11.2 万户，其中，需易地搬迁 5.57 万户，危房改造 5.63 万户。647 个行政村未通宽带，624 个行政村无文化活动室，39 个行政村无卫生室，293 个行政村没有学前班，397 个行政村没有完整的小学。180 个行政村、11568 个自然村未通硬化路或简易道路，待建硬化道路约 3.2 万千米，2323 个自然村饮水困难，1036 个自然村的 1.34 万户不通广播电视。尤其是，边远少数民族村寨中公共服务和基础设施“最后一公里”问题突出，有 344 个行政村不通 4G 移动电话，有 18 个行政村不通宽带。[③] “直过民族”和人口较少民族聚居区社会发育程度低，平均受教育年限低于全省平均水平，高学历和高层次人才匮乏，优势资源难以开发，比较优势难以发挥，人才资源、市场等“软件”实力相对更弱，以至创新驱动发展能力不足，大都属于“原料生产基地”，位于市场配置资源的低端，经济增长主要依靠自然资源消耗和劳动投入。

（2）自我发展内生动力不足

群众观念落后、受教育水平低，特色产业发展缓慢是人口较少民族地

---

① 云南省民委、云南省发展改革委、云南省财政厅、人民银行昆明中心支行、云南省扶贫办：《云南省扶持人口较少民族发展规划（2011—2015 年）》。

② 《云南 11 个直过民族和人口较少民族实现脱贫 52.73 万人》，昆明信息港网站，2019 年 8 月 9 日，https://www.kunming.cn/news/c/2019-08-09/12699192.shtml，最后访问日期：2021 年 4 月 17 日。

③ 参考云南省民族宗教事务委员会经济处内部统计数据。

区内生发展动力不足的主要表现，同时也是制约人口较少民族群众持续脱贫致富的主要内部因素。一方面，大多数少数民族贫困人口居住地较为偏远，语言不通，交通不便，信息不灵，社会经济发展的客观条件受限；另一方面，少数民族尤其是“直过民族”，社会发育程度普遍不高，群众受传统生产生活方式和思维观念影响，与现代社会对接的能力十分薄弱，主观上创新发展意识不强，缺乏现代市场经济的商品意识和竞争意识，特色产业发展缓慢，思想观念陈旧，生产生活方式落后，多数仍沿袭传统粗放的生产生活方式，而且多数人口较少民族群众受教育年限短，文盲人口多，科技、文化水平低，综合素质不高。2015 年，人口较少民族人均受教育年限普遍低于云南省平均水平，德昂族等民族人均受教育年限不到 6 年，包括 6 个人口较少民族在内的 9 个“直过民族”聚居的 521 个行政村没有学前教育，双语教师严重不足，适龄儿童入学率偏低，辍学率偏高。由于长期封闭，很多贫困群众听不懂更不会讲普通话，自我发展意愿不强、能力不足，有近 50 万人不能熟练使用普通话，有的甚至不敢或不愿与外界交流。少数民族贫困群体发展内生动力亟待激发，但观念更新，素质提升、产业发展不是朝夕之间可以完成，不仅脱贫攻坚任务难度大，而且巩固脱贫效果防止“返贫”任务更为艰巨。

5. 生态环境制约经济发展矛盾突出

云南人口较少民族贫困地区在空间布局上与生态脆弱地区、限制或禁止开发区、国家重点生态功能区具有高度的重叠性。据统计，云南省 80% 的少数民族贫困人口均分布在生态环境脆弱敏感区、自然保护区等生态保护区域。多数少数民族人口居住在山区、高寒、荒漠、喀斯特等地形区域，自然资源条件差，耕作土层较浅，土地瘠薄，水土流失严重，地震、干旱、洪涝、泥石流等自然灾害频发，生态保护与生产发展双重任务繁重。特别是云南“直过民族”和人口较少民族主要聚居的生态功能区，大都属于国家生态保护重要屏障，多数地区为被禁止和限制开发区，生态保护任务与脱贫发展任务矛盾十分突出，持续面临开发与保护、吃饭与建设的双重压力，有 773 个自然村丧失生存条件需要搬迁。生态资源环境约束大，节能减排压力大，守土固边难以脱贫，守护丰富资源难以致富，产业转型升级与实现绿色发展的任务十分紧迫。

总之，云南省人口较少民族聚居地区由于自然地理、社会历史文化等原因，社会发育程度低，贫困面广、贫困程度深，脱贫攻坚难度巨大。习近平总书记强调“全面实现小康，少数民族一个都不能少，一个都不能掉队”，这是针对我国少数民族和民族地区发展现状提出的新任务、新要求。没有民族地区和各少数民族社会的现代化，就没有中国的现代化；没有民族地区和各少数民族的全面小康，就没有中国的全面小康。扶持人口较少民族发展，实现人口较少民族脱贫致富，实现各民族共同繁荣发展，是我们党的庄严承诺。全面开展人口较少民族贫困治理，实施人口较少民族扶贫开发，是新时代中国共产党人庄严的历史使命。2020 年，在党的坚强领导下，云南人口较少民族脱贫攻坚工作取得了决定性胜利，8 个人口较少民族和汉族一起步入小康社会。

# 第一章 云南人口较少民族贫困治理的理论背景及研究实践

## 第一节 国外贫困与反贫困的基本理论及研究实践

### 一 国外贫困理论及相关研究

贫困现象由来已久，但作为一种特定的社会经济现象为人们所重视，且纳入理论研究的领域，其历史并不是很长。资本主义工业革命之后，贫困作为一种复杂的社会经济现象，开始进入人们的研究视野，由于贫困现象本身所具有的复杂性和不确定性，学界对其的界定和研究也存在着多维性，涉及经济学、社会学、政治学、人类学等学科研究领域，尤以经济学和社会学研究成果最为深入，给我们留下了丰富的理论成果。

#### （一）经济学领域的贫困理论及相关研究

*1. 庇古与福利经济学的贫困理论*

在西方经济学界，英国经济学家阿瑟·C. 庇古（Arthur Cecil Pigou）最早打破了古典经济学在分配问题上无为而治的传统。面对当时巨大的社会财富和严重的大众贫困，他开始关注社会经济平等问题并对其进行了比较系统的研究。1920 年《福利经济学》的出版标志着福利经济学完整理论体系的建立。在书中，庇古第一次将平等和效率纳入经济分析框架，在他看来，争取效率就是要合理配置资源，增加国民收入；而争取平等则是将富人的一部分收入转移给穷人，实现收入的均等化；只有二者兼顾，才能增进整个社会的福利。庇古认为，每个人的经济福利构成个人福利的总和，社会福利就是全社会成员个人福利的总和。社会福利的增加，意味着社会上绝大多数人的效用得到满足，而社会福利的最大化也就是社会上最大多数人的最大满足；转移富人的一部分货币收入给穷人，将增加社会总体效用，从而增加一国的经济福利。把富人的收入转移给穷人，富人损失的福利小于穷人增加的福利，净福利为正，全社会福利就增加了。就此，庇古提出了衡量社会经济福利的两条标准：一是国民收入越高，福利越大；二是收入分配越均等，福利越大。

2. 阿瑟·奥肯与“漏桶原理”

福利经济学的开创者庇古第一次将平等和效率同时纳入了经济分析的视野，在他看来，争取效率就是要合理配置资源，增加国民收入；而争取平等则是将富人的一部分收入转移给穷人，实现收入的均等化；只有二者兼顾，才能增进整个社会的福利。他所描述的富足而又和谐的社会无疑令人向往，但问题在于，平等和效率在现实中往往是矛盾的。对于这个问题，美国经济学家阿瑟·奥肯（Arthur M. Okun）曾做过非常精辟的论述，这就是著名的“漏桶原理”，也是主流经济学关于贫困问题的集中理论阐释。阿瑟·奥肯以一个“漏桶”实验证明，假如再分配税收的桶上有个漏洞，那么从富人那里转移给穷人的收入，就不会百分之百地落入穷人手中。简单说，政府如果用税收的办法，从富人那里转移一部分收入给穷人，穷人实际得到的，比富人失去的要少一些，为什么会有这种现象？因为在平等名义下的再分配伤害了效率的经济目标，追求平等损害了效率，从而减少了国民收入。效率的损失，原因主要有两个：一是税收削弱了富人投资的积极性；二是税收影响了劳动的积极性，不仅影响富人，而且影响穷人。效率与平等之间存在着很难避免的冲突，在奥肯看来，协调冲突的办法是尽量对二者采取折中的方案，既促进平等又力求将效率损失降到最小。例如缩小补贴范围、降低补贴标准，以控制再分配对穷人寻找工作积极性的影响；调低所得税率，提高消费率等，而且重要的是发展公共教育，给予穷人受教育机会，以增强他们脱贫的能力等等。

3. “贫困恶性循环”及“低水平均衡陷阱”理论

1953年，美国哥伦比亚大学罗格纳·纳克斯（Ragnar Nurkse）的《不发达国家的资本形成问题》一书系统阐述了发展中国家的贫困问题，提出“贫困恶性循环”理论。该理论认为，发展中国家长期存在的贫困是由若干个相互联系和相互作用的“恶性循环系列”造成的，其中“贫困恶性循环”居于主导地位，而资本不足则是产生贫困恶性循环的中心环节。纳克斯认为，发展中国家在宏观经济中存在着“供给”和“需求”两个恶性循环。从资本供给看，发展中国家人均收入水平低，绝大部分收入用于消费支出，储蓄水平低，致使资本形成不足，生产规模难以扩大，生产效率难以提高，从而导致人均收入低下，由此形成“低收入—低储蓄能力—低资本形成—低生产效率—低产出—低收入”的恶性循环；从资本需求看，又形成一个“低收入—低购买力—投资不足—低资本形成—低生产率—低产出—低收入”的恶性循环。“供给”和“需求”两个恶性循环相互循环作用，造成发展中国家在封闭条件下难以突破的贫困陷阱。

1956年美国经济学家理查德·纳尔逊（Richard R. Nelson）发表了《不发达国家的一种低水平均衡陷阱理论》一文，进一步解释纳克斯的“贫困恶性循环”理论。纳尔逊从人均资本、人口和国民收入三种要素增长与人均关系的角度出发，分析贫困的自我循环的机制和过程：由于发展中国家的经济发展水平低，人均收入普遍处于维持生存或接近于维持生存的低水平均衡状态。只要人均收入保持在这个临界水平以下，超过国民收入增长率的人口增长率总会将经济拉回到“低水平均衡陷阱”。在这个陷阱中，任何超过最低水平的人均国民收入的增长都将被人口增长所抵消，如果其他条件不变，这种均衡将稳定。发展中国家必须进行大规模的资本投资，使投资和产出的增长超过人口增长，才可望冲出“低水平均衡陷阱”。

4. “平衡增长”与“不平衡增长”理论

20世纪40年代初，保罗·罗森斯坦·罗丹（Paul Rosenstein-Rodan）

在《东欧和东南欧的工业化问题》一书中提出了以“大推进”为核心的“平衡增长”理论。该理论认为，发展中国家为了在“贫困恶性循环”的链条上打开缺口，必须大力发展工业，实现工业化，特别是要实施全面增长的投资计划。采取“大推进”的战略，使各行业平衡发展，尤其是要对相互补充的产业部门同时进行投资，通过扩大市场容量和形成投资诱导机制来获得“外部经济效应”。因为，这种投资能够创造出互为需求、互为市场的生产和消费的双向扩张效应，以克服需求不足的问题。同时，这种全面投资可以通过分工协作，减少不必要的费用，降低生产成本，增加利润，为提高储蓄和再投资创造条件。这样有助于克服在资本供给方面的障碍，从资本的供给与需求两个方面打破“贫困的恶性循环”。

美国经济学家赫希曼（Albert O. Hirschman）在1958年出版的《经济发展战略》一书中，提出了“不平衡增长”理论，是对“平衡增长”理论的批评。赫希曼认为，发展中国家并不具备“大推进”所需要的资本、企业家和其他资源，也就是说平衡增长对于发展中国家是不现实的、不可能的。实际上，国民经济各部门的资本产出比率和利润率是不同的，各部门对国民经济的结构调整功能和引导效应是有差别的。经济发展是循着由主导部门的发展带动其他部门的发展的方式推进的。因此，应把资源投放到主导部门中，这样投资可以通过“联系效应”而带动其他部门的投资和发展，最终使发展中国家摆脱经济落后贫穷的状态。“不平衡增长”理论指出，经济发展是一个动态过程，是一系列不平衡发展的连锁反应。在经济发展的初级阶段，“极化效应”占主导地位，因此区域差异会逐渐扩大，但长期来看，“涓滴效应”将缩小区域差距。“不平衡增长”理论认为，投资不足是造成贫困的原因之一。在资本不足的情况下，应将资源投放到那些创造力强、利润高、“联动效应”大的主导产业。通过“联动效应”，投资可以传递到其他部门，诱发其他部门的发展。

### （二）社会学领域的贫困理论及相关研究

贫困不仅仅是一个经济现象，也是一个复杂的社会现象。早在资本主义工业化初期，社会学家们就意识到贫困及不平等问题与社会分层密切相关。在现代工业社会，生产力的迅速发展使得社会物质财富大量增加，人们的收入、福利水平均得到提升，教育和健康状况也大为改善，但是，这一切并不意味着贫困趋于减少和消除。在一些工业国家，贫困人口位于职业、权力和财产结构的底层，受到社会歧视，在就业、居住、就医、接受教育等方面受到不公正的待遇。同时贫富差距又往往伴随着犯罪率的上升，引发一系列的社会冲突。因而，长期以来，现代工业社会的贫困问题一直是社会学研究和辩论的一个焦点。

1. 贫困"个人因素论"

"个人因素论"把贫困的原因归结为穷人的个人特性，认为穷人应对自己的贫穷负责。该理论认为，机会人人均等，一个人若处于贫困境地，其原因在他自己身上，其责任也应由他自己承担。早期的社会学家，如斯宾塞（Herbert Spencer）等，就认为穷人或者有性格缺陷，或者有生理缺陷。按照这种观点解释贫困，穷人之所以贫穷，要么是由他们的懒惰、不节俭、不努力工作或者与遗传因素相关的低智商所致，要么是由他们不良的道德品行以及其他陋习，如赌博、吸毒、酗酒、违法犯罪等一系列行为所致。"个人因素论"在欧美社会对人们认识贫困有一定影响。它的思想基础是个人主义的价值观念。个人主义的核心思想是，个人比社会群体更重要，个人应对自己的行为和福利负责。在个人主义价值观比较流行的欧美社会，存在着对穷人的负面看法，认为"不努力""低智能"是造成贫困的主要原因，甚至部分穷人也持这样的观点和看法。

2. "贫困文化论"

"贫困文化"作为社会学术语，由社会学和人类学家奥斯卡·刘易斯（Oscar Lewis）在其1959年出版的《五个家庭：关于贫困文化的墨西哥人实例研究》（*Five Family: Mexican Case Studies in the Culture of Poverty*）中首次使用。而后，"贫困文化"的概念被广泛使用到贫困研究中来，形成了对持久性贫困的一种理论解释。"贫困文化"是一种"亚文化形态"，虽然贫困主要表现为一种经济状态，但它同时也是一种自我维持的文化体系。研究者试图从文化的角度论证穷人的特征，即穷人面临着特殊生存问题，因而有特定的生活方式；在此基础上，在贫困群体中产生了共同的价值观念和行为方式，这就是“贫困亚文化现象”。这种贫困文化一经形成，便会对周围的人（特别是后代）产生影响，从而在代际传递，贫困本身便在这种亚文化的氛围中维持“繁衍”，即使初始的贫困条件发生变化，新的机会来临，穷人也不能调整自己，摆脱贫困。

3. “贫困处境论”与“贫困结构论”

许多社会学研究者质问：如果穷人的某些独特的人格特征和行为方式不仅仅是源于“贫困文化”，那么又如何解释呢？就此，“贫困处境论”提供了另一阐释路径：穷人持有的某种价值观和行为方式只不过是他们对所处的社会经济环境的反应。事实上，很多穷人并不是不愿意接受主流社会所持有的生活方式、价值观念和文化形态，而是他们为生活窘境所迫，这样的环境，使得他们不得不奉行某些特殊的处世态度和行为准则。该理论认为，穷人内在的价值观是多方面的，一旦环境改善了，穷人就会把握和利用机会，努力摆脱贫困。也就是说，穷人的个人特质不是他们向上流动的障碍。可见，“贫困处境论”与“贫困文化论”的观点是相互对立的。“贫困处境论”认为穷人的内在条件与富人并无重大差别，关键在于他们与富人的处境不同。因此，该理论主张把治理贫困的重点放在改造贫困地区的社会经济条件上。

“贫困处境论”的观点开始触及与贫穷相联系的宏观经济政治因素，但其重在反驳“贫困文化论”观点，而没有提出一个以社会环境和经济体制为出发点的解释贫困的理论体系。对此，“贫困结构论”认为理解和解释贫困现象，最重要的不是讨论穷人的个人特征，而是揭示社会的相关经济政治因素，并就此从职业结构、劳动力市场结构与产业结构、制度结构等方面形成了有关贫困解释的许多观点。“贫困结构论”的支持者认为，穷人不仅处在职业结构的底层，也处在财产结构和权力结构的底层，这要归因为占主导地位的社会制度。任何社会总是有贫有富，一定的制度决定了谁做穷人，谁做富人。如在工业社会中，制度确定了资本所有者、企业主占主导地位，穷人没有资本，他们也往往在没有工会组织的产业中工作，缺乏自己的政治代表，难以保护自己的权益，从而更容易陷入贫困。总之，贫困应被视作社会结构、社会制度结果的一部分，结构论者认为如果原有的社会结构和制度不发生根本性的变迁，那么在这种社会条件下存在的贫困现象也就不会改变。

## 二 国外反贫困理论及相关研究

人类社会发展的历史，就是一部反贫困的历史，因此消除贫困也是世界各国努力的目标和人类共同的历史使命。目前，在国内外学术研究和政策实践中，“反贫困”（anti-poverty）概念在“poverty reduction”（减少贫困，强调反贫困的过程性）、“poverty alleviation”（减轻、缓和贫困的手段）、“support poverty”（扶持贫困，简称扶贫，主要是从政策实践的角度研究和落实政府或民间的反贫计划与项目）及“poverty eradication”（根除、消灭贫困）等层面被运用。与“纯理性地将贫困作为一种现象去界定、说明”的一般贫困理论不同，反贫困理论是“探讨贫困产生的原因以及消除贫困途径的理论”,① 按照时间顺序，有以下几种具有重大影响且具有代表性的反贫困理论。

1. “抑制人口增长”反贫困理论

18 世纪末 19 世纪初，英国经济学家和人口学家马尔萨斯（Thomas Robert Malthus）将贫困作为特定的社会经济现象进行分析，并从反贫困视角对其进行研究。马尔萨斯的反贫困理论源于他对贫困产生原因的认识与分析。1789 年他在《人口原理》一书中提出了著名的“人口剩余致贫论”，认为社会人口按几何数列增加，而生活资料因土地有限只能按算术数列增

① 赵茂林：《马克思主义反贫困理论的发展及其对中国反贫困实践的指导意义》，《沧桑》2005 年第 4 期。

加，因人口增长速度快于食物供应的增长速度，随时间推移，最后因食物不足导致人口过剩，必然导致贫困、恶习等现象的出现，[①] 这是支配人类永恒的人口自然规律。人口的过度增长是受人口规律支配的，是不以人的意志为转移的必然结果，人口过剩实际上无法避免，大多数人注定要在贫困和饥饿的边缘生活。故贫困的主要责任在贫困者本身，同社会制度、财产的不平等分配和政府的形式没有关系。相反，由于私有制是受不可避免的“人口自然规律”支配而产生的，所以，资本主义私有制不仅不是贫困和罪恶的根源，相反地，它是实现人口增殖同生活资料之间平衡的最有效和最好的制度，也是永恒存在的社会制度。进而指出，要解救工人、消除贫困的唯一办法不是革命，不是实行平等的社会制度，而在于直接“抑制人口增长”。并具体提出了解决人口问题的“两类抑制办法”，以达到人口增长与食物供应间的平衡。一是“道德抑制”，即用节育、晚婚等方法减少人口的增加，以保持人口的增长速度和生活资料的增长速度相一致；二是“积极抑制”，即通过提高人口死亡率来减少人口数量，如通过战争、饥荒、疾病以及瘟疫等办法达到抑制人口增长和消灭现存的多余的人的目的。马尔萨斯关于贫困与反贫困的理论阐述产生于18世纪末英国资本主义迅速发展、劳动人民日益贫困化时期。由于受所处社会历史时代的制约以及马尔萨斯的资产阶级的本质立场，马尔萨斯的“抑制人口增长”的反贫困理论存在着很多片面的观点。

2. 马克思主义的反贫困理论

从19世纪中叶开始，马克思和恩格斯就对工业革命后资本主义社会出现的贫困问题展开了深入分析，最早从制度层次上对资本主义制度下贫困问题及反贫困道路等问题进行系统研究，在世界反贫困理论中占有非常重要的地位。与马尔萨斯立足社会经济与人口的表象研究贫困问题形成鲜明对比的是，马克思主义的贫困研究立足于资本主义生产的本质。资本主义生产的本质就是生产剩余价值，就是资本榨取雇佣工人的剩余劳动价值。

① 马尔萨斯：《人口原理》，朱泱、胡企林、朱和中译，商务印书馆，2017，第6~17页。

恩格斯指出，“工人阶级处境悲惨的原因不应当到这些小的欺压现象中去寻找，而应当到资本主义制度本身中去寻找”。[①] 在资本主义经济中，资本积累的增长给无产阶级带来的不是社会福音，而是贫困积累的厄运，资本积累的后果必然是“在一极是财富的积累，同时在对立的一极，即在生产资本本身的阶级方面，是贫穷、劳动折磨、无知、粗野、道德堕落和受奴役的积累”。[②] 面对着资本主义制度下的贫困厄运，企图把改变无产阶级的贫困地位寄希望于资本主义生产的高度发展，那只是天真的幻想。无产阶级摆脱贫困的唯一出路是“剥夺剥夺者”，通过暴力革命在政治上推翻资产阶级统治，“用建立新社会制度的办法来彻底铲除这一切贫困的手段已经具备”，[③] 从而彻底铲除无产阶级贫困和劳动折磨的根源。马克思和恩格斯倾注毕生精力，全面分析了整个无产阶级各个方面的贫困状况，从资本主义社会制度及生产关系的角度揭示出资本主义制度下无产阶级贫困化的根源，并指出了摆脱和消除贫困的道路和目标。其意义不仅在于突破了之前在经济、技术层面分析的狭隘性，为反贫困提供一个阶级和制度分析的路径，更重要的是马克思从贫困者立场出发，为穷人呐喊，成为关注“人类本身”的理论先驱，把消除资本主义社会贫困和完成人的解放这两个重大的社会目标结合起来，不仅为后来人类反贫困主题注入了社会性和人文性的全新思想，更为未来人类社会的反贫困事业指明了方向。

3. “收入再分配”反贫困理论

19 世纪 70 ~ 80 年代，日益加剧的贫困问题使得社会矛盾和阶级矛盾空前尖锐。1873 年世界性经济危机的爆发，使得广大工人为争取权益斗争得更加激烈，对各国资产阶级统治基础形成了猛烈的冲击。[④] 面对马克思主义倡导的社会主义思想的广泛传播与各国工人运动的高涨形势，资产阶级为了维护和巩固其统治地位，在利用手中的政权加强镇压的同时，为了

① 《马克思恩格斯选集》（第 4 卷），人民出版社，1972，第 274 页。
② 《马克思恩格斯全集》（第 43 卷），人民出版社，2016，第 693 页。
③ 《马克思恩格斯选集》（第 1 卷），人民出版社，1972，第 217 页。
④ 吕学静主编《社会保障国际比较》，首都经济贸易大学出版社，2007，第 3 页。

保证自身的利益，资产阶级不得不考虑通过“收入再分配”来缓解社会普遍存在的贫困问题，并相继建立了现代意义上的社会保障制度。现代意义上的社会保障制度是以国家或政府为主体，依据法律规定，通过国民收入再分配，对公民在暂时或永久丧失劳动能力时以及由于各种原因导致生活发生困难时给予物质帮助，保障其基本生活的制度。尽管就社会保障制度本身的任务而言，其本身肩负维护社会稳定、促进经济发展以及保护劳动者和平衡政治力量在内的多重使命，但毫无疑问，反贫困也是它的一项重要的功能。社会保障制度已成为现代国家反贫困的重要制度和手段，目前全球已有170多个国家和地区建立了社会保障制度。[①] “收入再分配理论”的核心在于通过国民收入的再分配，使社会财富在富人和穷人之间、在职者与失业者之间、健康者与病残者之间、富裕地区和贫困地区之间合理地适当转移。与初次分配有所不同，初次分配注重的是效率，再分配则注重公平，由于“市场失灵”，扶助弱者就被看作弥补市场缺陷。社会保障在反贫困事业中发挥了巨大的作用，不仅保障了穷人的基本生活，有利于消除绝对意义上的贫困，而且维护了社会的公平，促进了社会的文明进步。

4. “涓滴效应”反贫困理论

“二战”后，反贫困研究的焦点发生了很大的变化，开始逐渐从西方发达资本主义国家的反贫困问题转向发展中国家的反贫困问题。许多西方经济学家特别是发展经济学家为减轻发展中国家的贫困问题开出了不同的“药方”。其中，指导广大发展中国家反贫困实践的主导理论便是“涓滴效应”（trickle down-effect）反贫困理论。所谓“涓滴”，就是很少的意思，“涓滴效应”又称作“渗漏效应”或“滴漏效应”，最早由美国著名发展经济学家赫希曼（Albert O. Hirshman）在《不发达国家中的投资政策与二元性》一文中提出。他认为增长极对区域经济发展会产生不利和有利的影响，分别为“极化效应”和“涓滴效应”。在经济发展初期阶段，有利于

① 吕学静主编《社会保障国际比较》，首都经济贸易大学出版社，2007，第327页。

发达地区经济增长的极化效应居主导地位，会扩大区域经济发展差异，而从长期来看，发达地区给不发达地区带来的投资和就业等发展机会的“涓滴效应”将缩小区域经济发展差异。后来这一研究也由区域经济领域延伸到反贫困领域，认为在经济增长的过程中，起初穷人只是间接地从中获得较小份额的收益，但随着经济不断增长，收益从上而下如水之“涓滴”不断渗透，形成水涨船高的局面，从而自动改善收入分配状况，贫困发生率也将不断减少，最终实现减少乃至消除贫困的目的，实现共同富裕。“涓滴效应”理论认为，贫困会在经济的增长中自行减少和消除。只要经济增长了，经济足够繁荣，不需要进行社会政策干预，经济发展的好处就会通过市场机制“滴漏”到贫困阶层身上，进而解决贫困问题。但是经济增长与收入贫困减少之间的联系并非自动形成的，[①] 减贫程度也不完全依赖于经济增长，“经济增长对贫困的影响程度取决于由经济增长所带来的额外收入是否为穷人所享有。如果经济增长能使最贫困人口所获得的收入份额增加，贫困人口收入的提高就会快于社会总体平均收入的提高，减贫幅度就大；如果经济增长使最贫困人口所获得的收入份额减少，贫困人口收入的增长就会滞后于社会总体平均收入的增长，贫困人口的贫困程度就会愈发深重”。[②] 所以这里必然涉及社会财富分配问题，政府若不干预收入分配，任由市场经济下“涓滴效应”自发作用，只能导致富者更富、贫者更贫，从而使整个社会的贫富差距进一步拉大。因为经济发展并没有产生利益自动地“向下涓滴”的机制，相反，发展过程导致了有利于中产阶级和富人们的“向上涓滴”效应产生。

5. “赋权”反贫困理论

赋权理论来自英文的“empowerment theory”的译文，也有的将其译为增权、增能、培力等，主要是指“赋予权利，使有能力”。在反贫困研究

① 联合国开发计划署：《2003 年人类发展报告》，中国财政经济出版社，2003，第 39 页。

② 叶普万：《贫困问题的国际阐释》，《延安大学学报》（社会科学版）2003 年第 1 期。

中，赋权真正成为一种反贫困理论，主要与阿马蒂亚·森（Amartya Sen）关于“贫困的实质源于权利的贫困”这一研究发现有关。森在其1981年出版的《贫困与饥荒——论权利与剥夺》一书中，通过对饥荒的系统分析，发现在实际生活中，一些最严重的饥荒之所以发生，只是因为人们未能获得充分的食物权利，并不直接涉及物质的食物供给问题，[①]“一个人支配粮食的能力或他支配任何一种他希望获得或拥有东西的能力，都取决于他在社会中的所有权和使用权的权利关系”。[②]无论是经济繁荣时期，还是经济衰退时期，饥荒都可能发生。如果经济繁荣表现为社会不平等的扩大，则繁荣过程自身就有可能成为饥荒的诱因，要理解饥荒和贫困，就应当把他们放在权利体系中来加以分析，权利关系决定着一个人是否有权利得到足够的食物以避免饥饿。虽然这一权利体系分析方法通常只具体地应用于饥荒分析，但同样“可以更一般地应用于贫困分析”。[③]由于贫困的根源在于权利的匮乏，所以森指出要解决贫困，“我们要做的事情不是保证食物供给，而是保护食物权利”，[④]但鉴于权利关系又取决于法律、经济、政治等的社会特性，[⑤]所以面对在社会中存在的贫困者权利贫困现象，要达到保护他们权利的目的，只能通过相应的制度安排来实现，建立一套政治和社会体制，赋权以保障贫困者享有基本的政治与公民自由、获得基本生活需要和教育、医疗卫生等权利。由此可见，超越经济层面而从权利层面上向穷人“赋权”，构成了赋权反贫困理论的核心。森以权利这一独特的视角对贫困产生原因所做的开创性研究，成为反贫困理论发展的一个里程碑。

6. “人力资本”反贫困理论

“人力资本”理论最早由西奥多·W. 舒尔茨（Theodore W. Schults）在20世纪60年代提出的。他突破了传统理论认为资本只是物质资本的束

① 阿马蒂亚·森：《贫困与饥荒——论权利与剥夺》，王宇等译，商务印书馆，2009，第14页。
② 阿马蒂亚·森：《贫困与饥荒——论权利与剥夺》，王宇等译，商务印书馆，2009，第40页。
③ 阿马蒂亚·森：《贫困与饥荒——论权利与剥夺》，王宇等译，商务印书馆，2009，第6页。
④ 阿马蒂亚·森：《贫困与饥荒——论权利与剥夺》，王宇等译，商务印书馆，2009，第161页。
⑤ 阿马蒂亚·森：《贫困与饥荒——论权利与剥夺》，王宇等译，商务印书馆，2009，第198页。

缚，将资本划分为“人力资本”和“物质资本”，开辟了人类关于人的生产能力分析的新思路，并很快被从经济学领域引入社会学领域中的贫困问题研究中。他认为贫穷的国家和个人之所以落后贫困，其根本原因不在于物质资本的短缺，而在于人力资本的匮乏，是缺乏对健康、专业知识和技能、教育等高质量人力资本投资及劳动力自由流动受阻的结果。“贫困人口的人力资本不足，使得他们没有足够的‘能力’去追逐生存和发展的机会，进而被社会排斥，处于社会的最底层，过着贫困的生活”，[①] 因此对贫困人口进行人力资本投资，提升他们的可行能力就成为推进反贫困事业的理性选择。人力资本反贫困理论认为，重点是加强对贫困人群的人力资本投资，以此改善贫困人口的健康状况、提高其教育水平和劳动技能，促进贫困人口进入劳动力市场，促进就业，增加收入以实现消除贫困的目的。这一点正是人力资本反贫困理论对传统反贫困理论的重要突破之处。目前，人力资本投资作为一条重要反贫困路径已成为越来越多的国家特别是发展中国家摆脱贫困状态的重要选择。

综上所述，对于贫困问题的关注和研究显示了人类社会对社会公正和文明进步的要求，同时也是人类关注自身发展的重要体现。上述各反贫困理论，可以说是不同时期人们关于反贫困研究的主要成果，不仅代表了所处时代人们对于贫困问题的最新认识和理解，更为推动世界反贫困的实践，以及促进贫困研究在已有基础上的进一步深入发展发挥了巨大的作用。成功的实践离不开先进理论的指导，对历史上不同时期产生的具有代表性的反贫困理论进行回顾、梳理与分析，不仅对更好、更深入地理解贫困和推动反贫困理论的进一步发展具有重要的理论意义，同时对指导当下中国的反贫困和贫困治理实践也具有重要的现实意义。

---

① 张友琴、肖日葵：《人力资本投资的反贫困机理与途径》，《中共福建省委党校学报》2008年第11期。

## 第二节　国内贫困与反贫困的基本理论及研究实践

### 一　中国特色扶贫开发理论

与国外发达国家相比，我国关于扶贫的研究起步较晚，因而很多研究主要是集中在介绍国外现有相关理论及其对策运用上，整体研究特别是理论研究方面还很不足。随着我国反贫困和扶贫事业实践的进一步发展和要求，扶贫理论研究的滞后已越来越成为开展反贫困工作的瓶颈，确立符合我国国情的扶贫理论已成为当下中国反贫困事业的现实需要。立足中国实际，我们发现中国的贫困问题，既有和其他国家一样的共性问题，同时也有自身特殊的个性问题。因此，我们只有在立足中国国情，遵循中国实际，放眼长远的基础上来探索具有中国特色的反贫困指导理论，并围绕这一理论开展具体的反贫困实践活动，才能消除贫困，取得扶贫事业的最终胜利。

#### 1. 共同富裕与扶贫理论发展

共同富裕是社会主义的本质和目的。“共同富裕”一词由毛泽东同志最早提出。新中国成立后，毛泽东描绘了一幅通过社会主义道路实现共同富裕的美好蓝图，“而这个富，是共同的富，这个强，是共同的强，大家都有份”。[①] 邓小平曾指出“贫穷不是社会主义，社会主义要消灭贫穷”，[②]“社会主义的特点不是穷，而是富，但这种富是人民共同富裕”。[③] 1992 年邓小平同志在南方讲话中对社会主义的本质又做了新概括，即“社会主义的本质，是解放生产力，发展生产力，消灭剥削，消除两极分化，最终达到共同富裕”。[④] 共同富裕的物质前提是“解放生产力，发展生产力”，制度要求是“消灭剥削，消除两极分化”，基本路径是“先富带动后富，最

---

① 《毛泽东文集》（第 6 卷），人民出版社，1999，第 495 页。

② 《邓小平文选》（第 3 卷），人民出版社，1993，第 116 页。

③ 《邓小平文选》（第 3 卷），人民出版社，1993，第 265 页。

④ 《邓小平文选》（第 3 卷），人民出版社，1993，第 373 页。

终走向共同富裕”。但“部分先富说到底只是手段、是途径，而非目的”，[①] 所以不能停留在部分富裕阶段，让一部分人富而另一部分人穷。先富起来的地区和个人，帮助和带动发展慢的地区和个人，最终达到共同富裕。消除贫困是中国特色社会主义谋求共同富裕的目标追求。

2. 消除贫困与和谐社会构建理念

构建社会主义和谐社会是中国共产党从全面建设小康社会、开创中国特色社会主义事业新局面出发提出的一项重大任务，“我们所要建设的社会主义和谐社会，应该是民主法治、公平正义、诚信友爱、充满活力、安定有序、人与自然和谐相处的社会”。[②] 然而，当前我国社会建设和发展面临许多与贫困相关的严峻问题。如果贫困人口持续增加，贫困程度日渐加深，贫富差距日益增大，那么势必会影响我国以人为本、构建公平正义的社会主义和谐社会目标的实现。①社会主义和谐社会是民主法治的社会。只有消除贫困，不断地建立健全贫困群体的政治利益表达和整合机制，保障其最低生活标准，增强贫困人口自我管理意识和参政议政能力，才能调动人民群众各方面的积极性、主动性和创造性，积极参政，依法行政，从而不断推进民主法治的和谐社会的建设。②社会主义和谐社会是公平正义的社会。社会不公平本身就是导致贫困的一个重要原因。只有消除贫困，尤其是消除不公平导致的贫困，才能在促进社会公平公正的基础上，为和谐社会建设奠定基础。③社会主义和谐社会是诚信友爱的社会。人一旦处于生活难以为继的贫困边缘，生存需要便是第一诉求。唯有消除贫困，人的社会生活全面展开，人与人之间的诚信友爱这样道德上的更高需求才会被关注和满足。④社会主义和谐社会是充满活力的社会。只有消除贫困，才能促进人的发展，激发社会的活力，也唯有通过反贫困，才能提升贫困人口自身的素质和能力，激发人的发展活力。也只有加大反贫困的力度，

---

① 李炳炎：《共同富裕经济学》，经济科学出版社，2006，第 96 页。

② 胡锦涛：《在省部级主要领导干部提高构建社会主义和谐社会能力专题研讨班上的讲话》，《人民日报》2005 年 6 月 27 日，第 1 版。

才能使更多人的发展活力和经济的发展活力得以释放，促进和谐社会的形成和发展。⑤社会主义和谐社会是安定有序的社会。贫困者所处的状况，使其容易对社会产生排斥不满等情绪，集体越轨行为容易增多，以各种方式反抗社会，对社会稳定造成威胁。只有消除贫困，才能维护社会长期的和谐稳定，创造安定有序的社会环境。⑥社会主义和谐社会是人与自然和谐相处的社会。资源的不合理开发利用和生态环境的恶化是造成贫困的重要原因之一，而环境的恶化又会加剧他们进一步的贫困化，形成了“贫困—资源浪费与滥用—难以逆转的环境恶化—进一步贫困化”这样一种互为强化的恶性循环。我国贫困问题与生态脆弱有很大的相关性。只有加大反贫困进程，不断减少直至消除贫困，才能从根本上促进人与自然的和谐。

3. 反贫困与科学发展观指导思想

科学发展观是坚持以人为本的，全面、协调、可持续的发展观，科学发展观，第一要义是发展，核心是以人为本，基本要求是全面协调可持续，根本方法是统筹兼顾。科学发展观是我们党对社会主义现代化建设规律认识的进一步深化，是中国全面建设小康社会、构建社会主义和谐社会的总的指导思想。坚持用科学发展观的思想来审视和思考中国的反贫困工作，不仅有助于我们从理论认识的高度上更深入地认识和理解反贫困的目的这一根本问题，为我们的反贫困指明前进的方向和重点，而且有助于我们制定正确的反贫困战略，从而找到解决贫困问题的有效途径。贯彻落实科学发展观，树立“以人为本”的反贫困理论指导思想。科学发展观的本质和核心是以人为本。坚持以人为本，就是要以实现人的全面发展为目标，要求我们在发展中不能只见物不见人，只追求物质生产力的发展速度而不顾及或较少顾及人的生存条件、生活质量和人的素质改善，而是要一切以改善人的生存条件，提高人的物质生活、政治生活和精神生活的质量和推进人的全面发展为转移。贫困作为因各种因素的制约而产生的人的生存与发展需要未能得到满足的一种存在状态，其实质反映的是人的发展问题。因此，在我国反贫困事业中贯彻落实科学发展观，就必须树立“以人为本”

的反贫困理论指导思想，才能更好地解决贫困与人的发展问题，最终实现消除贫困的目标、实现人的全面发展的目的。消除贫困不仅是经济问题，也是社会问题和政治问题，关乎贫困群众的生存，关系到社会安定与社会和谐，关系到社会和人的发展。在反贫困工作中贯彻落实科学发展观，既要牢固树立“以人为本”的反贫困理念，同时也要大力推进反贫困实践全面、可持续发展。

4. 全面建成小康社会与精准扶贫思想

改革开放之初，邓小平首先用“小康社会”来诠释中国式现代化，明确提出到20世纪末“在中国建立一个小康社会”的奋斗目标。[①] 这个目标，在20世纪末如期实现，人民生活总体达到小康水平。在此基础上，中国共产党十六大提出在21世纪头20年全面建成惠及十几亿人口的更高水平的小康社会奋斗目标。“十三五”期间，是我国全面建成小康社会决胜阶段，“十三五”期间脱贫攻坚目标是，到2020年，稳定实现农村贫困人口“两不愁、三保障”，即不愁吃，不愁穿，农村贫困人口义务教育、基本医疗、住房安全有保障；同时实现贫困地区农民人均可支配收入增长幅度高于全国平均水平、基本公共服务主要领域指标接近全国平均水平。全面建成小康社会决胜阶段的重点是补短板，着力解决好发展不平衡问题。全面建成小康社会，强调的不仅是“小康”，而且更重要的也是更难做到的是“全面”。“小康”讲的是发展水平，“全面”讲的是发展的平衡性、协调性、可持续性。全面小康，指的是覆盖的领域要全面，是“五位一体”全面进步。系统和完整的“精准扶贫”思想由新一届中央政府领导人提出。习近平总书记高度重视扶贫开发工作，多次深入贫困地区调研，就扶贫开发工作发表了一系列重要讲话，提出了精准扶贫、科学扶贫、内源扶贫、扶贫体制机制改革创新等重大理论和实践问题，形成了新时期扶贫开发思想。精准扶贫是扶贫工作科学性的体现。扶贫开发贵在精准，重在精准，制胜之道也在精准。精准扶贫的要义，就是“对症下药，药到病

① 此为习近平在中共十八届五中全会第二次全体会议上讲话的一部分。

除”。习近平总书记提出，“我们注重抓六个精准，即扶持对象精准、项目安排精准、资金使用精准、措施到户精准、因村派人精准、脱贫成效精准，确保各项政策好处落到扶贫对象身上”。[①] 为确保完成任务，提出精准扶贫的基本原则，指出：扶贫开发贵在精准，必须解决好扶持谁、谁来扶、怎么扶的问题，做到扶真贫、真扶贫、真脱贫，切实提高扶贫成果可持续性，让贫困人口有更多的获得感。

## 二 我国贫困与反贫困相关研究述评

贫困不仅是人类社会发展的现实问题，也是学术研究的重要主题。如前所述，和西方国家相比，我国学术界关于贫困与反贫困的研究起步较晚，国内学界自 20 世纪 80 年代起才陆续开始关注国内贫困问题，[②] 主要涉及经济学、社会学、人类学、管理学等学科研究领域，而且不同学科对于贫困问题有其独特的视角和贡献。

就贫困与反贫困理论而言，康晓光针对中国特定的国情，综合运用当代经济学、社会学和系统科学的最新成果，创立了分析中国贫困问题和制定反贫困战略的理论框架。在《中国的贫困与反贫困理论》这本书中首次提出中国的贫困问题具有三大特征：制度性、区域性和阶层性。而且在分析贫困成因和总结近 10 年来我国反贫困的经验和教训之后，首次提出 20 世纪 90 年代中国必须从道义性扶贫向制度性扶贫转变，从扶持贫困地区向扶持贫困人口转变。谭诗斌的《现代贫困学导论》是贫困与反贫困理论研究方面的力作。他以现代社会中部分社会成员（个人或家庭）的微观贫困现象及其规律为研究对象，在吸收众多理论和应用研究成果的基础上，从人本和社会分配正义底线平等视角，系统讨论了基于资源、机会、能力和

① 习近平：《携手消除贫困，促进共同发展》，《十八大以来重要文献选编》（中），中央文献出版社，2016，第 720 页。

② 1986 年，山西忻州市召开了国内第一次以贫困为主题的学术会议即“全国贫困与发展研讨会”，中国学术理论界自此开始贫困问题的研究。见贾兰《我国反贫困理论中有关扶贫项目运作研究述评》，《理论探讨》2003 年第 4 期。

权利等多维度的现代贫困概念的性质及含义，贫困线和贫困指数，贫困成因理论与陷阱机制。贫困的外部性与扶贫伦理原则，减贫战略、公共政策和治理结构等，探索性地勾勒了一般意义上的现代贫困学基础理论应用体系框架。此外，樊怀玉等对不同学科背景下的贫困概念进行的梳理也是比较重要的研究成果之一。

另有部分学者关注以下几个问题。①对贫困相关概念的探讨：如对贫困测定方法、相对贫困与绝对贫困及目标瞄准机制的研究等。[①] ②中国贫困类型和模式的划分：王曙光从系统性制度设计的视角，对贫困的性质与根源进行深入分析，对中国的贫困重新做出类型划分，并在此基础上提出反贫困的系统性制度框架，[②] 而林卡、范晓光则考察了中国贫困类型的变迁过程，并分析了贫困群体的特征和国家反贫困战略的变化。[③] ③对贫困的成因分析：朱乾宇认为造成贫困的主要原因是人力资本投资的不足，而林卡则认为社会排斥是造成贫困群体边缘化的重要因素。[④] 吴海鹰等指出摒弃原有生产方式的同时替代产业如果没有及时得到发展就会导致贫困的产生，李茂林指出优质土地资源匮乏，产出率低以及气象条件恶劣，自然灾害频发是贫困发生的重要原因。韩林芝等则认为，农村义务教育、基础设施与财政支农政策是中国农村贫困主要影响因子。[⑤] ④对反贫困阶段的划分：中国农村反贫困模式的演进呈现内在规律性，陈标平、胡传明、刘

---

① 参见王增文《中国农村贫困线及贫困率的测定：基于拟合收入分布函数法》，《西北人口》2009年第5期；林闽钢《相对贫困的理论与政策聚焦——兼论建立我国相对贫困的治理体系》，《社会保障评论》2020年第1期；郭佩霞《论民族地区反贫困目标瞄准机制的建构》，《贵州社会科学》2007年第12期。

② 王曙光：《中国的贫困与反贫困》，《农村经济》2011年第3期。

③ 林卡、范晓光：《贫困和反贫困——对中国贫困类型变迁及反贫困政策的研究》，《社会科学战线》2006年第1期。

④ 参见朱乾宇、姚上海《民族地区反贫困战略中人力资本投资的经济学分析》，《黑龙江民族丛刊》2005年第1期；林卡《绝对贫困、相对贫困以及社会排斥》，《中国社会保障》2006年第2期。

⑤ 参见吴海鹰、马夫《我国人口较少民族的贫困与扶贫开发》，《云南社会科学》2005年第1期；李茂林《民族地区贫困农村的反贫困策略》，《经济导刊》2010年第2期；韩林芝、邓强《我国农村贫困主要影响因子的灰色关联分析》，《中国人口·资源与环境》2009年第4期。

清荣、李志敏等分别对其进行了不同的阶段划分。① 此外，魏遥、廖富洲等学者则从较为宏观的角度综合考察中国反贫困的特点，并对反贫困理论和政策进行了反思。②

2011 年 12 月，中共中央、国务院印发了《中国农村扶贫开发纲要(2011—2020)》为我国今后一个时期的扶贫开发工作指明了方向，也标志着我国的扶贫开发工作进入了一个新的时期。与此同时，国内学界有关贫困与反贫困的理论实践研究的成果也如雨后春笋般涌现，学者们在研究和比较西方反贫困理论的基础上，提出了新的、综合性的分析框架。从个体和社会结构角度出发的社会学研究为反贫困理论研究提供了新的视角和方法，不断探索和铺垫着新时期反贫困及扶贫事业的理论基石，积极为新一轮扶贫攻坚战做贡献。

综观近年来的研究成果，有关贫困与反贫困理论的扶贫理论研究成果主要包含以下几个研究视角。

一是基于经济增长视角的扶贫理论研究。贫困问题是经济学关注的主要问题之一。总体而言，国内经济学领域关于贫困与反贫困理论的研究主要着眼于对西方反贫困理论的推介、总结和比较，或结合中国反贫困实践进行理论的检验、分析和整合。其中陈昕认为主流经济学、福利经济学、发展经济学是反贫困理论的主要来源。③ 林雪霏评述反贫困理论，介绍了美国经济学家赫希曼的“涓滴效应”理论，并基于国内反贫困场域的多维

① 参见陈标平、胡传明《建国 60 年中国农村反贫困模式演进与基本经验》，《求实》2009 年第 7 期；刘清荣、李志敏《中国共产党的反贫困历程及经验启示》，《老区建设》2011 年第 7 期。陈标平等认为中国的扶贫应当分为“单一性救济式扶贫阶段”“区域性救济式扶贫阶段”“全国性经济开发式扶贫阶段”“参与性综合开发式扶贫阶段”“多元性可持续发展式扶贫阶段”，又将中国农村反贫困的主要经验概括为“一条主线”“两个基本保障”“四个奋斗目标”的“多位一体化”经验模式；而刘清荣、李志敏则认为中国共产党的反贫困历经：制度变革推动反贫困（1921 ~ 1949 年）、救济式反贫困（1949 ~ 1978 年）、体制改革推动反贫困（1978 ~ 1986 年）、开发式反贫困（1986 ~ 1994 年）、攻坚式反贫困（1994 ~ 2000 年）、构建大扶贫格局推动反贫困（2000 年至今）六个阶段。

② 参见魏遥《20 世纪 90 年代以来我国农村反贫困的理论反思与政策选择》，《生产力研究》2007 年第 7 期；廖富洲《中国特色反贫困的基本特点及完善思路》，《学习论坛》2011 年第 2 期。

③ 陈昕：《反贫困理论与政策研究综述》，《价值工程》2010 年第 28 期。

理论视角，提出将国家治理作为反贫困本土化研究的新理论视角等。① 王志章、王晓蒙、文雁兵关注“包容性增长”及减贫策略的研究，文雁兵提出我国包容性增长对贫困缓减存在地区偏向和结构偏向。② “多元发展理论”强调非单一经济学视角的反贫困理论，吕方则将多元发展理论引入连片特困地区的研究，试图实现贫困治理理论的创新。③

二是基于个体视角的扶贫理论研究。个体视角认为个人行为不适当或缺乏生产性行为是致贫根源，强调通过加大人力资本投资提升劳动力商品化水平。④ 个体视角的反贫困理论包括阐释贫困的代际传递理论、生命周期理论、能力贫困理论、主观贫困理论，以及旨在促进个体摆脱贫困的人力资本理论、社会资本理论、生计资本理论、社区主导发展理论等。这些理论也是当前国内贫困研究及扶贫实践中流行的理论，对各类组织机构实施扶贫行动产生了深刻的影响。此外，“社会资本”概念自在20世纪80年代出现以后，在世界银行发展实践推动下，逐渐与反贫困相联系，并形成了社会资本的减贫范式。周文在研究中比较了资本范式、制度范式及关系范式三种不同范式，并基于社会资本关系性质提出质疑，即社会资本的排他性可能会削弱其在反贫困中的作用，通过社会资本的形成过程实现减贫是不现实的，其结果是令人失望的。⑤ 周晔馨等也从静态和动态层面论述了社会资本的不同作用，指出利用社会资本减轻中国的贫困问题具有一定的条件性。⑥

---

① 林雪霏：《我国场域内的反贫困逻辑：基于多维理论视角》，《重庆社会科学》2014年第9期。

② 参见王志章、王晓蒙《包容性增长：背景、概念与印度经验》，《南亚研究》2011年第4期；文雁兵《包容性增长减贫策略研究》，《经济学家》2015年第4期。

③ 吕方：《发展的想象力：迈向连片特困地区贫困治理的理论创新》，《中共四川省委省级机关党校学报》2012年第3期。

④ 李雪萍、王蒙：《多维贫困“行动－结构”分析框架下的生计脆弱——基于武陵山区的实证调查与理论分析》，《华中师范大学学报》（人文社会科学版）2014年第5期。

⑤ 周文、李晓红：《社会资本对反贫困的影响研究：多元范式的形成与发展》，《教学与研究》2012年第1期

⑥ 周晔馨、叶静怡：《社会资本在减轻农村贫困中的作用：文献述评与研究展望》，《南方经济》2014年第7期。

三是基于社会制度文化视角的扶贫理论研究。自贫困被纳入学术研究范围，社会制度和社会文化就被认为是影响贫困形成的重要因素。基于制度、文化视角的反贫困研究，拓宽了人们对贫困的认知，也形成了贫困研究的社会结构范式。[①] 制度贫困理论、贫困文化理论、权利贫困理论、全面贫困理论、社会风险管理理论、社会质量理论等都是基于这一视角进行研究所产生的反贫困理论。国内学者基于这一视角的研究，主要是探讨贫困的生成机制、内涵等，并为建立具体扶贫模式提供理论框架。国内许多学者都将制度作为解释影响贫困形成的一个因素，认为贫困不仅仅是经济现象，而是经济、社会、文化共同作用产生的综合现象，是一种自我维持的文化体系。国内学者从经验和概念上进行讨论，指出贫困文化与中国传统文化、农耕文化具有密切关系。贫困文化是指“贫困阶层所具有的一种独特生活方式”，[②] 反贫困关键在于改变贫困人口的价值观及生活方式。[③] 方清云总结了国内贫困文化定义的三种代表性观点：即分别将贫困文化视为现代社会的亚文化现象、贫困阶层的生活方式以及一种促使经济贫困的文化。这一理论也启发中国在进行文化扶贫时要重视贫困文化的正功能、贫困文化的代际传递机制等。[④]

四是基于组织视角的扶贫理论研究。20 世纪 90 年代以来，治理理论逐渐成为学术界讨论的一个热点，并广泛运用于政治学、社会学、管理学等领域。伴随“贫困治理”概念的流行，治理理论也成为当前国内反贫困研究的重要理论。卢艳霞认为治理理论提出社会组织参与政府治理，回应了公民需求，形成了合作治理的社会治理模式，为社会组织参与反贫困提供了理论依据。[⑤] 杨志军则从内涵和外延方面讨论了多中心治理理论，强

---

① 黄承伟、刘欣：《“十二五”时期我国反贫困理论研究述评》，《云南民族大学学报》（哲学社会科学版）2016 年第 2 期。

② 方清云：《贫困文化理论对文化扶贫的启示及对策建议》，《广西民族研究》2012 年第 4 期。

③ 胡联等：《贫困的形成机理：一个分析框架的探讨》，《经济问题探索》2012 年第 2 期。

④ 方清云：《贫困文化理论对文化扶贫的启示及对策建议》，《广西民族研究》2012 年第 4 期。

⑤ 卢艳霞：《社会组织参与农村扶贫研究——以乐施会在中国内地的扶贫实践为例》，硕士学位论文，中南大学，2012。

调治理主体、治理权威的多元化和多样性。[①] 冯朝睿、陈忠言讨论由政府、社会、非营利组织、贫困者积极参与的以及政府、社会多方联动的多中心协同治理体系，并以整体性治理下的跨部门协同为主题，分析了中国农村扶贫中的跨部门协同模式。[②]

五是基于区域、系统视角的扶贫理论研究。基于区域、系统视角的反贫困理论研究，主要关注贫困与区域、空间系统的关系。一般而言，区域发展理论、系统贫困理论、自组织理论以及空间贫困理论等方面的研究均可视为区域、系统视角的反贫困理论研究。这些理论的共同点是将反贫困与区域发展的整体性、系统性相联系，对贫困问题的理解从单一、静态层面扩展至系统、动态层面。[③] 区域经济发展不平衡是世界各国普遍存在的共性问题，国内学者在改革开放初期就注意到东西部经济的协调发展问题，并形成了“梯度理论”以及“反梯度理论”两种代表性观点。对中国正在推进的集中连片贫困地区扶贫开发而言，区域理论研究尤其是新区域主义理论为邢成举、葛志军等学者的研究提供了有益启发。[④] 系统贫困论认为贫困是由诸多综合因素系统运行的结果，同时产生的还有贫困的区域经济社会系统。吴芳等学者在分析中国贫困的根源时，认为分析中国贫困问题，必须将其作为一个整体，全面、系统分析造成贫困的各个因素，并针对这些因素提出具体可行的措施。[⑤] 谢君君也认为，系统贫困理论摆脱了以往对贫困平面、静态的描述，实现了从更广阔视野来研究贫困问题。[⑥] 空间

① 杨志军：《内涵挖掘与外延拓展：多中心协同治理模式研究》，《甘肃行政学院学报》2012年第4期。

② 冯朝睿：《连片特困地区多中心协同反贫困治理的初步构想》，《云南社会科学》2014年第4期；陈忠言：《中国农村开发式扶贫机制解析——以沪滇合作为例》，《经济问题探索》2015年第2期；陈忠言：《中国农村扶贫中的跨部门协同机制分析》，《宁夏社会科学》2014年第4期。

③ 黄承伟、刘欣：《“十二五”时期我国反贫困理论研究述评》，《云南民族大学学报》（哲学社会科学版）2016年第2期。

④ 邢成举、葛志军：《集中连片扶贫开发：宏观状况、理论基础与现实选择——基于中国农村贫困监测及相关成果的分析与思考》，《贵州社会科学》2013年第5期。

⑤ 吴芳、尹德志：《系统论视角下的中国农村贫困问题解读》，《世界农业》2015年第2期。

⑥ 谢君君：《教育扶贫研究述评》，《复旦教育论坛》2012年第3期。

贫困理论将贫困与空间地理因素联系在一起，主要关注贫困地区、贫困人口的分布以及空间与贫困之间的关系。由此，“地理资本”开始作为贫困研究的重要术语流行起来，并与物质财产资本、社会资本相提并论。王明黔、王娜认为空间贫困理论将多种差异集合在空间地理因素内，提出经济社会发展中教育、卫生、社会保障、政治的种种差异，可以用空间地理位置禀赋的不同来解释。[①] 陈全功等总结了空间贫困研究的主要内容，并结合中国地区差距和城乡差距的事实揭示了空间在贫困问题上的重要作用。[②] 在国内学者关于连片特困地区、少数民族地区的贫困问题研究中，空间贫困理论日益成为重要的研究理论。[③]

六是精准扶贫理论研究。精准扶贫的概念是在我国扶贫实践发展过程中总结出来的。许多贫困及反贫困问题研究者，在关于我国扶贫政策和扶贫资金的研究中，已经提出要提高扶贫政策和扶贫资金的“精准度”。例如江毅和姚润丰、[④] 张兴堂和孙丽[⑤]针对我国扶贫实践中财政扶贫资金存在的“婆家多”扶贫资金到户难等问题，提出对扶贫资金的使用应提高“精准度”；此外，龚春银针对农牧区扶贫资金在使用和管理中出现的被转移、被挪用等具体问题，提出要重视和提高扶贫资金在使用和管理上的“精准度”。[⑥] 而针对我国贫困县的退出机制，吴睿鸫认为我国对贫困县的确定缺乏退出机制，导致“富县戴穷帽”现象出现的根源在于扶贫政策缺乏足够的“精准度”。[⑦] 近年，学界也有人对“精准扶贫”定义进行了概括：所谓精准扶贫，是指针对不同贫困区域环境、不同贫困农户状况，运用合理有

① 王明黔、王娜：《西部民族贫困地区反贫困路径选择辨析——基于空间贫困理论视角》，《贵州民族研究》2011 年第 4 期。

② 陈全功、程蹊：《空间贫困及其政策含义》，《贵州社会科学》2010 年第 8 期。

③ 陈全功、程蹊：《空间贫困理论视野下的民族地区扶贫问题》，《中南民族大学学报》（人文社会科学版）2011 年第 1 期。

④ 江毅、姚润丰：《提高扶贫“精准度”》，《瞭望新闻周刊》2006 年第 14 期。

⑤ 张兴堂、孙丽：《扶贫资金使用应提高“精准度”》，《中国审计》2007 年第 19 期。

⑥ 龚春银：《农牧区扶贫资金的使用应提高“精准度”》，《新疆畜牧业》2010 年第 10 期。

⑦ 吴睿鸫：《富县戴“穷帽”根在扶贫政策“精准度”不够》，《中国社会报》2007 年 2 月 7 日，第 3 版。

效程序对扶贫对象实施精准识别、精准帮扶、精准管理的治贫方式。[①]

综上所述，国内反贫困理论研究是基于对西方反贫困理论的引入以及本土化，并结合中国反贫困实际、实践不断探索新的理论分析框架，由此逐步形成的具有中国特色的扶贫开发理论。[②] 综观中国扶贫理论研究的成果，我们可以看到以下几点。①社会学贫困及反贫困理论研究不断丰富和发展，成为反贫困理论研究的重要领域。②国内反贫困理论研究在西方理论基础上，正在实现本土化，并提出了新的、综合性的理论分析框架。但现有研究大都突出了理论的应用性研究，对理论本身的拓展重视不够。需要注意的是，中西方反贫困理论产生背景及中西方经济社会发展程度均存在差异，因而有必要反思西方理论在中国贫困现象及反贫困问题分析上的适用性，以免形成错误的理念和分析结果，误导国内反贫困和扶贫政策的制定和完善。③现有研究的整体性和系统性还不强。由于贫困问题的复杂性和长期性，反贫困理论应是系统的理论体系，包括对贫困内涵、贫困的测量、致贫原因、致贫机理以及反贫困策略途径的研究等等。且贫困问题不仅是一个理论问题，更是一个实践问题，因此在研究中执着于某一理论视角或贫困问题的某一方面，都难以为反贫困政策体系的完善提供持续系统的支撑。总之，学术之用在于经世济民，当前我国贫困与反贫困研究应更加重视扶贫理论研究的本土化、整体性和系统性，并为国家反贫困战略政策体系的完善提供持续理论支撑，然就当前学界的研究实践而言，理论化之路依然任重而道远。

## 第三节 云南人口较少民族贫困与反贫困研究综述

对云南布朗族、德昂族、基诺族、阿昌族、独龙族、怒族、普米族、

① 王思铁：《精准扶贫：改“漫灌”为“滴灌”》，《四川党的建设》（农村版）2014 年第 4 期。

② 黄承伟、刘欣：《“十二五”时期我国反贫困理论研究述评》，《云南民族大学学报》（哲学社会科学版）2016 年第 2 期。

景颇族8个少数民族的帮助和扶持，从20世纪50年代民族“直过”时期便已开始。但是将其定义为“人口较少民族”并在政策上对其给予特殊倾斜和针对性扶持，却是直至20世纪90年代末才正式开始的。此后，随着国家扶持人口较少民族政策的实施，学界关于扶持人口较少民族发展的相关研究陆续出现。

“十一五”期间，国家颁布《扶持人口较少民族发展规划（2005—2010年》，随后《云南省扶持人口较少民族发展规划（2006—2010年）》也颁布实施。在国家和地方政策指引下，扶持云南7个人口较少民族发展的减贫和发展行动开始如火如荼地进行。在国家政策施行及人口较少民族反贫困实践现实的激励下，学界有关云南人口较少民族减贫与发展、贫困与反贫困的研究成果在民族学、社会学、管理学、经济学等学科领域不断出现。

在此期间，首先关注“人口较少民族”减贫与发展问题，并对其进行研究和讨论的学者主要集中在民族学、社会学学科领域。受学科研究范式的影响，相关研究多从文化研究视角出发，主要关注减贫与发展历程中社会经济发展与民族文化变迁的问题，讨论国家指导的“计划性变迁”之下的文化变迁问题。其中，《变迁与发展——云南布朗山布朗族社会研究》一书通过对布朗族社会政治、生计方式、观念文化、村社经济、扶贫开发等全方位变迁历程的考察，指出新中国建立后布朗族社会政治与生计文化的变迁很大程度上依靠的是国家和政府的扶持，而非受现代化影响而产生的自我发展结果。作者认为，这种国家指导下的计划性变迁，是布朗族社会文化发生变迁的直接动因。研究还总结了国家指导下的布朗山布朗族社会与文化50年来的变迁与发展经验，检讨在此过程中所存在的问题与不足。[①]《德昂族经济发展与社会变迁》一书把人类学的民族志方法与社会学的问题意识结合起来，进行跨学科综合研究，通过文献研究和田野调查，试图对德昂族文化如何变迁，以及是什么力量促使其变迁这一问题做出解

① 张晓琼：《变迁与发展——云南布朗山布朗族社会研究》，民族出版社，2005。

答。研究不仅介绍了德昂族教育、科技、卫生事业的发展历程和发展现状，分析了制约发展的因素，并提出了解决问题的对策，而且运用现代化理论和社会转型理论，就如何处理统一性与多样性、现代性与民族性的关系以促进德昂族经济、社会、文化共同发展提出了看法。[①] 此外，《文化视角下的德昂族脱贫路径》[②] 一文探讨了文化因素是如何对德昂族扶贫工作产生影响的，并认为开发贫困主体脱贫意识是德昂族脱贫的重要路径。[③] 总之，民族学、社会学学科有关人口较少民族减贫与发展问题的研究，受本学科文化研究范式的影响，对发展中的“文化遭遇”的讨论较多，而对国家和地方扶持人口较少民族的“减贫”行动、绩效等本体性的反贫困实践的讨论则略显不足。

对贫困问题以及反贫困的对策性研究，一直都是云南人口较少民族反贫困问题研究的一个重要议题。此时期，很多研究者也对人口较少民族反贫困路径、减贫与发展策略等问题进行讨论。其中，《布朗族脱贫致富的思考——以勐海县布朗山乡为例》一文针对国家大力帮扶布朗族群众脱贫致富，但贫困状况始终未得到彻底解决这一现状问题提出观点，认为教育滞后、劳动者素质偏低、思想观念陈旧、基础设施落后、产业结构单一、财政自给率低、生态环境日益遭到破坏是导致这一现状的主要原因，并认为应就此针对性地采取特殊政策和措施予以扶持；[④] 此外，有关反贫困建议性对策的研究，还有《德昂族脱贫面临的问题及对策》、[⑤] 《西双版纳布朗族两种脱贫模式研究》、[⑥] 《和谐社会视角下德昂族阿昌族的发展问题》、[⑦]

① 王铁志：《德昂族经济发展与社会变迁》，民族出版社，2007。
② 杨东萱：《文化视角下的德昂族脱贫路径》，《思想战线》2009 年第 4 期。
③ 杨东萱：《德昂族脱贫面临的问题及对策》，《昆明大学学报》2005 年第 2 期。
④ 赵瑛：《布朗族脱贫致富的思考——以勐海县布朗山乡为例》，《云南民族大学学报》（哲学社会科学版）2007 年第 3 期。
⑤ 杨东萱：《德昂族脱贫面临的问题及对策》，《昆明大学学报》2005 年第 2 期。
⑥ 韩忠太：《西双版纳布朗族两种脱贫模式研究》，《云南民族大学学报》（哲学社会科学版）2006 年第 3 期。
⑦ 廖元昌：《和谐社会视角下德昂族阿昌族的发展问题》，《中共云南省委党校学报》2008 年第 6 期。

《德昂族妇女扫盲教育研究》[①] 和《人口较少民族地区发展优势分析——以云南省阿昌族地区为例》[②] 等。

“十二五”以来，随着国家扶贫开发战略及扶持人口较少民族发展政策的深入开展和实施，尤其是2014年以来国家精准扶贫、精准脱贫方略的实施，学界有关云南人口较少民族减贫与发展、贫困与反贫困问题的研究成果如雨后春笋一般涌现，主要集中在以下几个方面。

第一，有关贫困治理政策的研究。针对云南人口较少民族这一特殊群体，国家和地方帮扶政策、减贫策略、扶贫开发制度的研究，是学界最重要的一个研究方向，相关研究成果十分丰硕。李若青的《云南扶持人口较少民族发展政策实践研究》一书主要分析了云南扶持人口较少民族发展的政策现状，揭示了云南扶持人口较少民族发展政策及实践中存在的主要问题及原因，通过对云南扶持人口较少民族发展政策实践的比较分析，展示了云南省各地扶持人口较少民族发展政策实践的经验措施及政策创新，并提出了完善云南扶持人口较少民族发展政策的建议。[③] 张晓琼的《人口较少民族实施分类发展指导政策研究——以云南布朗族为例》一书通过对云南边疆地区的人口较少民族布朗族在新中国成立后落实分类发展指导政策的调查与研究，展示了中国特色社会主义在边疆民族地区的探索与实践的历史进程，同时也以布朗族这一典型发展个案显示了中国特色社会主义在初级发展阶段的低层次地区的具体发展路径。[④] 黄建生等人在《社会评估与民族地区发展〈云南省扶持人口较少民族发展规划（2006—2010年）〉实施过程的社会评估》一书中对《云南省扶持人口较少民族发展规划（2006—2010年）》的实施过程进行了较为系统深入的研究。研究以云南省

① 朱真莉：《德昂族妇女扫盲教育研究》，硕士学位论文，西南大学，2009。

② 起建凌、李永勤、李永前、张毅：《人口较少民族地区发展优势分析——以云南省阿昌族地区为例》，《云南农业大学学报》（社会科学版）2009年第2期。

③ 李若青：《云南扶持人口较少民族发展政策实践研究》，中国社会科学出版社，2013。

④ 张晓琼：《人口较少民族实施分类发展指导政策研究——以云南布朗族为例》，民族出版社，2011。

的独龙族、普米族聚居区为主要田野点，同时关注其他人口较少民族地区的扶持行动。研究认为，中国政府近年来通过实施各种特殊的扶持政策为民族地区的发展做出了非常积极的贡献，但在具体实施方法上仍然有进一步改进的空间，可借鉴一些国外的经验，在项目和政策实施过程中引入社会影响评估，并就如何引入社会影响评估提出了建议。[①] 张志远《多民族聚居地区贫困治理的社会政策视角——以布朗山布朗族为例》一书在对布朗山乡布朗族贫困现状及成因进行分析的基础上，运用新福利三角框架，从国家、市场、社会三个维度研究多民族聚居地区的贫困治理问题，并讨论了多民族聚居地区贫困治理的创新路径。[②] 朱玉福《中国扶持人口较少民族发展的理论与政策实践研究》围绕"扶持人口较少民族政策的实践程度"这一主题，梳理了中国扶持人口较少民族发展的理论和政策，展现了人口较少民族经济社会发展现状和扶持人口较少民族政策的执行情况，在对扶持人口较少民族政策实施效果评估的基础上，提出了提升扶持人口较少民族政策实施效果的对策建议。[③] 此外，相关的研究还有《扶持人口较少民族政策实践的效果及存在的问题——以云南德昂族为例》（李晓斌、杨晓兰，2010）、《云南省扶持潞西市三台山德昂族乡脱贫发展政策研究》（毕彩华，2011）、《中国人口较少民族的贫困问题及扶持政策研究——以独龙族为例》（王晓飞，2012）、《论人口较少民族地区政策扶持实效中出现的新问题——以云南省保山市布朗族、阿昌族与德昂族为例》（蔡红燕，2012）、《我国人口较少民族扶持政策研究——以怒江州贡山县独龙族为例》（冼祥芳，2015）、《我国扶持人口较少民族发展政策研究——基于对云南、贵州人口较少民族发展的调研》（刘兴全等，2017）、《扶持人口较少民族发展的政策及实践研究——以怒江独龙族为例》（李慧洁，2018）、《新

① 黄建生等：《社会评估与民族地区发展〈云南省扶持人口较少民族发展规划（2006—2010年）〉实施过程的社会评估》，人民出版社，2013。

② 张志远：《多民族聚居地区贫困治理的社会政策视角——以布朗山布朗族为例》，中国社会科学出版社，2015。

③ 朱玉福：《中国扶持人口较少民族发展的理论与政策实践研究》，民族出版社，2015。

中国成立以来独龙族帮扶工作的演进与启示》（毛晓玲、毛燕，2020）等。

第二，有关扶贫开发现状问题及对策建议的研究。《云南特有七个人口较少民族扶贫绩效调查研究》一书通过对云南特有七个人口较少民族扶贫绩效的调查研究，评估扶持人口较少民族发展的效果，总结了扶持人口较少民族发展的经验，探讨了扶持人口较少民族发展过程中存在的不足与问题，并在此基础上提出进一步加大力度扶持人口较少民族发展的政策建议。[①]《西南边疆人口较少民族聚居地区贫困治理研究》是一本有关云南、广西人口较少民族贫困治理的论文集，书中的研究论文主要针对广西罗城、环江，云南贡山、兰坪、福贡、芒市等县市人口较少民族聚居区贫困现状，贫困成因及反贫困对策进行研究。[②]《三台山德昂族乡脱贫攻坚中的博弈问题研究》通过对田野点三台山德昂族乡精准扶贫、精准脱贫政策的实施过程各利益群体之间的博弈分析，提出任何一项政策的制定、实施、评估过程都是不同群体博弈的过程，都会产生利益冲突和博弈，而解决的办法就是承认各种利益群体的真实存在，针对他们的不同利益诉求，在公共决策中坚持公平正义原则的基础上，通过基层民主协商的形式来达成共识、凝聚力量，推动各项公共政策高效、有序实施和经济社会发展，增进人民福祉。[③] 有关三台山德昂民族乡的研究还有如《公共服务视角下德昂族扶贫开发对策研究》，该文基于公共服务视角，以三台山德昂民族乡为例，探讨了人口较少民族扶贫开发过程中存在的问题并提出了相应的对策。[④]《云南贡山独龙江乡的扶贫与发展研究》回顾了独龙江扶贫历程与社会发展历程，对扶贫与现代观念发展、扶贫与现代产业发展两个重要问题进行了阐述和分析，提出了全面推进精准扶贫的建议。[⑤] 此外，相关研究成果还有《云南人口较少民族扶贫问题研究》（刘扬，2012）、《边疆民族地区整族精

① 罗明军：《云南特有七个人口较少民族扶贫绩效调查研究》，中国社会科学出版社，2015。

② 刘苏荣：《西南边疆人口较少民族聚居地区贫困治理研究》，民族出版社，2019。

③ 贺勇：《三台山德昂族乡脱贫攻坚中的博弈问题研究》，博士学位论文，云南大学，2018。

④ 周灿：《公共服务视角下德昂族扶贫开发对策研究》，《黑龙江民族丛刊》2015 年第 4 期。

⑤ 杨艳：《云南贡山独龙江乡的扶贫与发展研究》，博士学位论文，中南民族大学，2018。

准扶贫的对策建议——以云南德宏梁河县阿昌族为例》（李贵云，2017）、《全面建成小康社会语境下景颇族跨越发展研究》（陈明珍、张有福，2017）、《人口较少民族的扶贫与发展——以布朗族（莽人）为个案》（方明，2012）、《新时期独龙族精准扶贫现状与问题的调查》（杨艳，2017）等。

第三，有关扶贫开发路径与模式的研究。《人口较少民族聚居地区城乡一体化社会救助体系建设研究》一书在人口较少民族聚居地区城乡社会救助现状调查基础上，对人口较少民族聚居地区城乡一体化社会救助体系建设提出了要采取的普遍性策略和特殊性策略：普遍性策略即完善社会救助的立法以及行政管理制度、实现最低生活保障制度、在城镇和农村的均衡发展专项救助项目、建设城乡一体化的社会救助网络信息平台；特殊性策略即通过精准扶贫、精准脱贫基本方略和扶持人口较少民族政策来帮助当地农民增收和提升农村基本公共服务的水平，建立社会救助资金的多渠道筹措机制，完善农村居民家庭经济状况核对机制以及考虑宗教和民族文化对城乡社会救助的影响等。[①]《秩序与调适：德昂族传统生态文明与区域可持续发展研究》一书从德昂族传统生态文明与区域可持续发展相结合的视角，梳理了德昂族传统生态文明与区域可持续发展的辩证关系，试图揭示少数民族传统生态文明和文化秩序在民族聚居地区的可持续发展中的功能和价值。[②] 此外，有关扶贫模式和反贫困路径的研究，还有如教育扶贫，《阿昌族人才现状与培养对策研究》一文针对新时期阿昌族自主、可持续发展面临人才瓶颈的现实，根据实际调研，对阿昌族人才队伍现状、存在的问题进行阐述并进行原因分析；在现状和原因分析的基础上，提出优化阿昌族人才队伍结构的总体思路；[③] 教育扶贫与人力资源开发，如《民语学前班发展现状与问题探究——以云南省陇川县户撒阿昌族自治乡为例》

① 刘苏荣：《人口较少民族聚居地区城乡一体化社会救助体系建设研究》，中国社会科学出版社，2018。

② 李全敏：《秩序与调适：德昂族传统生态文明与区域可持续发展研究》，社会科学文献出版社，2017。

③ 何山河：《阿昌族人才现状与培养对策研究》，硕士学位论文，中央民族大学，2013。

（王渊博，2013）、《人力资本对民族地区贫困农户退出的影响——以云南户撒阿昌族乡为例》（王飞、廖桂蓉、吴婕，2020）等；产业扶贫，如《云南人口较少民族医药后发优势分析——以云南省阿昌族为例》（赵景云等，2011）、《产业振兴视角下云南“直过民族”地区脱贫成果巩固研究——基于云南省双江拉祜族佤族布朗族傣族自治县的调查》（李皎、李宏、杨洁，2020）等；生态扶贫，如《人口较少民族整乡脱贫的生态模式解读——以施甸县木老元布朗族彝族乡为例》（戴波、张邠，2017）等。

第四，有关扶贫开发成效和经验的研究。《独龙族经济社会发展的当代经验与脱贫攻坚实践——基于独龙江乡民族帮扶工作的文献与田野调查》一文以全国唯一独龙族聚居区云南省怒江傈僳族自治州贡山独龙族怒族自治县独龙江乡为个案，运用文献调查、家计调查、话语分析等方法，对自直接过渡以来民族帮扶各阶段的内容、特点、经验进行了概括性总结，在历史回顾的基础上分析了实现整族脱贫的深层原因，并以独龙族脱贫经验为借鉴，针对其他少数民族地区如何实现可持续脱贫、防止反复返贫，提出了具体建议。[①]《“直过民族”跨越发展的基诺族模式与中国解决民族问题的正确道路》一文认为云南特有人口较少民族和“直过民族”基诺族是跨越发展和“后进”赶上“先进”的典型，集中体现了中国特色解决民族问题正确道路的真理性、价值性，其经验值得借鉴。[②] 此外，相关研究成果还有《基诺族的“跨越”与新中国解决民族问题的基本经验》（董学荣，2010）、《云南扶持人口较少民族工作的实践及其成效考察》（赵新国、毛燕，2012）、《新中国70年德昂族跨越式发展：历程·经验·路径——以云南省芒市三台山乡为例》（张国平，2020）等。

总而言之，学界有关云南人口较少民族减贫与发展、贫困与反贫困的研究，是伴随国家和地方扶持人口较少民族发展政策的实施出现，并随国

① 杨艳：《独龙族经济社会发展的当代经验与脱贫攻坚实践——基于独龙江乡民族帮扶工作的文献与田野调查》，《中央民族大学学报》（哲学社会科学版）2020年第4期。

② 董学荣：《“直过民族”跨越发展的基诺族模式与中国解决民族问题的正确道路》，《云南社会科学》2019年第5期。

家帮扶政策的推进和扶贫实践的落实而不断得到丰富和发展的。精准扶贫方略实施以来，在国家反贫困政策和"全民反贫困行动"中，尽管学界出现了许多有关云南人口较少民族减贫与发展、脱贫攻坚、精准扶贫等问题的研究成果，但有关8个人口较少民族的研究却多少不一，其中关于德昂族、布朗族、独龙族、基诺族、阿昌族的研究较多，而有关怒族、普米族、景颇族的研究十分欠缺，相关研究亟待加强。此外，综观学界现有的学术研究成果，与国家和地方在人口较少民族地区正在开展的脱贫攻坚、整族脱贫、减贫与发展等反贫困和贫困治理实践相比较，社会科学研究支持国家战略发展的能力还有待加强。

# 第二章

# 云南人口较少民族贫困治理的制度建设

云南省集边疆、民族、贫困、山区于一体，是全国脱贫攻坚主战场之一。人口较少民族，尽管以“人口较少民族”贫困群体为概念区隔，但基于云南省特殊省情，人口较少民族分布地区往往与边境地区、深度贫困区杂糅叠加，因而使得人口较少民族脱贫攻坚问题艰巨性、复杂性尤为凸显，是云南省脱贫攻坚战中一块“最难啃的硬骨头”。云南人口较少民族主要聚居于保山、红河、普洱、西双版纳、德宏、怒江、临沧、文山等 8 个边境州（市）长达4060 千米的边境线沿线上。无论从贫困区域范围还是从贫困群体分布上来说，少数民族聚居、深度贫困、地处边境三者都交错杂融不可分割。以深度贫困“三区三州”之一的怒江州为例，既是深度贫困区，也是怒族、傈僳族、普米族、独龙族等人口较少民族、“直过民族”的主要聚居区，同时贡山、福贡、泸水还是毗邻缅甸的边境县。此外，云南省境内的许多边境地区，如西双版纳、德宏等都是基诺、布朗、德昂、景颇、阿昌等人口较少民族、“直过民族”以及跨境民族的聚居地，兼具少数民族尤其是人口较少民族、深度贫困、地处边境三个特点，是国家和云南省少数民族扶贫开发、兴边富民行动实施的主要战场。基于云南特殊省情，瞄准云南特点，关于云南人口较少民族贫困治理制度建设的研究，不可能仅着眼于人口较少民族贫困群体，实际上，一项立足实际，兼顾“边境集中连片贫困地区”和“深度贫困地区”特点的综合考察，才能更为全面地展示云南人口较少民族及人口较少民族地区扶贫开发、贫困治理、脱贫与发展等方面的制度探索和政策实践。

## 第一节　国家人口较少民族扶贫开发制度建设

### 一　国家人口较少民族扶贫开发制度设计

改革开放以来，我国少数民族中的22个人口在10万人以下的民族有了很大发展，群众生活有了明显改善。但是，由于历史、自然条件等方面的限制，这些少数民族的经济和社会发展总体水平还比较落后，贫困问题仍较突出。2005年，国家民委、国家发展改革委、财政部、中国人民银行、国务院扶贫办联合颁布《扶持人口较少民族发展规划（2005—2010年）》，采取特殊政策措施，集中力量帮助毛南族、撒拉族、布朗族、塔吉克族、阿昌族、普米族、鄂温克族、怒族、京族、基诺族、德昂族、保安族、俄罗斯族、裕固族、乌孜别克族、门巴族、鄂伦春族、独龙族、塔塔尔族、赫哲族、高山族、珞巴族等22个人口较少民族加快发展步伐，走上共同富裕道路。规划范围包括内蒙古、黑龙江、福建、广西、贵州、云南、西藏、甘肃、青海、新疆等10个省（区）中的86个县、238个乡镇、640个行政村的人口较少民族聚居区。按照国家扶持、省（区）负总责、县抓落实、整村推进的原则，一是加强包括人畜饮水、交通、电力、广播电视、安居、基本农田等基础设施项目的建设，努力改善人口较少民族地区的生产生活条件；二是着力调整经济结构，发挥当地资源优势，发展特色产业，帮助群众增收；三是大力发展科技、教育、卫生、文化等社会事业，促进社会进步；四是加大人才培训力度，加强科普工作，提高群众的科学文化素质和健康水平。

“十二五”时期是民族地区全面建设小康社会、推进跨越式发展和长治久安的关键时期。为深入贯彻落实党中央、国务院关于扶持人口较少民族加快发展的重大决策部署，2011年6月国家民委、国家发展改革委、财政部、中国人民银行和国务院扶贫办联合编制《扶持人口较少民族发展规划（2011—2015年）》，对第五次全国人口普查，总人口在30万人以下的珞巴族、高山族、赫哲族、塔塔尔族、独龙族、鄂伦春族、门巴族、乌孜别克族、裕固族、俄罗斯族、保安族、德昂族、基诺族、京族、怒族、鄂温克族、普米族、阿昌族、塔吉克族、布朗族、撒拉族、毛南族、景颇族、达斡尔族、柯尔克孜族、锡伯族、仫佬族、土族等28个民族的169.5万总人口进行集中帮扶，帮助人口较少民族加快发展，走上共同富裕道路。规划范围是内蒙古、辽宁、吉林、黑龙江、福建、江西、广西、贵州、云南、西藏、甘肃、青海、新疆等13个省（区）和新疆生产建设兵团的人口较少民族聚居区，包括2119个人口较少民族聚居的行政村（以下简称“聚居村”）、71个人口较少民族的民族乡、16个人口较少民族的自治县、2个人口较少民族的自治州。以基础设施建设、特色优势产业发展和群众增收、民生保障、繁荣发展民族文化、人力资源开发、和谐家园建设等“六大工程”加快推进人口较少民族发展，帮助人口较少民族聚居行政村基本实现“五通十有”，[①] 人口较少民族聚居区基本实现“一减少、二达到、三提升”[②] 目标。

2012年，国务院办公厅印发《少数民族事业“十二五”规划》提出要改善牧区、边境地区、人口较少民族聚居地区和少数民族贫困地区群众生产生活条件，并明确民族地区经济发展及教育、文化服务、医疗卫生、社会保障公共服务发展目标，对加快民族地区脱贫致富，促进各民族共同繁荣发展，民族地区全面建成小康社会具有重要意义。2012～2015年，中央财政安排少数民族发展资金145.9亿元，专项支持推进兴边富民行动、扶持人口较少民族发展以及开展少数民族特色村寨和少数民族传统手工艺品的保护与发展。国家安排中央预算内投资55亿元，用于帮助边境地区和人

① “五通十有”为：人口较少民族聚居村通油路，通电，通广播电视，通信息（电话、宽带），通沼气（清洁能源）；有安全饮用水，有安居房，有卫生厕所，有高产稳产基本农田（草场、经济林地、养殖水面）或增收产业，有学前教育，有卫生室，有文化室和农家书屋，有体育健身和民族文化活动场地，有办公场所，有农家超市（便利店）和农资放心店。

② 人口较少民族聚居区贫困人口数量减少一半或以上；农牧民人均纯收入达到当地平均或以上水平；1/2左右的民族的农牧民人均纯收入达到全国平均或以上水平；基础设施保障水平、民生保障水平、自我发展能力大幅提升。

口较少民族聚居区的基础设施建设、群众生产生活条件改善和社会事业发展。[①]“十二五”期间，内蒙古、广西、西藏、宁夏、新疆5个自治区和少数民族分布集中的贵州、云南、青海3省的贫困人口从2011年的3917万人下降到1813万人，减少2104万人，减少幅度为53.7%；贫困发生率从27.2%下降到12.4%，下降了14.8个百分点。[②]

2016年12月，国务院印发了《“十三五”促进民族地区和人口较少民族发展规划》（以下简称《“十三五”民族发展规划》），主要阐明了国家支持少数民族和民族地区发展、加强民族工作的总体目标、主要任务和重大举措，是“十三五”时期促进少数民族和民族地区精准扶贫和全面建成小康社会的行动纲领。《“十三五”民族发展规划》指出要以科学治贫、精准脱贫理念，按照“五个一批”要求，坚持精准扶贫、精准脱贫基本方略，加大国家扶持力度，积极整合各方资源，调动各方力量合力攻坚，加快解决少数民族和民族地区发展瓶颈，稳定实现民族地区贫困人口“两不愁、三保障”，在现行标准下贫困人口全部脱贫，贫困县全部摘帽，确保如期实现少数民族和民族地区脱贫目标，确保2020年少数民族和民族地区与全国同步进入全面小康社会。《“十三五”民族发展规划》以分类推进特殊贫困地区发展，因地制宜，分类施策为原则：①对居住在生存条件恶劣、生态环境脆弱、“一方水土养不起一方人”的民族地区的建档立卡贫困人口，积极实施易地扶贫搬迁政策并促进搬迁群众稳定脱贫；②在特困民族地区的建档立卡贫困户、贫困村中，帮助少数民族群众学用国家通用语言、普及科技知识、提高生产生活技能，提升贫困群众素质，激发其内生动力扶贫；③对人口较少民族聚居的建档立卡贫困村，推进整村整族精准脱贫，

---

① 《中国的减贫行动与人权进步》白皮书（全文），中华人民共和国国务院新闻办公室网站，2016年10月17日，http://www.scio.gov.cn/zfbps/32832/Document/1494402/1494402.htm，最后访问日期：2021年3月15日。

② 《中国的减贫行动与人权进步》白皮书（全文），中华人民共和国国务院新闻办公室网站，2016年10月17日，http://www.scio.gov.cn/zfbps/32832/Document/1494402/1494402.htm，最后访问日期：2021年3月15日。

分期分批推进贫困村退出、贫困人口脱贫；④对守土成边不宜搬迁的陆地边境抵边一线乡镇贫困村边民，采取特殊扶持政策，加大对边民的扶持力度，改善边民生产生活条件，加强边民脱贫致富能力，确保边民安心生产生活、安心守边固边。同时，《"十三五"民族发展规划》还特别强调要促进人口较少民族加快发展，确保与全国各族人民同步迈入全面小康。要重点扶持总人口在30万人以下的28个人口较少民族聚居行政村及所辖人口相对集中的自然村落，基本公共服务体系建设延伸至人口较少民族的民族乡、自治县、自治州，集中帮扶发展相对滞后的人口较少民族整体率先脱贫，推进发展水平较高的人口较少民族整体率先奔小康，分批分步实现全面小康。到2020年，人口较少民族聚居行政村在实现"一达到、二退出、三保障"的基础上，基本实现"四通八达"。①

## 二　国家兴边富民制度设计

我国陆地与14个国家接壤，陆地边境线长2.2万千米，其中1.9万千米在民族地区。边境地区国土面积197万平方千米，人口2300多万人，其中少数民族人口近一半，有30多个民族与周边国家同一民族毗邻而居。为推动边境地区加快发展，扶持边境沿线各族人民尽快致富奔小康，党中央、国务院做出了实施兴边富民行动的战略决策。

"十二五"时期，为确保边境地区与全国同步全面建成小康社会，国家不断加大财政扶贫开发投入力度，并向边境贫困地区倾斜，重点支持国家扶贫开发工作重点县、集中连片分布的贫困区域加快减贫步伐，支持边境贫困地区部分村优先实施整村推进，改善边境群众生产生活状况。2011年国务院办公厅颁布《兴边富民行动规划（2011—2015年）》，规划实施范

① 一达到：农村居民人均可支配收入增长幅度达到或高于当地平均水平；二退出：建档立卡贫困村、贫困人口脱贫退出；三保障：义务教育、基本医疗和基本住房安全有保障；四通：通硬化路、通客运班车、通宽带、通电商；八达：集中式供水、清洁能源、卫生厕所、垃圾污水集中处理、综合性公共文化设施和场所、村务便民服务站、便民连锁超市、稳定增收产业（或创业致富带头人）达到有关建设要求。

围包括内蒙古、辽宁、吉林、黑龙江、广西、云南、西藏、甘肃、新疆等9个省、自治区的136个陆地边境县、旗、市、市辖区，新疆生产建设兵团的58个边境团场。规划实施后，边境地区综合经济实力明显增强，边境地区基础设施进一步完善，边民生活质量明显提高，贫困人口明显减少，特色优势产业较快发展，自我发展能力进一步提高，为边境地区全面建成小康社会奠定了坚实基础。2015年，《国务院关于支持沿边重点地区开发开放若干政策措施的意见》颁布，着眼于实现稳边安边兴边，综合考虑经济发展、边疆稳定、民族团结、周边安宁的需要，从深入推进兴边富民行动、改革体制机制、调整贸易结构、促进特色优势产业发展、提升旅游开放水平、加强基础设施建设、加大财税支持力度、鼓励金融创新与开放等8个方面提出了31条政策措施。

“十三五”时期是我国全面深化改革的关键时期，也是边境地区同步全面建成小康社会的决胜阶段。随着“一带一路”建设加快推进，区域协调发展不断深化，脱贫攻坚全面展开，国家对边境地区全方位扶持力度不断加大。2017年，国务院办公厅印发《兴边富民行动“十三五”规划》，规划实施范围扩大到我国陆地边境地区9个省区的140个陆地边境县（市、区、旗）和新疆生产建设兵团的58个边境团场。该规划着力实施强基固边、民生安边、产业兴边、开放睦边、生态护边、团结稳边等主要任务和重点工程。①围绕“强基固边”推进边境地区基础设施建设，实施沿边公共服务设施建设、边境交通脱贫攻坚、“一带一路”国际铁路通道建设、沿边铁路、沿边公路贯通、兴地睦边土地整治、边境农村饮水安全巩固提升、边境地区信息安全、沿边重点城镇建设、边境地区少数民族特色村镇工程。②围绕“民生安边”全力保障和改善边境地区民生，实施护边脱贫、兴边富民整村推进、安居守边、边民就业创业、边民健康、边境地区文化建设、边境地区教育建设工程。其中，边境地区就地就近脱贫专项行动，对居住在沿边境特殊区域的建档立卡贫困户，综合采取经济扶持、金融支持、生活保障、优化服务等措施，彻底解决其生产生活后顾之忧，引导其增强国家认同感和自豪感，安心生活、定心守边。同时，坚持精准扶贫与区域发展相结合，精准到人、扶持到户与整村推进、整乡推进、整县推进相结合，国家各项扶贫政策向边境地区倾斜。全力推进产业扶贫、就业扶贫、教育扶贫、科技扶贫、健康扶贫、生态保护扶贫、残疾人脱贫和兜底保障，提升贫困边民生产生活水平。③围绕“产业兴边”大力发展边境地区特色优势产业，推进边境地区特色优势农业、特色加工制造业、特色服务业发展及边境地区产业园区发展，实施边境地区特色优势农业培育、边境地区特色林业富民、多彩边境旅游工程、民贸民品和少数民族特色手工艺品发展、边境产业园区建设、边境创新品牌行动、食品农产品出口工程；围绕开放睦边着力提升沿边地区开发开放水平，推动边境地区深度融入“一带一路”建设，加强边境地区开发开放平台建设，实施边境口岸建设、边境口岸产业培育、边民互市贸易点建设、边境人员往来便利化工程；围绕生态护边加强边境地区生态文明建设，筑牢国家生态安全屏障，实施边境生态安全保障工程、人居环境综合整治、边境地区动植物疫病防控工程。④围绕“团结稳边”通力维护民族团结和边防稳固，实施民族团结进步创建、兴边富民行动示范、爱民固边模范村创建、边境地区平安建设等工程。同时，针对边境地区的重要战略地位和特殊性，国家出台边民扶持、财政、金融、土地、社会保障、资源开发与生态保护补偿、对口支援等政策，同时最大限度地向边境地区尤其是边境贫困地区、贫困村、贫困人口倾斜，加大对边境地区建档立卡贫困户脱贫奔小康的支持力度，着力补齐和加强边境地区全面建成小康社会的特殊短板和薄弱环节，确保到2020年，边境地区与全国其他地区同步全面建成小康社会。

## 三　国家扶持深度贫困地区制度设计

2017 年 6 月 23 日，习近平总书记召开深度贫困地区脱贫攻坚座谈会并发表重要讲话，就攻克坚中之坚、解决难中之难、坚决打赢脱贫攻坚战做出部署安排。习近平总书记在深度贫困地区脱贫攻坚座谈会上指出，深度贫困地区是脱贫攻坚的坚中之坚。[①] 深度贫困主要分布在西藏和四省涉藏州县、南疆四地州、四川凉山、云南怒江、甘肃临夏等14个省区的深度贫困县及12.8万个建档立卡贫困村。深度贫困地区、贫困县、贫困村具有“两高、一低、一差、三重”[②] 特征且致贫原因和贫困现象有许多共同点，主要体现在：一是集革命老区、民族地区、边疆地区于一体、基础设施条件和社会事业发展滞后、社会发育滞后社会文明程度低、生态环境脆弱自然灾害频发、经济发展滞后、人穷村也穷、因病致贫、因病返贫现象普遍等。习近平总书记指出要大力推进深度贫困地区脱贫攻坚，坚持精准扶贫、精准脱贫基本方略，合理确定脱贫目标，加大投入支持力度，集中优势兵力打攻坚战、精准扶贫发力，加大各方帮扶力度、加大内生动力培育力度，加大组织领导力度，加大检查督查，坚持中央统筹、省负总责、市县抓落实的管理体制，坚持党政一把手负总责的工作责任制，坚持专项扶贫、行业扶贫、社会扶贫等多方力量、多种举措有机结合和互为支撑的“三位一体”大扶贫格局，以解决突出制约问题为重点，以重大扶贫工程和到村到户帮扶措施为抓手，以补短板为突破口，强化支撑保障体系，加大政策倾斜力度，确保深度贫困地区和贫困群众同全国人民一道进入全面小康社会。

2017年11月，中共中央办公厅、国务院办公厅印发《关于支持深度贫困地区脱贫攻坚的实施意见》，对深度贫困地区脱贫攻坚工作做出全面部署。该意见指出以下几方面重点工作。第一，“西藏、四省藏区、南疆四地州和四川凉山州、云南怒江州、甘肃临夏州（以下简称‘三区三州’），以及贫困发生率超过18%的贫困县和贫困发生率超过20%的贫困村，自然条件差、经济基础弱、贫困程度深，是脱贫攻坚中的硬骨头，补齐这些短

① 习近平：《在深度贫困地区脱贫攻坚座谈会上的讲话（2017年6月23日）》，人民出版社，2017。

② “两高”即贫困人口占比高，贫困发生率高；“一低”即人均可支配收入低；“一差”即基础设施和住房条件差；“三重”即低保、五保贫困人口脱贫任务重，因病致贫返贫人口脱贫任务重，贫困老人脱贫任务重。

板是脱贫攻坚决战决胜的关键之策”。[①] 第二，中央要统筹重点支持“三区三州”，加大中央财政投入力度、金融扶贫支持力度、项目布局倾斜力度、易地扶贫搬迁实施力度、生态扶贫支持力度、干部人才支持力度、社会帮扶力度，集中力量攻关，构建起适应深度贫困地区脱贫攻坚需要的支撑保障体系。第三，落实行业主管责任，对“三区三州”和其他深度贫困地区、深度贫困问题，予以统筹支持解决。重点解决因病致贫、因残致贫、饮水安全、住房安全等问题，加强教育扶贫、就业扶贫、基础设施建设、土地政策支持和兜底保障工作，打出政策组合拳。第四，地方要统筹整合资源，紧盯最困难的地方，瞄准最困难的群体，扭住最急需解决的问题，集中力量解决本区域内深度贫困问题。要落实脱贫攻坚省负总责的主体责任，明确本区域内深度贫困地区，制定计划，加大投入。要做实做细建档立卡，加强贫困人口精准识别和精准退出，实现动态管理，打牢精准基础。要加强驻村帮扶工作，调整充实第一书记和驻村工作队，明确工作任务，加强日常管理。要实施贫困村提升工程，推进基础设施和公共服务体系建设，改善生产生活条件，发展特色优势产业，壮大村集体经济。第五，发挥政治优势和制度优势，发挥贫困地区贫困群众主动性、创造性，凝聚起各方面力量。坚定打赢深度贫困地区脱贫攻坚战的信心，坚持精准扶贫、精准脱贫基本方略，深入推进抓党建促脱贫攻坚，加强扶贫资金监管，激发深度贫困地区和贫困人口脱贫致富内生动力，确保完成深度贫困地区脱贫攻坚任务。

2018 年 1 月，教育部、国务院扶贫办印发《深度贫困地区教育脱贫攻坚实施方案（2018—2020 年）》，作为专项实施方案，聚焦深度贫困地区教育扶贫，计划用 3 年时间打好深度贫困地区教育脱贫攻坚战，采取精准建立“三区三州”教育扶贫台账，稳步提升“三区三州”义务教育基本公共

---

① 《中办国办印发意见　支持深度贫困地区脱贫攻坚》，中华人民共和国中央人民政府网站，2017 年 11 月 21 日，http://www.gov.cn/zhengce/2017 - 11/21/content_5241334.htm，最后访问日期：2022 年 2 月 14 日。

服务水平，加强乡村教师队伍建设，继续实施“三区三州”现有免费教育政策，建档立卡贫困学生资助全覆盖，加大少数民族优秀人才培养力度，面向“三区三州”实施推普脱贫攻坚行动、多渠道加大“三区三州”教育扶贫投入等举措，确保深度贫困地区如期完成“发展教育脱贫一批”任务。根据该方案，2020 年“三区三州”等深度贫困地区教育总体发展水平显著提升，实现建档立卡贫困人口教育基本公共服务全覆盖。保障各教育阶段建档立卡学生从入学到毕业的全程全部资助，保障贫困家庭孩子都可以上学，不让一个学生因家庭经济困难而失学。让更多建档立卡贫困学生接受更好更高层次教育，都有机会通过职业教育、高等教育或职业培训实现家庭脱贫，教育服务区域经济社会发展和脱贫攻坚的能力显著增强。2018 年 4 月，民政部印发《关于推进深度贫困地区民政领域脱贫攻坚工作的意见》从加强农村低保制度与扶贫开发政策有效衔接，加大临时救助、特困人员救助供养力度，落实残疾人福利保障政策，做好农村留守儿童、妇女和老年人关爱保护工作，鼓励和引导社会力量参与深度贫困地区脱贫攻坚，加强深度贫困地区基层政权和社区建设，推动深度贫困地区优化行政区划设置等方面多措并举合力推进民政领域“三区三州”脱贫攻坚工作。

## 第二节　云南人口较少民族扶贫开发制度建设

### 一　云南少数民族扶贫开发制度建设

1999 年 12 月，中共云南省委、省人民政府颁布实施了《关于进一步做好新形势下民族工作的决定》，指出对人口规模小、居住集中，经济社会发展严重滞后，贫困程度深的少数民族，要给予特别重视，采取更特殊的措施解决其经济社会发展问题。也就是在此时，国家民委和国务院扶贫办在西双版纳州的布朗山乡和基诺山乡开展了“两山”综合扶贫开发的试点工作。云南省借此机会拉开了扶持人口较少民族发展工作的序幕。

针对人口较少民族人口分布相对集中、经济社会发展情况和自然条件各有差异的实际，云南创造性地提出“一山一策”“一族一策”“一族多策”的措施，因地制宜，分类指导，扶持人口较少民族的发展。2001年，云南省民委会同省有关部门组成工作组，对7个人口较少民族的基本状况做了深入细致的调研。按照分类指导，因地制宜，因族举措的原则，采取“一山一策、一村一策、一族多策”等措施，由云南省民委牵头组织对独龙江乡、布朗山乡、基诺山乡、三台山乡等人口较为集中的人口较少民族聚居地进行调研；此后，又分别组织5个调研组，分赴丽江、保山、德宏、临沧、思茅、西双版纳、迪庆等地州市，就云南7个人口较少民族的脱贫发展问题进行了历时一年的全面调查与研究，[①] 为制定翔实、有效的规划打下了坚实的基础。

2002年，云南在全国率先制定了《关于采取特殊措施加快云南省7个人口较少特有民族脱贫发展步伐的通知》，其中明确提出到2010年，要在7个人口较少民族聚居的175个行政村实现“四通、五有、一消除”[②] 的目标。为此，要求各级部门加强协作，整合资源，对7个人口较少民族地区的建设发展项目优先立项扶持。云南省民委、省扶贫办、省发改委把人口较少民族聚居乡（村）优先纳入特困民族乡、边境民族贫困乡范围予以重点扶持，投入专项资金，对人口较少民族聚居的22个乡镇实施综合扶贫开发计划。

采取特殊政策措施，扶持人口较少民族加快发展步伐，是党中央、国务院做出的重大决策，是全面落实科学发展观，构建和谐社会，建设社会主义新农村，实现各民族共同繁荣的重要举措。随着国家《扶持人口较少民族发展规划（2005—2010年）》的颁布，云南省深入贯彻中央、云南省民族工作会议和全国扶持人口较少民族发展工作会议精神，认真落实国务院批准实施的《扶持人口较少民族规划（2005—2010年）》，结合云南省

---

① 李若青：《云南扶持人口较少民族发展政策实践研究》，中国社会科学出版社，2013，第37页。

② “四通”为村村通路、通电、通水、通广播电视；“五有”为所有农户和群众有房住、有衣穿、有饭吃、有钱用、有书读；“一消除”为基本消除农户和学校的茅草房和危房。

实际，2006 年，云南省正式颁布了《云南省扶持人口较少民族发展规划(2006—2010 年)》，其中提出到 2010 年，使人口较少民族聚居村基本实现“四通、五有、三达到”的目标，即通路，通电，通广播电视、通电话；有学校，有卫生室（所），有安全的人畜饮用水，有安居房，有稳定解决温饱的基本农田地；人均粮食占有量，人均纯收入，九年制义务教育普及率达到国家扶贫开发纲要和“两基”攻坚计划提出的要求，基本解决现有贫困人口的温饱问题，经济社会发展基本达到当地中等水平。

2011 年，云南省人民政府印发《云南省加快少数民族和民族地区经济社会发展“十二五”规划》，科学统筹“十二五”期间少数民族和民族地区经济社会发展。立足云南民族、边疆、山区和贫困一体化省情，明确提出了“十二五”期间扶持少数民族贫困地区及贫困群体发展的目标及具体举措。该规划特别指出，要扶持边远、少数民族、贫困地区深度贫困群体、人口较少民族、特困民族、散居民族脱贫发展，重点实施易地搬迁、安居温饱、基础设施、社会事业、增收致富“五项工程”，对 8 个人口较少民族聚居的建制村及所辖自然村进行专项扶持，实施基础设施建设、特色优势产业发展和群众增收、民生保障、民族文化繁荣发展、人力资源开发、和谐家园建设“六大工程”，以佤族、拉祜族、傈僳族等特困民族聚居的建制村和自然村为单位，对特困民族聚居建制村进行扶持，实施安居温饱、基础设施建设、产业发展、社会事业发展、自我发展能力建设、生态保护与能源建设“六项工程”，在规划时限期基本解决规划区内现有贫困人口的温饱问题，基础设施得到明显改善，特色优势产业不断培育壮大，社会事业得到较快发展，劳动者素质明显提高，少数民族群众自我发展能力和可持续发展能力不断增强。同年，为进一步加快人口较少民族发展，促进人口较少民族发展迈上新台阶，《云南省人民政府关于进一步加快人口较少民族发展的决定》印发。按照该决定要求，云南省民委、发展改革委、财政厅、人民银行昆明中心支行和省扶贫办联合编制《云南省扶持人口较少民族发展规划（2011—2015 年)》，对云南省 8 个人口较少民族主要聚居的395个建制村、3520个自然村以及冠以人口较少民族称谓的13个民族乡、3个民族自治县、1个民族自治州重点实施基础设施建设、特色产业培植、民生保障改善、民族文化发展、人力资源开发、和谐家园建设等6项工程56个项目。规划特别指出，要加大对人口较少民族聚居贫困地区扶贫开发的支持力度，对贫困自然村实施整村推进，对人口较少民族主要聚居乡实施整乡综合扶持，整合各方资源，重点解决群众温饱问题，加快区域性基础设施建设步伐，加大产业化扶贫力度，大力扶持特色优势产业发展，巩固提高群众收入，确保2015年人口较少民族聚居建制村基本实现“五通十有”，人口较少民族聚居区基本实现“一减少、二达到、三提升”目标。

2017年，《云南省脱贫攻坚规划（2016—2020）》颁布，作为云南省精准扶贫的纲领性文件，该规划明确指出要对少数民族贫困地区进行精准施策，精准帮扶，要采取“一个民族一个行动计划”“一个民族一个集团帮扶”模式，因族因村施策，实施全面打赢“直过民族”脱贫攻坚战行动计划和怒江州脱贫攻坚全面小康行动计划，动员和引导三峡集团、华能集团、大唐集团、云南中烟工业公司、云南烟草专卖局（公司）等中央、省级企业集团，结对帮扶“直过民族”及人口较少民族，实现精准脱贫。此外该规划还强调要加大少数民族贫困地区脱贫攻坚力度，推动政策、帮扶项目、扶持资金等向少数民族贫困地区倾斜，促进少数民族地区资源环境、经济社会可持续发展。

云南“直过民族”贫困面大、贫困程度深、致贫因素多元，人均受教育年限低于全国平均水平。2015年，“直过民族”聚居区建档立卡贫困人口有18.73万户66.75万人，贫困乡（镇）107个，贫困村601个，贫困发生率达28.6%，高出全省平均数15.4个百分点，从农村居民人均可支配收入来看，独龙族为3011元、怒族为3097元、傈僳族为3786元，普遍较低。同时，因病、因残、因灾、缺少技术技能、自身发展动力不足致贫问题突出。[①]《云南省全面打赢“直过民族”脱贫攻坚战行动计划（2016—

① 数据参考云南省民族宗教事务委员会经济处内部统计数据。

2020年)》围绕独龙族、德昂族、基诺族、怒族、布朗族、景颇族、傈僳族、拉祜族、佤族9个“直过民族”，计划用5年攻坚行动，聚焦“两不愁、三保障”目标，瞄准贫困对象和脱贫任务，把“直过民族”和人口较少民族作为全省脱贫攻坚的重中之重，分别制定了“直过民族”和人口较少民族脱贫攻坚实施方案，着力实施提升能力素质、组织劳务输出、安居工程、培育特色产业、改善基础设施、生态环境保护六大工程，打赢“直过民族”脱贫攻坚战，确保到2019年实现“直过民族”聚居区66.75万建档立卡贫困人口脱贫。到2020年，稳定实现“直过民族”贫困人口不愁吃、不愁穿，义务教育、基本医疗和住房安全有保障，“直过民族”聚居区农村常住居民人均可支配收入增幅高于全国平均水平，基本公共服务主要领域指标达到全国平均水平。

按照习近平总书记提出把云南建设成为我国民族团结进步示范区的指示精神，云南省出台了《云南省建设我国民族团结进步示范区规划（2016—2020年)》。该规划瞄准少数民族和民族地区如期实现全面脱贫、全面小康目标，指出要在规划期内实现少数民族和民族地区农村建档立卡贫困人口如期脱贫，贫困县、贫困乡、贫困村如期摘帽出列任务。《规划》以民生持续改善、发展动力增强、民族教育促进、民族文化繁荣、民族团结创建、民族事务治理“六项重点工程”为引领，实施民族地区全面脱贫、持续改善沿边群众生产生活条件、加快民族地区基础设施建设等30个项目。在该规划指导下，云南省民族宗教事务委员会又先后印发《云南民族团结进步示范区建设“十县百乡千村万户示范创建工程”三年行动计划（2016—2018年)》《云南民族团结进步示范区建设“十县百乡千村万户示范创建工程”三年行动计划（2019—2021年)》按照“率先发展、全面小康”、“精准脱贫、跨越发展”和“突出特色、融合发展”三种类型，在2016~2018年创建10个示范县、100个示范乡镇、1000个示范村（特色村寨、社区）和10000户民族团结进步示范户；2019~2021年，坚持示范创建与脱贫攻坚相结合、民族因素与区域因素相结合、突出重点与统筹兼顾相结合，以

88个贫困县为重点，向“三区三州”、深度贫困地区、边境地区、民族自治地方倾斜，在全省范围内继续选择创建16个示范县、100个示范乡镇、1000个示范村（含940个示范村、60个示范社区）、10000户示范户，并强调示范点创建重点向“直过民族”和人口较少民族聚居区倾斜安排，打造一批民居有特色、产业强、环境好、民富村美人和谐的民族特色示范村镇。

此外，云南省省级各部门按照行业职能，不断完善专项规划措施，精准落地指导实施。例如，云南省教育厅印发的《云南省人民政府关于加快发展民族教育的实施意见》规定在怒江等人口较少民族及“直过民族”深度贫困地区实施14年免费教育，对考入普通高校的9个“直过民族”的贫困家庭学生在专科或本科学习期间给予每人每年5000元的学费奖励；《云南省“直过民族”脱贫攻坚国家通用语言普及推广工程实施方案》规定了对云南省独龙族、德昂族、基诺族、怒族、布朗族、景颇族、佤族、拉祜族、傈僳族等9个“直过民族”普及国家通用语言，确保到2020年，年龄在45岁以上人口能够熟练使用国家通用语言交流；云南省交通运输厅印发的《云南省“直过民族地区”沿边地区较大人口规模自然村通硬化路建设规划》计划投资112.5亿元，专项用于“直过民族”、人口较少民族聚居的和沿边地区的9049个自然村共计2.5万千米通硬化路建设；民宗委印发《云南省少数民族特色村镇保护与发展规划（2016—2020年）》等专项规划，计划按照“保护改造特色民居、发展特色产业、改善人居环境、传承特色文化、促进团结进步”的建设方向，将少数民族特色村镇进一步提档升级；此外还有云南省发展改革委、云南省农业厅也开展一系列专项行动计划助推人口较少民族和“直过民族”致富脱贫攻坚。

## 二　云南省兴边富民制度建设

云南省与缅甸、老挝、越南三国有4060千米边境线，人口较少民族、“直过民族”和跨境民族主要聚居在边境沿线和生态功能区，担负着守土固边和生态保护"双重"任务，不宜或不能通过易地扶贫搬迁方式解决贫困问题。同时，云南边境一线多为人口较少民族和"直过民族"聚居区，具有民族性、整体性、广泛性深度贫困的特点，扶贫脱贫难度大，是云南省乃至全国全面打赢脱贫攻坚战的难点。

"十二五"时期，云南省先后颁布《关于深入实施"十二五"兴边富民工程的决定》《云南省兴边富民工程"十二五"规划》《云南省加快少数民族和民族地区经济社会发展"十二五"规划》等纲领性文件，在保山、红河、文山、普洱、西双版纳、德宏、怒江、临沧等8个州（市）的腾冲、龙陵、河口、金平、绿春、麻栗坡、马关、富宁、澜沧、西盟、孟连、江城、景洪、勐海、勐腊、芒市、瑞丽（含畹町）、盈江、陇川、泸水、福贡、贡山、镇康、耿马、沧源等25个边境县（市）全面实施兴边富民工程。项目实施涵盖基础设施、温饱安居、产业培育、民生保障、城镇建设、人口素质提高、边境和谐、民族文化、开放窗口、生态保护等。在该规划指引下，经过5年的艰苦努力，边境县（市）的公路、能源、通信、口岸、城镇等基础设施建设得到全面提升；经济与产业结构进一步优化，绿色农业、特色加工、现代物流、跨境旅游、国际贸易等外向型现代产业体系逐步形成；城乡基本公共服务、社会保障制度基本实现全面覆盖，居民收入水平、文化素质明显提高；江河流域生态优良可持续发展能力明显增强；民族团结、社会和谐、边防巩固的良好局面得到进一步巩固。

进入新时期，面对脱贫攻坚、稳边固边、兴边富民及小康社会建设重大任务，云南省从2015年到2020年，先边后内，实施两轮沿边三年行动计划。以25个边境县110个沿边乡镇所辖814个行政村和沿边19个农场为范围，覆盖9036个自然村、426个农场生产队，共60.5万户242万人，覆盖人口占边境县总人口的35.4%。第一轮"兴边富民沿边三年行动计划"，2015~2017年，与"十二五"兴边富民规划相衔接，在2011~2015年兴边富民工程基础上，以《云南省深入实施兴边富民工程改善沿边群众生产生活条件三年行动计划（2015—2017年）》为指导，以25个边境县

（市）的110个沿边乡镇所辖373个沿边一线行政村为范围，覆盖3783个自然村，同时，兼顾沿边19个农场。第一轮沿边三年行动计划实施抗震安居工程、产业培育壮大、基础设施建设、公共服务提升、村寨环境整治、劳动者素质提高6项工程31个子工程，三年计划总投入65.6亿元。其中，安居房建设和培育壮大富民产业是重中之重。抗震安居工程包括实施农村危房改造和安居房建设，将实施7万户（其中边境农场0.18万户）农村危房改造及抗震安居房建设，三年投入28.2亿元，占计划总投入的43%；产业培育壮大工程包括实施特色优势农产品种植、特色经济林种植、畜禽产品养殖、农产品加工企业扶持、高稳产农田地培育、退耕还林还草、贫困村村级互助资金、村级产业发展互助资金、科技兴边富民专项建设9个子工程，计划投入6.735亿元，占计划总投入的10.3%。此外，投入较大的还有基础设施建设工程，包括实施乡村公路硬化、村内道路硬化、农村电网全覆盖、农村安全饮用水工程提升改造、宽带互联网全覆盖、广播电视户户通6个子工程，总投入24.64亿元。基本思路是通过具体工程的实施，整合资源、整村推进、项目到村、扶持到户，切实推进“新房新村、生态文化、宜居宜业”的新农村建设，力争使边境地区与全省同步全面建成小康社会。通过沿边三年行动计划的实施，使沿边地区贫困发生率从2014年的31.2%下降到2017年的13.9%，农村居民人均可支配收入年均增幅达14.6%，群众增收致富、自我发展能力得到较大提升。①

第二轮沿边三年行动计划时期为2018～2020年。按照《国务院办公厅关于印发兴边富民行动“十三五”规划的通知》和《云南省人民政府关于印发云南省兴边富民工程“十三五”规划的通知》要求，云南省以沿边乡镇为范围，以沿边城镇为重点，制定新一轮《云南省深入实施兴边富民工程改善沿边群众生产生活条件三年行动计划（2018—2020年）》。第二轮沿

① 《云南省第一轮沿边三年行动计划取得阶段性成效》，中国日报网，2018年10月31日，https://baijiahao.baidu.com/s?id=1615834742088049978&wfr=spider&for=pc，最后访问日期：2021年3月10日。

边三年行动计划以 25 个边境县市的 110 个沿边乡镇 878 个行政村（社区）和 19 个沿边农场为范围，覆盖 9424 个自然村，共 59. 4 万户 235. 6 万人。第二轮兴边富民三年行动计划实施六大任务 38 项重点工程，明确两类建设目标：一是城镇建设目标，以距国境线 3 千米以内的 21 个乡镇政府所在地（非县政府所在地）、9 个抵边口岸城镇（除非国境线、县乡政府所在地、与抵边乡镇重合的口岸外）和 18 个常住居民在 3000 人以上或 600 户以上的抵边小集镇为重点，巩固提升基础设施、公共服务、特色产业等，力争到 2020 年，城镇功能更加完备、辐射带动能力进一步增强，成为边民就地就近创业和就业、产业发展和商品流通、守土固边和睦邻友好的支点；二是村寨建设目标，对 373 个抵边行政村（社区）、19 个边境农场进行巩固提升，对 505 个非抵边行政村（社区）按"缺什么补什么"原则进行建设，力争到 2020 年，沿边建档立卡贫困户精准脱贫，农村常住居民人均可支配收入增幅达到全县平均水平，交通出行、饮水安全等基础设施进一步改善，特色产业促进就业和增收能力进一步增强，沿边乡镇所有行政村（社区）全部实现"五通八有三达到"目标。重点实施支持沿边集镇建设、加强基础设施建设、培育特色优势产业、完善基本公共服务、提升开放活边水平、加强稳边固边建设等六大任务 38 项重点工程，计划总投入建设资金 126. 11 亿元，比上一轮投入任务 65. 6 亿元增加 60. 5 亿元，增加近一倍。其中，为支持沿边集镇建设投入 8. 8 亿元，为加强基础设施建设投入 70. 76 亿元，为培育特色优势产业投入 8. 65 亿元，为完善基本公共服务投入 18. 29 亿元，为提升开放活边水平投入 5. 64 亿元，为加强稳边固边建设投入 13. 97 亿元。

《云南省"直过民族"地区、沿边地区较大人口规模自然村通硬化路建设规划》以专项规划形式助力兴边富民和沿边少数民族脱贫攻坚，计划投资 112. 5 亿元，专项用于"直过民族"、人口较少民族和沿边地区 9049 个自然村共计 2. 5 万千米通硬化路建设。此外，《云南省沿边地区开发开放规划（2016—2020 年）》《云南省人民政府关于支持沿边重点地区开发开放若干政策措施的实施意见》等文件着力推进沿边重点地区开发开放，改善沿边群众生产生活条件，科学规划并鼓励边境地区群众搬迁安置到距边境3千米范围内，建立动态边民补助机制，加大对边境回迁村的扶持力度，加强沿边地区生态环境保护，加大对生态脆弱地区的扶持力度，促进边境稳定及经济发展。

## 三 云南深度贫困地区扶贫开发制度建设

云南省加快推进深度贫困地区脱贫攻坚进程。《云南省建设我国民族团结进步示范区规划（2016—2020年）》，指出要实施怒江州脱贫攻坚全面小康行动计划、迪庆地区脱贫攻坚三年行动计划，为探索集中连片困难地区脱贫攻坚和实现民族地区同步全面小康做出示范。①着力推进怒江州脱贫攻坚全面小康行动计划。2016年2月，为确保怒江州农村贫困人口到2020年如期脱贫并与全省同步全面建成小康社会，省委、省政府决定2016～2020年集中力量，突出重点，以超常规措施打赢怒江州脱贫攻坚战，制定出台了《怒江州脱贫攻坚全面小康行动计划（2016—2020年）》。该计划坚持脱贫攻坚与区域发展相结合，坚持精准扶贫、精准脱贫基本方略，确定脱贫攻坚任务。该计划明确了发展目标。到2019年，全州4个县21个贫困乡镇181个贫困村14.93万建档立卡贫困人口分期实现摘帽、出列、脱贫。到2020年，稳定实现农村贫困人口不愁吃、不愁穿，义务教育、基本医疗、住房安全有保障，与全省同步建成小康社会。农村常住居民人均可支配收入超过10000元，其中建档立卡贫困人口人均可支配收入不低于6000元。九年义务教育巩固率达到85%，高中阶段教育毛入学率达到80%。城乡三项医疗保险参保率达到100%，村卫生室标准化率达到100%。该计划围绕“五个一批”精准施策，重点实施基础设施、产业发展、美丽宜居乡村和安居建设、社会事业、生态保护、民族团结六大工程，办好25件实事。②实施区域脱贫攻坚。云南扶贫开发领导小组采取6个到村到户精准扶贫措施，实施基础设施工程、产业发展、美丽宜居乡村和安居建设、社会事业发展、生态保护、民族团结建设等六大建设工程，总投资 122.86 亿元。此外，迪庆州立足实际编制形成《迪庆藏族自治州深度贫困脱贫攻坚实施方案》《迪庆州关于打赢精准脱贫攻坚战三年行动的实施方案》等扶贫规划及配套实施方案。③开展沿边少数民族扶贫攻坚。结合 25 个边境县沿边的 110 个乡镇 814 个行政村的特殊困难，出台《云南省深入实施兴边富民工程改善沿边群众生产生活条件三年行动计划（2015—2017 年）》，实施 6 项工程 31 个子工程，计划三年总投入 65.6 亿元；《云南省深入实施兴边富民工程改善沿边群众生产生活条件三年行动计划（2018—2020 年）》计划实施六大任务 38 项重点工程，计划总投入建设资金 126.1 亿元。

2018 年 11 月，云南省深度贫困地区脱贫攻坚现场推进会在怒江召开，会议指出，云南省深度贫困地区脱贫攻坚是关系全省脱贫攻坚全局的控制性工程。云南省打赢深度贫困地区脱贫攻坚战，要聚焦“两不愁、三保障”，把扶贫工作重心、政策支持重心、社会帮扶重心进一步向深度贫困地区聚焦，加强统筹协调，集中优势兵力，打好产业扶贫、就业扶贫、易地扶贫搬迁、生态扶贫、教育医疗住房“三保障”这五场“硬仗”，坚决攻克深度贫困堡垒，为云南省打赢深度贫困地区脱贫攻坚战指明了目标和方向。

# 第三章 云南人口较少民族贫困治理模式

## 第一节　产业扶贫

产业扶贫是我国在长期扶贫开发实践中逐步形成的专项扶贫开发模式之一。20 世纪 80 年代中期以来，我国一直坚持产业扶贫模式，它因投入少，见效快和相当的灵活性、多样性与适应性等优点被贫困地区广泛采用。[①] 20 世纪 90 年代，产业扶贫成为中国一条重要的扶贫开发经验。[②] 2001 年国家颁布的《中国农村扶贫开发纲要（2001—2010 年）》正式提出了产业扶贫的概念，并且与整村推进、农村劳动力培训转移共同形成“一体两翼”的扶贫模式。发展产业是实现脱贫的根本之策，产业扶贫是脱贫攻坚的重点和难点。

在云南省人口较少民族聚居区，从国家到地方一系列产业扶贫政策取得了良好的成效，产业扶贫成为人口较少民族脱贫致富的主要路径之一。作为贫困地区，云南省人口较少民族聚居区由于受历史、地理、社会、政治、经济、文化、宗教等诸多因素的影响，产业扶贫之路也显示出一些特殊性。

### 一　云南人口较少民族产业扶贫的制度建设

“十一五”期间，国家《扶持人口较少民族发展规划（2005—2010

① 张琦、王建民等：《产业扶贫模式与少数民族社区发展》，民族出版社，2013。

② 张琦、王建民等：《产业扶贫模式与少数民族社区发展》，民族出版社，2013。

年)》明确指出，22个人口较少民族聚居的640个村，总人口95.6万人，其中人口较少民族38.4万人，占总人口比重40.2%，占人口较少民族总人口的61%。由于受历史、自然等因素影响，这些地区经济发展滞后，514个村没有村级集体经济实体，产业结构单一。2003年底，聚居区农民人均纯收入884元，农民人均有粮308公斤。据此，需要调整经济结构，发展特色产业，促进群众增收。以市场为导向，立足当地发挥资源优势，引导农牧民发展增收项目。在国家规划指引下，《云南省扶持人口较少民族发展规划（2006—2010年)》将“大力发展优势产业和特色经济”作为主要任务之一，明确指出，要以市场为导向，帮助和引导群众发展增收项目，培育特色产业，稳步解决温饱问题，增强自我发展能力。到2010年，云南省人口较少民族聚居区的产业发展初见成效。但是，云南省人口较少民族聚居区的395个建制村农民人均纯收入为2294元，比全省民族地区平均水平（3379元）低1085元，比全省平均水平（3952元）低1658元。[①] 针对云南省人口较少民族产业发展短板，聚焦农业产业化程度低、二、三产业发展滞后、特色产业规模小、农民增收渠道狭窄等问题，“十二五”时期，《云南省扶持人口较少民族发展规划（2011—2015年)》颁布，继续将“发展特色优势产业，促进群众增收”作为主要工作任务，着力推进农业产业化、发展特色优势产业。2011年，云南省人民政府关于《进一步加快人口较少民族发展》的决定中也再次强调“发展特色优势产业，打牢群众增收基础”，要加快特色优势产业培育，推进农业产业化进程，重点实施特色优势农产品基地、特色经济林、标准化养殖小区、农民专业合作社组织、乡（镇）农贸市场、农家超市、农资放心店建设，支持非公中小企业发展。加强扶贫开发，实施自然村整村推进、整乡综合扶持、深度贫困自然村脱贫发展、独龙族整族帮扶等项目。

发展产业是实现脱贫的根本之策，产业扶贫是脱贫攻坚的重点和难点。

① 云南省民委、云南省发展改革委、云南省财政厅、人民银行昆明中心支行、云南省扶贫办：《云南省扶持人口较少民族发展规划（2011—2015年)》。

党中央、国务院高度重视产业扶贫工作，把产业扶贫摆在“五个一批”的首位。习近平总书记多次强调，发展产业是实现脱贫的根本之策。2015 年中共中央、国务院颁布的《中共中央　国务院关于打赢脱贫攻坚战的决定》，将“发展特色产业脱贫”作为实施精准扶贫重点方略之一。《“十三五”促进民族地区和人口较少民族发展规划》确定按照“发展生产脱贫一批”要求，坚持精准扶贫、精准脱贫基本方略，以民族自治地方、边境地区、人口较少民族地区的贫困地区为主战场，加快解决少数民族和民族地区发展瓶颈。规划着重强调了要促进人口较少民族加快发展，打造支撑地方经济发展的特色优势主导产业，促进民族特色旅游繁荣发展，增强发展内生动力。结合云南省实际，2017 年《云南省建设我国民族团结进步示范区规划（2016—2020 年）》颁布并明确指出，要实施全面打赢“直过民族”脱贫攻坚战行动计划，提出“直过民族”和人口较少民族脱贫攻坚实施方案，为探索集中连片困难地区脱贫攻坚和实现民族地区同步实现全面小康做出示范。该规划将产业发展作为“发展动力增强工程”的主要内容，强调发挥民族地区区位优势，发展特色优势产业、民族特色旅游文化产业、扶持民贸民品和民族特色商品，加快发展现代生产性服务业，为民族地区重点产业发展提供支持。在精准扶贫方略指引下，云南省特色产业精准扶贫制度建设日益健全，举措日渐扎实，项目措施覆盖 8 个人口较少民族聚居地区。2017 年，《关于加快推进产业扶贫的指导意见》颁布，确定了云南全省产业扶贫发展思路和总体目标，明确了省级各部门工作职责，提出了推进产业扶贫的具体措施。此后，为了帮助贫困县发挥比较优势选准扶贫产业，云南省农业厅联合省扶贫办等九部门制定实施了《云南省“十三五”特色产业精准扶贫规划》，组织 88 个贫困县（市、区）编制了《特色产业精准扶贫规划》。

2018 年，中共云南省委、云南省人民政府颁布的《关于打赢精准脱贫攻坚战三年行动的实施意见》明确提出要全力推进特色产业脱贫计划。该意见指出，要坚持开放型、创新型和绿色化、信息化、高端化，围绕打造世界一流绿色能源、绿色食品、健康生活目的地“三张牌”，推行“大产业+新主体+新平台”发展模式，因地制宜加快发展对贫困户增收带动作用明显的种植养殖业、林草业、农产品加工业、特色手工业、休闲农业和乡村旅游业，积极培育和推广有市场、有品牌、有效益的特色产品；推进农村一、二、三产业融合发展，实施中药材产业扶贫行动计划，完善新型农业经营主体与贫困户联动发展的利益联结机制，推广股份合作、订单帮扶、生产托管等有效做法，培育新型职业农民，实行企业带动贫困户稳定增收的挂钩奖补政策，坚持内培一批、外引一批、回流一批，精准培育贫困村致富带头人；多渠道拓宽农产品营销渠道，推动批发市场、电商企业、大型超市等市场主体与贫困村建立长期稳定的产销关系，加快推进“快递下乡”工程，建立贫困户产业发展指导员制度，明确到户帮扶干部承担产业发展指导职责，帮助贫困户协调解决生产经营中的问题。实施电商扶贫，开展农村集体产权制度改革，积极推动贫困地区农村资源变资产、资金变股金、农民变股东改革，制定实施贫困地区集体经济薄弱村发展提升计划，通过盘活集体资源、入股或参股、量化资产收益等渠道增加集体经济收入。随后，2018 年云南省农业农村厅制定了《云南省打好深度贫困地区产业就业攻坚战实施方案》《云南省农业厅助推深度贫困地区脱贫攻坚工作方案》将政策精确瞄准全省 27 个深度贫困县，覆盖云南人口较少民族聚居地区。

## 二 云南人口较少民族产业扶贫的总体实践

“十一五”期间，在《云南省扶持人口较少民族发展规划（2006—2010 年）》规划指引下，云南省人口较少民族产业扶贫主要实施两大项目。①基本农田地建设项目。进行中低农田地改造，加强水利、道路等配套设施建设，基本达到人均有 1 亩稳产农田地，稳步解决温饱问题。②特色产业项目。以市场为导向，立足发挥当地资源优势，扶持发展具有比较优势的经济林果、经济作物、养殖等项目，发展农产品深加工和特色旅游业，完善农业社会化服务体系，提高农业综合生产能力和增值能力。该规划还明确指出，对产业扶贫项目给予资金、政策上的支持。具体说来，财政扶贫资金要优先安排扶持人口较少民族聚居村，专项资金也适当向人口较少民族聚居村发展项目倾斜。各金融机构要加大对人口较少民族地区市场、有效益项目的贷款支持力度。对促进群众增收的种植、养殖、特色农产品及其加工项目，要优先考虑给予贷款扶持，适当增加扶持贷款额度，延长还款期限；对企业从事民族贸易网点建设和民族用品生产技术改造贷款，适当进行贴息支持。农业银行和农村信用合作社要积极做好人口较少民族地区农户小额扶贫贷款工作，加大对农业产业化龙头企业和农户的扶持力度，推动人口较少民族地区农业结构调整和支柱产业培育。

经过国家《扶持人口较少民族发展规划（2005—2010年）》以及《云南省扶持人口较少民族规划（2006—2010年）》的施行，云南省人口较少民族聚居区群众的生活面貌发生了历史性的变化。2010年，175个建制村年末大牲畜存栏量达17.3万头（匹），羊存栏量达12.2万只，猪存栏量达34.5万头，粮食总产量14.7万吨，经济作物总收入达7.4亿元，特色产业初步形成，群众基本有了自己的增收项目。[①] 云南人口较少民族聚居区的产业发展初见成效。“十二五”期间，《云南省扶持人口较少民族发展规划（2011—2015年）》颁布，强调在人口较少民族扶贫开发工作中，要继续将“发展特色优势产业，促进群众增收”作为主要工作任务，加大产业扶贫力度，大力扶持特色优势产业发展，巩固提高群众收入。具体说来，一是推进农业产业化。大力发展特色农业、生态绿色农业，加快农业发展方式转变。实施种养业良种工程，加快农业科技进步和技术推广，健全农业服务体系，提高农业装备水平，形成一批区域布局合理的优质特色农产品产业基地。加快推进特色农产品精深加工，培养扶持一批龙头企业，延长产业链，提升农业综合效益。大力发展农民合作社、专业协会和经济联合体，提高农业生产经营组织化程度，壮大农村集体经济组织实力。二是加快发

① 参见云南省民委、云南省发展改革委、云南省财政厅、人民银行昆明中心支行、云南省扶贫办《云南省扶持人口较少民族发展规划（2011—2015年）》数据。

展特色优势产业。大力发展种植业、养殖业、庭院经济、休闲农业等特色优势产业。打造一批人口较少民族特色旅游城镇和特色旅游村。积极构建农村现代流通服务网络体系。大力发展劳务经济，促进农村富余劳动力就地就近转移就业。发展民族特色建筑业、民族文化产业、民族贸易、民族特需商品生产、民族传统手工业、民族医药、民族特色餐饮，拓宽增收渠道。

在精准扶贫方略指引下，云南人口较少民族地区产业扶贫也实施精准分类扶贫政策。主要做法有以下几点。一是精准选择产业。坚持市场导向，综合考虑贫困地区资源优势、产业基础、市场需求、技术支撑、资源环境承载力等因素，结合贫困户经营能力和脱贫需求，坚持宜农则农、宜林则林、宜游则游、宜工则工、宜商则商，选准特色种养业、林业、旅游、电商、光伏等扶贫产业。二是创新帮扶模式。贫困地区贫困户的土地依法规范有序流转，引导贫困户以土地承包经营权、生产工具、农业设施等参股到新型经营主体或农业项目，按照“量化到户、股份合作、保底分红、滚动发展”方式，抱团入股参与经营决策，最大限度释放贫困村和贫困户的资产潜能。建立与扶持政策挂钩的带动增收责任机制，通过订单采购、委托包干、购买服务协议等方式，建立贫困户与市场主体共同发展的利益联结关系，使市场主体与扶贫对象结成利益共同体。支持部分人口较少民族聚居区统筹使用资金建设风险补偿机制，对符合条件的贫困户发展产业实行“无担保、免抵押、财政贴息”的小额信贷。三是做强特色种养业。坚持“人无我有，人有我优，人优我特，人特我精”，以推进和提升特色种养生产能力为基础，加快特色产业新品种的引进、改良，改造传统种植方式，推广标准化、绿色化生产技术，不断提升特色产品品质；在人口较少民族地区，因地制宜推广生态种养结合模式，发展生态循环农业。按照区域化布局、规模化发展、标准化建设、品牌化经营的思路，大力推进品牌特色产业对贫困村、贫困户的全覆盖。四是推进林业扶贫。云南省人口较少民族聚居地区具有良好的林业资源，加强林业生态环境保护，实施天然林保护、退耕还林还草和森林经营工程，提高贫困地区森林覆盖率、森林质量和效益。优先聘用有劳动能力的贫困户担任生态护林员，让建档立卡贫困户通过参与生态管护工作获得工资性收入。推进特色林业产业扶贫增收，加大现代林业产业基地建设力度，发展木竹工业原料林、木本油料林等特色经济林等特色优势林业产业。大力推进林产品就地加工转化，延长产业链，提高林产品的附加值。积极发展林下经济，依托森林资源，大力发展林下中药材种植、野生动物养殖等林下经济。加快发展特色苗木产业。采取政府引导、企业带动、农户参与、部门服务等措施，大力扶持贫困地区发展种苗产业。五是大力发展农林产品加工业。改造和提升贫困地区传统加工工艺，加强特色农林优势产区加工基础建设，推广产后贮藏、保鲜等初加工技术与装备，实施农林产品加工提升工程，支持贫困地区农林产品加工园区建设，形成一批有规模、有特色、区域性的加工园区。推动形成一批规模大、效益高、品牌响的特色农林产品加工集群，转化贫困地区优质特色原料生产优势，实现农林产品及其加工制品优质化、高效化。全面推进副产物综合利用，鼓励龙头企业积极发展循环经济，研发推广一批综合利用和环保节能技术，对各种加工副产品和农业废弃物“吃干榨尽”，实现资源利用高质化、产业链条生态化和产品消费绿色化。人口较少民族聚居区特色优势产业发展优势突出，各地不断加大产业资金支持力度，扶持群众发展增收特色产业，重点推进具有民族特色的乡村旅游业、民族手工业发展。2019 年 422 个人口较少民族聚居行政村中有 90% 的行政村都建立了农民专业合作社，发展特色种养殖业；有 170 个贫困村（含已出列的贫困村）有创业致富带头人。①

陇川县地处云南省西部，德宏州西南部，与缅甸毗邻，县内国境线长 50. 899 千米。全县面积 1931 平方千米，辖 5 乡 4 镇和 1 个农场，68 个村委会，5 个社区，772 个村民小组，总人口 19. 54 万人，其中少数民族人口 10. 51 万人，占总人口的 53. 78% 。少数民族以景颇族、傣族、阿昌族、傈

① 《云南省扶持人口较少民族发展成效显著》，中国民族宗教网，2019 年 11 月 16 日，http://www.mzb.com.cn/html/report/191132153 – 1.htm，最后访问日期：2021 年 5 月 18 日。

傈族、德昂族5种世居民族为主，全国近1/3的景颇族和1/2的阿昌族居住在县内，形成大杂居、小聚居的乡村形态。陇川县抓住产业扶持“牛鼻子”，2014～2018年，累计投入产业扶持资金1.99亿元，用于支持贫困户发展种植养殖业，贫困群众产业扶持实现全覆盖。①传统产业发挥基础作用。发展和巩固传统支柱产业，发展甘蔗种植34.32万亩，涉及农户31028户，其中建档立卡户3172户，种植甘蔗5.5万亩，带动户均增收7320元；发展烟草种植5.99万亩，涉及农户8686户，其中建档立卡户789户，带动户均增收9310元；发展畜牧业养殖户14047户，其中建档立卡户3118户。其中，肉牛养殖带动户均增收10143元，生猪养殖带动户均增收4760元；发展茶园44530亩，茶农5600户，其中建档立卡户3620户，带动户均增收4592元。②新兴产业起到带头作用。大力培育发展蚕桑产业。2018年共发展桑园4.4万亩，涉及农户5156户，其中建档立卡户2768户，种植面积达13381亩，带动户均增收4900元。③特色产业促进贫困群众增收。引导贫困群众大力发展猕猴桃等高端水果种植及林下经济等特色产业，提供政策支持，增加收入。户撒阿昌族乡发展种植猕猴桃5000亩，产值达2029万元。④合作经济组织带动贫困群众发展产业。采取“党组织+公司+合作社+建档立卡户”“致富大户带头+建档立卡户”等种植养殖模式，不断提高产业发展组织化程度，探索建立合理的利益分配机制，带动建档立卡户增收。截至2018年，陇川县共组建农民专业合作社355个，家庭农场24个，与建档立卡户建立利益联结机制的新型经营主体达147个，覆盖贫困人口117456人；19家龙头企业带动7674户贫困户增收。此外，烟草、甘蔗、蚕桑等产业均采用农户与企业订单帮扶方式，稳定保障农户生产收益。

## 第二节　教育扶贫

### 一　云南人口较少民族教育扶贫的制度建设

1992年国家教委办公厅发布《关于对全国143个少数民族贫困县实施

教育扶贫的意见》，以对口支援协作的方式开展教育帮扶，旨在转变少数民族贫困县整体教育水平落后的局面以促进其教育事业发展。自此，教育扶贫作为一项重要的帮扶政策，开始纳入国家扶贫规划视野。随后，《国家八七扶贫攻坚计划》《中国农村扶贫开发纲要（2001—2010 年）》均将教育扶贫作为重要任务来抓。2005 年，国务院《扶持人口较少民族发展规划（2005—2010 年）》颁布，明确指出，国家实施西部地区“两基”攻坚计划时，优先将人口较少民族“两基”攻坚纳入有关专项规划和年度计划，给予重点支持，要将人口较少民族所在乡镇寄宿制学校的新建和改扩建工程项目，优先纳入国家“西部地区农村寄宿制学校建设工程”，重点安排。同时，免除国家扶贫开发工作重点县中人口较少民族聚居地区义务教育阶段农村贫困家庭学生的书本费、杂费，并逐步补助寄宿学生生活费，到 2007 年在农村义务教育阶段普遍实行“两免一补”政策。随后，云南省制定和颁布的《云南省扶持人口较少民族发展规划（2006—2010 年）》也将“大力发展社会事业”作为主要任务，其中明确提出要加强人口较少民族教育事业，实施针对性的教育帮扶项目，指出要对人口较少民族聚居的 175 个村义务教育阶段的学生全部实行“两免一补”政策，并对相应学校公用经费进行补助；在具备办学条件的行政村建设一所完小，并开办学前班；人口较少民族聚居地区的县一中和民族中学优先招收人口较少民族学生；基本消除人口较少民族聚居乡（镇）、村的中小学危房；加大师资培养力度，对口支援教师优先到人口较少民族地区支教，提高办学质量；对人口较少民族大中专招生继续执行特殊照顾政策。

2011 年国家民委、国家发展改革委、财政部、中国人民银行、国务院扶贫办联合编制并印发的《扶持人口较少民族发展规划（2011—2015 年）》明确指出要“优先发展教育事业”，明确指出要在人口较少民族聚居地区积极发展学前教育，加快义务教育学校标准化建设和农村寄宿制学校建设，加强教师队伍建设，落实好人口较少民族寄宿生生活费补助政策，加快普及高中阶段教育，普通高中国家助学金政策向人口较少民族学生倾斜；大力发展成人职业教育，加强中等职业教育基础能力建设，积极实施中等职业学校国家助学政策、免学费政策。在民族院校继续设立人口较少民族预科班，高校民族班、预科班，教学资源适当向人口较少民族倾斜。大力推进双语教育，开发少数民族语言教学资源，开设人口较少民族校本课程。随后，为深入贯彻落实中央精神，《云南省扶持人口较少民族发展规划(2011—2015年)》也将“优先发展教育事业”作为保障和改善民生、促进基本公共服务均等化的重要任务，指出云南人口较少民族聚居区要积极发展学前教育，基本普及学前一年教育，加快义务教育学校标准化建设和农村寄宿制校舍建设，加强义务教育教师队伍建设，积极落实人口较少民族农村义务教育阶段寄宿生生活费补助政策，巩固提高“普九”水平和质量。加快普及普通高中教育，支持改善高中学校办学条件，普通高中国家助学金政策向人口较少民族倾斜。同时，要大力发展职业教育，加强中等职业教育基础能力建设，积极实施中等职业学校国家助学政策、免学费政策。高校预科班、特有民族本科及大中专班适当提高人口较少民族招录比例。

2015年《中共中央 国务院关于打赢脱贫攻坚战的决定》将“发展教育脱贫一批”作为精准扶贫“五个一批”工程的重要工作任务之一，将教育扶贫提升到新的战略高度。2016年12月，为深入贯彻落实《国务院关于加快发展民族教育的决定》，加快推进民族教育发展，不断提高少数民族整体素质，加快民族地区全面建成小康社会进程，云南省制定和公布《关于加快发展民族教育的实施意见》，指出民族教育在促进全省经济社会发展和维护边疆和谐稳定中的基础性、先导性、全局性作用，发展民族教育是实现民族地区脱贫攻坚的关键所在，是增强经济实力的决定性因素。该实施意见从总体要求、主要任务、加强薄弱环节建设、保障措施等方面对加快发展民族教育作了统一部署，并明确了责任分工，为到2020年，云南全省民族地区教育整体发展水平及主要指标接近或达到全省平均水平，各级各类教育质量显著提高，教育结构趋于合理，服务民族地区全面建成小康社会的能力显著增强，逐步实现基本公共教育服务均等化的发展目标提供了政策支撑和机制保障。

2018年1月国家《深度贫困地区教育脱贫攻坚实施方案（2018—2020年）》强调在“三区三州”进一步加大教育扶贫力度，实施推普脱贫攻坚行动，提升干部、群众应用通用语言文字能力和职业技术技能水平。2018年，《中共云南省委 云南省人民政府关于打赢精准脱贫攻坚战三年行动的实施意见》提出要全力推进教育脱贫攻坚行动，特别指出要聚焦“直过民族”和人口较少民族贫困群体，利用手机App自主学习平台，采取线上自学、线下帮扶、送教到人的培训模式，实施好“直过民族”和人口较少民族推普（即推广普通话）攻坚工程，加大推广普及国家通用语言文字工作力度，优先支持“直过民族”和人口较少民族聚居区幼儿园建设，开展民族地区学前儿童学习国家通用语言行动。

## 二　云南人口较少民族教育扶贫的总体实践

云南人口较少民族教育扶贫覆盖学前教育、义务教育、普通高中、职业教育、高等教育等各阶段。

### 1. 学前教育

2010年11月，国务院印发的《关于当前发展学前教育的若干意见》中明确提出“以县为单位编制学前教育三年行动计划”。2011~2013年，云南省按照党中央、国务院的统一部署，以县为单位实施了第一期学前教育三年行动计划，人口较少民族聚居区“入园难、入园贵”问题得到初步缓解。2014~2016年，国家财政对实施的第二期学前教育三年行动计划给予了大力支持，云南省将学前教育投入最大限度地向偏远农村、贫困地区和民族地区倾斜。2014年国务院办公厅印发了《国家贫困地区儿童发展规划（2014—2020年）》，为贫困地区儿童健康和教育扶贫工作提供指导。该规划重点围绕健康、教育两个核心领域，将我国680个连片特困县从出生开始到义务教育阶段结束的农村儿童作为实施对象，在坚持政府主导、社会参与、公办民办并举的前提下推进学前教育，实现从家庭到学校、从政府到社会对儿童关爱的全覆盖，切实保障贫困地区儿童生存和发展权益。① 2017 年，云南省财政将学前教育助学金覆盖面从中央财政规定的在园幼儿数的 10% 扩大到了 30%。截至 2018 年底，云南省学前三年毛入学率达到 79%，与 2017 年相比增长了近 8 个百分点。② 2018 年，云南省教育厅携手浙江新湖慈善基金会、中国发展研究基金会、香港新家园协会共同启动“新湖乡村幼儿园计划”，新湖慈善基金会出资 7000 万元人民币，实现云南怒江州普米族、怒族、独龙族聚居地区乡村幼儿园全覆盖，“新湖乡村幼儿园计划”新增在园幼儿 6300 人，怒江州学前三年毛入学率可达到 85%。

2. 义务教育

义务教育发展是教育扶贫最主要的任务之一。1995 年国家实施“国家贫困地区义务教育工程”，该工程以提升和改善国家贫困县、部分省级贫困县、革命老区和少数民族地区的九年义务教育为目的，政府投入资金达 100 亿元。2001 年，中国政府针对贫困家庭子女上学难的问题，推行农村义务教育“两免一补”（免学杂费、免书本费、寄宿生生活补助）政策，极大地调动了农村家庭孩子上学的积极性，巩固了农村地区义务教育阶段的就学率。2018 年，云南省基本完成“全面改薄”规划任务，义务教育学校“20 条底线”达标率为 99.97%，九年义务教育巩固率达 93.8%。2019 年，人口较少民族聚居的 422 个行政村九年义务教育完学率为 99.06%，75.8% 的村有学前班或幼儿园。③ 2011 年以来，在集中连片特殊困难地区实施“农村义务教育学生营养改善计划”，为片区义务教育阶段的学生提供营养膳食补助。中国疾病预防控制中心 2012 ~ 2015 年连续 4 年的跟踪监

① 李兴洲、邢贞良：《攻坚阶段我国教育扶贫的理论与实践创新》，《教育与经济》2018 年第 1 期。

② 周荣：《对标对表　狠抓落实——在 2019 年全省教育工作会议上的讲话》，云南省教育厅网站，2019 年 1 月 25 日，http://www.ynjy.cn/web/28300/25739b77d5164ca781dca140c46f5871.html，最后访问日期：2019 年 1 月 24 日。

③ 《云南省扶持人口较少民族发展成效显著》，中国民族宗教网，2019 年 11 月 16 日，http://www.mzb.com.cn/html/report/191132153-1.htm，最后访问日期：2020 年 5 月 18 日。

测表明，试点地区学生每天吃到三餐的比例由2012年的89.6%上升到2015年的93.6%，营养知识水平得分提高16.7个百分点。2015年，男、女生各年龄段的平均身高比2012年高1.2cm～1.4cm，平均体重多0.7kg和0.8kg，高于全国农村学生平均增长速度。贫血率从2012年的17.0%，降低到2015年的7.8%。[①] 营养改善计划使得云南省人口较少民族聚居地区农村学生的营养不良问题基本得到解决，学生健康状况明显改善，学习能力也有所提高。

3. 普通高中

自2010年起，我国开始实施普通高中国家助学金政策，用于资助普通高中家庭经济困难学生的学习和生活费用开支，资助比例约为20%，2014年惠及495万普通高中阶段学生。[②] 云南省的资助标准分为两档，其中一等为每生每年2500元，二等为每生每年1500元，建档立卡贫困户学生优先享受一等国家助学金。2016年8月，财政部、教育部出台了《关于免除普通高中建档立卡家庭经济困难学生学杂费的意见》，免除公办普通高中建档立卡家庭等家庭经济困难学生（含非建档立卡的家庭经济困难残疾学生、农村低保家庭学生、农村特困救助供养学生）的学杂费。2017年，云南省对普通高中建档立卡贫困户学生在享受既有资助政策的基础上，再给予每人每年2500元的生活费补助。此外，云南省稳步推进迪庆、怒江等深度贫困地区、"直过民族"聚居区、镇彝威革命老区十四年免费教育政策的实施，逐步推进11个"直过民族"和人口较少民族聚居区的十四年免费教育。[③]

4. 职业教育

人口较少民族聚居地区职业教育扶贫行动主要集中在"雨露计划"、

---

① 《关于农村义务教育学生营养改善计划实施情况的报告》，中华人民共和国教育部网站，2017年3月2日，http://www.moe.gov.cn/jyb_xwfb/gzdt_gzdt/s5987/201703/t20170302_297934.html。

② 陈纯槿：《教育精准扶贫与代际流动》，华东师范大学出版社，2017，第13页。

③ 周荣：《对标对表 狠抓落实——在2019年全省教育工作会议上的讲话》，云南省教育厅网站，2019年1月25日，http://www.ynjy.cn/web/28300/25739b77d5164ca781dca140c46f5871.html。

职业教育帮扶农村劳动力转移计划以及职业院校针对贫困地区招生几个方面。①“雨露计划”。2005年6月，国务院扶贫办正式启动“雨露计划”，目的是提高贫困人口的劳动技能，促进贫困家庭劳动力外出就业，增加收入，实现脱贫。②职业教育帮扶农村劳动力转移计划、职业教育帮扶农民工学历与能力提升行动计划。③职业院校针对贫困地区招生。2018年1月《深度贫困地区教育脱贫攻坚实施方案（2018—2020年）》再次提出，要全面落实东西职业院校协作全覆盖行动、东西协作中职招生兜底行动和职业院校参与东西劳务协作，广泛开展公益性职业技能培训，实现脱贫举措与技能培训的精准对接。

5. 高等教育

高等教育扶贫行动集中体现在面向贫困地区实施定向招生专项计划和教育部直属高校定点扶贫。①2012年教育部、国家发改委、财政部、人力资源社会保障部、国务院扶贫办联合发布了《关于实施面向贫困地区定向招生专项计划的通知》，面向集中连片特殊困难地区生源，实行定向招生，引导和鼓励学生毕业后回到贫困地区就业、创业和服务。自2016年开始，考入一本院校的建档立卡贫困户子女，以及考入一本至三本院校的迪庆藏族自治州建档立卡户或家庭经济困难大学生，在本科学习期间，除享受其他资助政策外，还享受由省级财政给予的每人每年5000元的学费奖励；“直过民族”和人口较少民族中建档立卡贫困家庭在校学生除享受其他优惠政策外，高等教育阶段年生均还可享受学费奖励5000元。②教育部直属高校定点扶贫工作。2011年中央扶贫开发工作会议决定把14个连片特殊困难地区作为未来10年扶贫攻坚的主战场，予以重点帮扶，同时确定了部委定点联系片区的工作机制，教育部定点联系滇西边境片区。滇西边境山区是云南省8个人口较少民族聚居的主要区域。为进一步推动高校定点扶贫工作，2013年1月29日教育部发布了《教育部关于做好直属高校定点扶贫工作的意见》，组织75所教育部直属高校参与定点扶贫工作，明确了定点扶贫的6种主要形式：教育扶贫、人才扶贫、智力扶贫、科技扶贫、信息扶贫、专业扶贫。2013 年以来，教育部派出 16 所部属高校对滇西边境山区 16 个县进行定点扶贫，另有 20 余所直属高校和 9 个直属单位进行专项扶贫，有力推动了人口较少民族聚居地区经济社会的发展。

6. 民族教育

一是优先保障贫困地区民族学校办学条件改善。在特别困难的县（区）建立民族贫困地区教育扶贫示范区。鼓励 8 个民族自治州和 29 个民族自治县教育局建立民族教育专门机构。二是科学推进双语教学。加快民族贫困地区国家通用语言文字的普及，加强以基本语文、实用数学、创业知识与技能、家庭生活知识与技能、公民生活知识与技能相结合的扫盲课程体系建设，大力开展少数民族扫盲教育，帮助“直过民族”和人口较少民族群众掌握汉语。三是加大少数民族人才培养力度。保留并进一步完善边疆、山区、牧区、少数民族聚居地区少数民族考生高考加分优惠政策。鼓励支持高校对民族地区定向招生。四是构建民族地区教育结对帮扶机制。健全教育对口支援机制，构建省内教育发达地区优质学校与民族地区学校结对帮扶的平台。加大省内教育发达地区、高校对民族地区双语教育、职业教育和学前教育的支援力度，形成帮助民族地区培训和选派中小学校长、班主任、骨干教师，帮助培养各类人才的长效机制。

7. 师资队伍建设

人口较少民族聚居地区师资队伍建设行动主要体现在贫困地区教师培训、师资支援、校长培训等方面。①“特岗”和“国培”计划。“特岗”计划是农村义务教育阶段学校教师特设岗位计划的简称。2006 年国家启动实施公开招聘高校毕业生到“两基”攻坚县农村义务教育阶段学校任教，解决农村师资总量不足和结构不合理等问题；“国培”计划是中小学教师国家级培训计划的简称，由教育部、财政部于 2010 年全面实施，是提高中小学教师特别是农村教师队伍整体素质的重要举措。“国培”计划包括“中小学教师示范性培训项目”和“中西部农村骨干教师培训项目”两项内容。其中，中西部农村骨干教师培训，主要对中西部农村义务教育教师进行有针对性的培训，同时引导地方完善教师培训体系，加大农村教师培训力度，提高农村教师的教学能力和专业水平。2018 年，“特岗”计划优先满足“三区三州”等深度贫困地区县村小、教学点的教师补充需求，覆盖云南省人口较少民族聚居地区。②乡村教师支持计划。发展乡村教育，教师是关键，乡村教师队伍建设。云南省高度重视师资队伍的建设工作，2015 年 12 月，云南省政府办公厅出台的《云南省人民政府办公厅关于印发云南省乡村教师支持计划（2015—2020 年）的通知》中提出，到 2020 年，努力造就一支数量充足、素质优良、结构合理、乐于奉献、扎根乡村的教师队伍，为基本实现教育现代化提供坚强有力的师资保障。2018 年 8 月又出台《中共云南省委 云南省人民政府关于深化新时代中小学教师队伍建设改革的实施意见》，全面深化云南省新时代中小学教师队伍建设改革。

西双版纳傣族自治州位于云南省的西南部，境内生活着傣族、景颇族、基诺族、布朗族、德昂族、拉祜族等 13 个世居少数民族，其中多为人口较少民族和“直过民族”。西双版纳州积极开展教育资助，保证对所有学生特别是建档立卡贫困家庭学生实施应助尽助、应贷尽贷。2018 年，学前教育助学金资助覆盖面由 10% 扩大至 30%，义务教育阶段在“两免一补”“两个全覆盖”的基础上，将生活补助增加至小学 1000 元/(生·年)、初中 1250 元/(生·年)，普通高中学生享受 2500 元/(生·年）的国家一等助学金、2500 元/(生·年）生活费补助和免除学杂费政策；中职学生享受免学费、2000 元/(生·年）国家助学金和“雨露计划”3000 元/(生·年）生活费补助；高等教育本专科学生享受国家一等助学金、生源地信用助学贷款和学费奖励政策，基本实现各级各类教育对建档立卡贫困学生资助政策的全覆盖。2014 年以来，共资助学生 108.27 万人次，累计资金投入达 9.6 亿元。其中，义务教育阶段资助学生 96.38 万人次，投入资金 7.9 亿元；非义务教育阶段资助学生 11.89 万人次，投入资金 1.7 亿元。2018 年建档立卡贫困户（含已脱贫户）各学段学生全部享受资助。

陇川县境内主要分布有景颇族、阿昌族、德昂族等人口较少民族，境内有户撒阿昌族自治乡，是中国景颇族和阿昌族人口分布最多的县。2014年，陇川县有建档立卡贫困户学生7830人，其中：学前教育1079人，小学3775人，普通高中442人，职业高中525人，高职高专245人，本科206人，研究生5人。陇川县坚持扶贫与扶智相结合，全面贯彻“两免一补”、营养改善计划、国家助学金等教育扶持政策。2014~2018年，共发放上级专项教育补助资金1.74亿元。其中，发放学前教育家庭困难幼儿助学金177.89万元，农村义务教育阶段寄宿生生活费补助5559.19万元，营养改善计划学生补助6119.23万元，人口较少民族补助686.09万元，高中（职高）国家助学金839.81万元，免除普通高中建档立卡家庭等家庭经济困难学生学杂费181.72万元，生活费59.92万元，办理大学生生源地助学贷款4766人次，贷款资金达3602.42万元，发放“雨露计划”资金645人次193.5万元。同时，大力开展捐资助学活动，落实中国长江三峡集团资助景颇族大学生、云南省烟草集团资助阿昌族大学生以及上海均瑶集团资助建档立卡贫困大学生工作，先后累计发放资助金769人次336.42万元，并投入34万元对70名十类困难家庭子女就学进行资助。此外，实行登记、报告、劝返、保障等制度“控辍保学”，保证全县建档立卡家庭适龄儿童无辍学学生。同时，截至2018年，投入资金近7亿元，用于校园标准化建设，改善学校设施设备、加强教师队伍建设，学前教育、义务教育、高中教育、职业教育协调发展，教育硬件设施质量和教学质量实现双提升，义务教育发展基本均衡工作通过国家认定。

## 第三节　搬迁扶贫

易地扶贫搬迁，是党和政府在新时期探索扶贫开发的一项重要举措。自2001年国家发展和改革委员会在云南省开展易地扶贫搬迁试点工程以来，在各级政府和当地群众的努力下，按照“迁得出、稳得住、能脱贫”的总体要求，坚持政府积极组织、群众主动参与，通过对生活在不适宜人类生存地区的贫困人口实施搬迁，组织实施各项工程建设，安置区生产生活条件明显改善，综合发展能力显著提高，搬迁群众增收渠道逐步拓宽，脱贫步伐明显加快，迁出区生态环境得到有效保护和恢复。实践证明，易地扶贫搬迁是一项将脱贫致富、生态恢复、社会发展等多项目标协调一致的惠民政策，达到了消除贫困和改善生态的双重目标，促进了人口、资源、环境的协调发展，深受缺乏基本生存条件贫困地区政府和群众的欢迎。[①] 云南省坚持以脱贫攻坚统揽经济社会发展全局，把易地扶贫搬迁作为全省脱贫攻坚的“五个一批”和“头号工程”，坚持“挪穷窝与换穷业并举、安居与乐业并重、搬迁与脱贫同步”，闯出了一条边疆民族地区易地搬迁扶贫的新路径。[②]

## 一　云南人口较少民族易地搬迁扶贫的制度建设

云南人口较少民族聚居区部分群众生活在“一方水土不能养活一方人”的贫困地区，易地搬迁扶贫任务艰巨，其中尤以深度贫困“三区三州”之一的怒江州人口较少民族和“直过民族”的任务为重。云南省人口较少民族易地搬迁扶贫制度和实践主要依据云南省有关易地扶贫、搬迁扶贫的总体建设制度展开。

2001 年，国家发展和改革委员会在云南率先启动了易地扶贫搬迁试点工程。云南省各级政府按照“迁得出、稳得住、能脱贫”的总体原则，坚持政府积极组织、群众主动参与，通过对生活在不适宜人类生存地区的贫困人口实施搬迁，组织实施各项工程建设。通过试点实施，安置区生产生活条件明显改善，综合发展能力显著提高，搬迁群众增收渠道逐步拓宽，脱贫步伐明显加快，迁出区生态环境得到有效保护和恢复。“十五”期间全省共组织实施易地扶贫搬迁 34.55 万人，2001 ~ 2004 年在国家发展和改

① 参见《云南省易地扶贫搬迁“十一五”规划》。

② 《小康路上闯出“云南奇迹”——云南省“十三五”易地扶贫搬迁工作纪实》，澎湃网，2021 年 3 月 29 日，https://www.thepaper.cn/newsDetail_forward_11941705，最后访问日期：2021 年 4 月 21 日。

革委员会支持下，中央投入 11 亿元国债资金，组织实施易地扶贫搬迁 23.75 万人，地方政府组织实施易地扶贫搬迁 10.8 万人，省级财政投入资金达 4.83 亿元。[①] 实践证明，易地扶贫搬迁是一个能消除贫困同时改善生态环境的重要举措。

2008 年，云南省根据国家《易地扶贫搬迁“十一五”规划》顶层设计，结合实际情况制定实施《云南省易地扶贫搬迁“十一五”规划》。规划优先解决丧失基本生存条件地区的农村贫困人口、生态环境恶劣的农村少数民族贫困人口和边境地区贫困人口的搬迁问题。重点考虑贫困程度深、贫困面广，丧失基本生存条件的农村贫困人口数量大的贫困地区，着重提出要加强少数民族和边境地区贫困人口的易地扶贫工作；加强对滇东北生态恶化型贫困区，滇东南石漠化严重、干旱缺水贫困地区、滇西北高寒型贫困区，滇西横断山贫困区，滇西南生态脆弱型贫困区的易地扶贫工作，覆盖云南人口较少民族聚居区。《云南省扶持人口较少民族发展规划（2011—2015 年）》将“易地搬迁”作为扶持发展的重点项目，明确对缺乏生存条件地区和居住在自然保护区内的 2 万人有计划地实施搬迁，人均补助 5000 元。为守边固土不能实施移民搬迁的边民提供更加有效的生活保障，努力改善边民的生存环境，对不能通过易地搬迁解决通电的 3670 户农户，按户均投资 2 万元的标准，解决其通电问题。

在精准扶贫方略指导下，2015 年云南省委办公厅、云南省人民政府办公厅印发《云南省易地搬迁三年行动计划》，加快推进云南省易地搬迁进程，解决好“一方水土养不活一方人”的问题。该计划提出“36313”目标，从 2016 年开始，云南省将通过 3 年努力，投入 600 亿元，完成易地扶贫搬迁 30 万户 100 万人，3000 个以上安置点新村建设的易地扶贫搬迁任务。实施范围为居住分散、交通不便、生态环境脆弱、长远发展极为困难等急需搬迁的贫困户和危房户。通过易地搬迁和新村建设，农户住房条件和居住环境显著改善，新村水、电、路、气、信和污水垃圾处理等基础设

① 数据参照《云南省易地扶贫搬迁“十一五”规划》。

施配套完善，教育、卫生、文化、体育等公共服务设施基本建成。

“十三五”期间，云南建档立卡贫困人口搬迁总规模为99.6万人，居全国第三。云南省组建了省易地扶贫搬迁工作推进协调小组、省易地扶贫搬迁攻坚战指挥部，全面履行易地扶贫搬迁的组织实施主体责任；全面落实“省负总责、市县抓落实”工作要求，坚持政策导向、目标导向和问题导向，精细设计政策体系，精准谋划工作举措，积极筹措搬迁资金，统筹推进搬迁工作。相继出台了《关于贯彻落实坚决打赢新增易地扶贫搬迁攻坚战的实施意见》《关于进一步做好易地扶贫搬迁工作的指导意见》《云南省易地扶贫搬迁安置点实施以奖代补的工作方案》《云南省易地扶贫搬迁“稳得住”工作方案》等文件。创新制定出台了加快“建”、着重“管”、严格“控”、确保“扶”的18项“硬核”措施，形成了明确的政策框架和实施路径。①《云南省建设我国民族团结进步示范区规划（2016—2020年）》中指出到2018年基本完成30万户100万人的易地扶贫搬迁”。

2016年9月，为深入贯彻落实《全国“十三五”易地扶贫搬迁规划》和《云南省易地扶贫搬迁三年行动计划》，云南省国土资源厅印发《关于保障易地扶贫搬迁用地的意见》，该意见明确要做好易地扶贫搬迁用地保障，依法依规办理用地审批程序。易地扶贫搬迁，除了用地问题，资金支持也是大问题。同年，云南省财政厅为保障易地扶贫搬迁的资金问题，印发了《关于规范易地扶贫搬迁资金管理工作的通知》，该通知对易地扶贫搬迁资金的承接（承贷）、平台公司管理、信息报送制度、监督管理机制等多方面进行了明确，为云南省易地扶贫搬迁资金管理、使用提供了强有力的支持和保障。

2019年，云南省民政厅印发《关于进一步做好易地扶贫搬迁工作的指导意见》，该意见主要围绕严把质量标准、完善配套设施、加强产业就业等方面提出了50项工作目标，全方位地对基层党建建设、人户精准管理、安

① 《小康路上闯出“云南奇迹”——云南省“十三五”易地扶贫搬迁工作纪实》，澎湃网，2021年3月29日，https://www.thepaper.cn/newsDetail_forward_11941705，最后访问日期：2021年4月21日。

置点选取规划、工程安全建设、配套设施落实、人员就业培训等问题进行了一一说明。随后，云南省易地扶贫搬迁攻坚战指挥部也印发《关于进一步做好易地扶贫搬迁项目工程质量和安全等工作的通知》，要求严格控制质量和安全，这两个文件是对2018年6月中央制定的《中共中央国务院关于打赢脱贫攻坚战三年行动的指导意见》的具体落实和补充。

云南超前研究、及时谋划搬后“斩穷根、换穷业”的一揽子后续扶持政策措施，在充分衔接国家相关工作决策部署的同时，结合实际形成了政策保障体系化、公共服务均等化、就业帮扶多元化、产业扶持市场化、社会治理精细化、教育培训系统化的“六化协同”帮扶体系。2020年出台的《云南省易地扶贫搬迁“稳得住”工作方案》，提出了“稳得住”40条保障措施，进一步细化户籍迁移管理、房屋产权管理、义务教育、基本医疗、产业发展、就业帮扶等方面政策，保障群众切身利益，建立易地扶贫搬迁工作联席会议制度，17家省级责任部门协同作战、靶向施策，巩固提升搬迁成效。此外，针对20类70个方面200个具体问题，创新配套印发了《云南省易地扶贫搬迁居民生活指南》。

## 二　云南人口较少民族易地搬迁扶贫的总体实践

易地扶贫搬迁，是中央确定的“五个一批”精准扶贫脱贫工程之一，是解决生存环境恶劣地区极度贫困问题的“治本”之策。云南省人口较少民族易地扶贫搬迁以居住分散、交通不便、生态脆弱、灾害严重、生存条件恶劣、长远发展极为困难等急需搬迁的人口较少民族贫困户和危房户为重点，通过实施易地扶贫搬迁实现新产业、新生活、新发展，最终实现全面小康。易地扶贫搬迁是“五个一批”中难度最大的一批，也是“挪穷窝、拔穷根”的治本之举。

“十三五”期间云南省搬迁人口占全国搬迁总规模的1/10，其中2019年贫困人口搬迁数位居全国第一。至2020年4月，云南省有99.6万人有序迁出“一方水土养不起一方人”的地区，规模居全国第三，2832个集中安置点成为易地扶贫搬迁群众的幸福新起点。[①] 至2020年6月，云南省下达易地扶贫搬迁资金575.79亿元，资金规模居全国第三；下达大型安置点，教育、卫生“补短板”，中央预算内投资11.1亿元，下达教育现代化推进工程中央预算内投资6.03亿元，助力大型进城安置配套公共基础设施建设，受益搬迁群众达36万人。[②]

云南省人口较少民族聚居地区易地扶贫搬迁是云南省易地扶贫搬迁工作的重点任务之一。易地扶贫搬迁工作基本按照先易后难、轻重缓急的原则，分阶段实施。以人口较少民族聚居区德宏傣族景颇族自治州芒市为例，以搬迁农户住房和新村基础设施、公共服务设施建设为重点，从2016年开始，通过3年努力，到2018年基本完成了11个乡镇33个村委会129个村民小组102个搬迁点9213户33031人的易地扶贫搬迁。易地搬迁计划分年度实施：2016年实施10个乡镇的47个安置点，共5676户20283人，占地面积3576.69亩（其中基本农田占230.9亩）；2017年实施9个乡镇的27个安置点，共1956户6966人，占地面积1469.29亩（其中基本农田占115.3亩）；2018年实施8个乡镇的28个安置点，共1581户5782人，占地面积1129.32亩（其中基本农田占549.6亩）。通过实施易地扶贫搬迁和新村建设，包括景颇族、德昂族、阿昌族等人口较少民族群众在内的搬迁，群众住房条件和居住环境显著改善，新村水、电、路和污水、垃圾处理等基础设施日益完善，教育、卫生、文化、体育等公共服务设施基本建成，有效解决搬迁群众“出行难、吃水难、看病难、上学难、发展难”问题。[③]

云南省怒江傈僳族自治州是全国“三区三州”深度贫困地区之一，也是云南省独龙族、普米族、怒族等人口较少民族以及“直过民族”傈僳族

① 《云南省全力以赴写好易地扶贫搬迁“后半篇文章”》，云南网，2020年5月2日，https://yn.yunnan.cn/system/2020/05/02/030663399.shtml，最后访问日期：2021年4月21日。

② 《小康路上闯出“云南奇迹”——云南省“十三五”易地扶贫搬迁工作纪实》，澎湃网，2021年3月29日，https://www.thepaper.cn/newsDetail_forward_11941705，最后访问日期：2021年4月21日。

③ 云南省芒市扶贫办提供数据。

的主要聚居区。怒江州地理位置特殊，四山夹三江，全州98%以上面积的土地都是高山峡谷，基础设施滞后，无高速公路、无机场、无铁路、无航运，还有30%的自然村未通公路。群众大多居住在山高坡陡、峡谷缝隙、地质灾害隐患点、生态敏感区、交通不便的山区，一方水土养不起一方人。根据怒江州贫困人口分布，全州相当一部分贫困群众还居住在生存条件恶劣、生态环境脆弱的深山区、自然保护区，搬迁规模、搬迁人口所占比例在全省位居前列。易地扶贫搬迁是“斩断穷根”最直接、最有效的手段。怒江州精准扶贫始终把易地扶贫搬迁作为脱贫攻坚“头号工程”，按照“易地搬迁脱贫一批”总体要求，怒江州先后出台了《怒江州易地扶贫搬迁规范化建设18条标准》《怒江州易地扶贫搬迁城镇化集中安置后续发展保障20条措施》《怒江州易地扶贫搬迁安置点工程质量安全25条保障措施》等政策制度和工作措施，建立起易地扶贫搬迁“四梁八柱”政策制度体系，为推进易地扶贫搬迁工作提供良好的政策保障。同时，针对独特的地质地貌特征，采取以县城安置为主，中心集镇安置为辅，鼓励边境一线安置方式。“十三五”期间，怒江州纳入国家易地扶贫搬迁规划的搬迁任务为95859人，占全州建档立卡贫困人口的60%，加上同步搬迁人口6253人，全州易地扶贫搬迁总规模达10.2万人，共规划建设75个集中安置点。[①] 怒江州委、州政府印发了《怒江州易地扶贫搬迁后续扶持工作实施意见》，州级16个部门制定出台了17条相应的推进措施，指导县（市）逐个安置点编制后续产业就业实施方案，细化落实后续脱贫措施。通过切实有效的后续扶持措施，进一步抓好安置点的配套设施建设、公共服务、后续产业发展、就业培训、社区治理等工作，确保实现搬迁群众“搬得出、稳得住、能脱贫”的目标。按照“缺什么补什么”“适当留有余地”的原则，怒江州还同步规划配套建设供水、供电、排污、道路等安置点基础设

① 《易地扶贫搬迁的“怒江样板”》，怒江傈僳族自治州人民政府网站，2019年12月10日，https://www.nujiang.gov.cn/xxgk/015279104/info/2019-122388.html，最后访问日期：2021年4月21日。

施以及活动场所、卫生室、幼儿园、便民超市等公共服务设施，满足搬迁群众生产、生活、就医、就学和文化活动等多层次需要。截至 2019 年底，已配套建设幼儿园 13 所，卫生室 25 所，村史馆 19 所，文化活动场所 56 个，公共卫生厕所 64 个，污水处理、垃圾清运设施设备 66 个，社区便民服务中心 14 个，物流中心 14 个，仓储设施 14 个。过去，群众依山而居，教育、医疗等公共服务设施建设十分滞后，交通不便导致群众看病难、上学难的问题较为普遍。通过搬迁，同步统筹推进公共服务资源配置，优化教育、医疗资源，适龄儿童少年上学近了，群众就医方便了。此外，怒江州全力促进搬迁群众就业增收，结合区域、资源、传统文化优势，以建设安置点扶贫车间为抓手，大力发展民族服装、饮食文化和传统手工艺等产业，发展草果、核桃、中蜂等特色产品，吸纳外出劳务困难群体就地就近就业，不再依赖原有土地过“靠天吃饭”的日子。怒江州易地扶贫搬迁取得显著成效，为云南省乃至全国决战脱贫攻坚、决胜同步小康成功创建了易地扶贫搬迁的“怒江样板”。

总体说来，云南省人口较少民族聚居地区的易地扶贫搬迁，缓解了迁出地人口与资源的矛盾，使迁出地自然植被和生态系统得到有效恢复。经过后续产业发展、转移就业、拆旧复垦、退耕还林等一系列措施，原有的迁出地整体恢复生态平衡，并使原有的林地得到很好保护。云南省人口较少民族群众，很大一部分生活在边境地区，在易地扶贫搬迁过程中，云南省还打造了一批边民生活有保障、发展有支撑、管理有秩序、守边有动力的抵边新村，确保边民不流失、守边不弱化，贫困人口全脱贫，为富边、美边、稳边、睦边，促进民族团结，提升国家形象，稳固国家边防做出了重要贡献。

## 第四节　生态扶贫

### 一　云南人口较少民族生态扶贫的制度建设

生态扶贫、生态脱贫是贫困地区实现精准脱贫、绿色发展的必然趋势和选择。生态扶贫不同于早先我们所说的单纯保护生态环境下的扶贫，也不同于单纯的资源开发式扶贫，它是将生态保护和资源利用、生态保护和开发扶贫、生态保护和发展经济有机统一在一起，是将自然资源资产—资本—财富三者有机统一在一起，通过有效转换实现资源资产变资本，资本变财富，最终实现扶贫目的，它是通过价值确认—实现—保值升值的途径实现减贫目标，它有别于传统单纯开发式扶贫中基于增量收益扶贫的做法，更加强调资产性收益，强调增量收益与存量收益并重的一种扶贫方式。[①] 云南人口较少民族聚居区在空间布局上与生态脆弱地区、限制或者是禁止开发区、国家重点生态功能区都具有高度的重叠性。在这些地区，生态脆弱就意味着难以通过工业化方式推进本地区的减贫工作和发展，必须走把生态建设和扶贫开发有机结合，实施绿色减贫，实现绿色发展的新路子。

《云南省扶持人口较少民族发展规划（2006—2010 年）》将生态环境保护建设列入大力发展的社会事业任务中，以改善和促进人口较少民族地区经济社会协调发展。明确指出，要在人口较少民族聚居区有条件的地方，优先安排沼气建设，积极推进农村新型能源建设，大力发展农村循环经济。加快退耕还林步伐，实现人与自然和谐发展。“十二五”期间，生态保护和建设被提到更加重要的位置，《云南省扶持人口较少民族发展规划（2011—2015 年）》，强调要加强生态环境保护建设，提升发展保障能力。该规划指出，要继续实施天然林保护、退耕还林、防护林体系建设、石漠化综合治理等生态保护和建设工程。加大对水土流失和小流域治理的支持力度，加快建立健全生态补偿机制，积极稳妥地推进生态移民，搞好易地扶贫开发。对守边固土不能实施移民搬迁的边民提供更加有效的生活保障，努力改善边民的生存环境。在产业发展方面，加快农业发展方式转变，强调大力发展绿色生态农业。

2015 年《中共中央　国务院关于打赢脱贫攻坚战的决定》明确指出，要“坚持保护生态，实现绿色发展”原则，牢固树立绿水青山就是金山银

① 雷明：《绿色发展下的生态扶贫》，《中国农业大学学报》（社会科学版）2017 年第 5 期。

山的理念，把生态保护放在优先位置，扶贫开发不能以牺牲生态质量为代价，要探索生态脱贫新路子，让贫困人口从生态建设与修复中得到更多实惠。2018 年 1 月，国家发展改革委、国家林业局、财政部、水利部、农业部、国务院扶贫办六部门共同制定和印发《生态扶贫工作方案》旨在充分发挥生态保护在精准扶贫、精准脱贫中的作用。该方案要求，坚持“中央统筹、地方负责，政府引导、主体多元，因地制宜、科学发展，精准施策、提高实效”的基本原则，牢固树立和践行绿水青山就是金山银山的理念，把精准扶贫、精准脱贫作为基本方略，坚持扶贫开发与生态保护并重，采取超常规举措，通过实施重大生态工程建设、加大生态补偿力度、大力发展生态产业、创新生态扶贫方式等，切实加大对贫困地区、贫困人口的支持力度，推动贫困地区扶贫开发与生态保护相协调、脱贫致富与可持续发展相促进，使贫困人口从生态保护与修复中得到更多实惠，实现脱贫攻坚与生态文明建设“双赢”。2018 年 10 月，云南省发展改革委会同省林业厅等部门联合印发的《云南省生态扶贫实施方案（2018—2020 年）》深刻领会和认真落实习近平总书记关于脱贫攻坚的重要指示精神，坚决执行党中央、国务院的决策部署，牢固树立和践行绿水青山就是金山银山的理念，把精准扶贫、精准脱贫作为基本方略，坚持生态保护与扶贫开发并重，提出了实施生态扶贫的具体途径，明确了到 2020 年的具体目标。该实施方案详细解释了生态扶贫的 5 种途径。一是实施七大生态工程建设。主要通过生态建设扶贫合作社的形式，鼓励采取议标等方式实施退耕还林还草、退牧还草、天然林防护林建设、水土保持、石漠化综合治理、湿地保护与恢复等工程，吸纳更多的贫困人口参与生态建设。二是拓宽生态管护工资收入渠道。努力增加林业管护岗位、湿地管护岗位、规模化草原管护岗位，优先安排有劳动能力的贫困人口参与管护和服务，精准带动贫困人口稳定增收脱贫。三是发展三大生态产业。通过土地流转、入股分红、合作经营、劳动就业等方式，大力发展生态旅游业、特色林产业、特色林下种养业，拓宽贫困人口增收渠道。争取实现到 2020 年，88 个贫困县分别布局 1 ~ 3

个主导生态产业链，其中27个深度贫困县分别布局3个以上主导生态产业链。四是增加政策转移性收入。通过重点生态功能区转移支付、森林生态效益补偿补助、新一轮草原生态保护补助奖励、中央财政湿地补偿、开展生态综合补偿试点等，精确瞄准滇西边境山区、乌蒙山区和石漠化片区等集中连片特困地区，聚焦贫困人口脱贫。五是创新生态扶贫支持方式。鼓励各地积极探索生态扶贫的新模式、新途径，通过开展生态搬迁试点工作、创新资源利用方式、探索资产收益长效机制等，努力拓宽贫困群众增收渠道。

## 二　云南人口较少民族生态扶贫的总体实践

云南人口较少民族生态扶贫主要采取生态补偿、生态修复和发展生态产业等帮扶路径和形式进行。

### （一）生态补偿

生态补偿扶贫是以保护“绿水青山”为基点，充分利用国家给予的生态补偿和生态工程资金为贫困人口增加经济收入，实现生态环境保护与脱贫攻坚的共赢。云南人口较少民族聚居的重点生态功能区都积极响应和践行中央和云南省“生态补偿脱贫一批”的号召，立足生态脆弱与贫困落后的实际情况，不断创新生态补偿扶贫模式。

2017年1月，云南省人民政府办公厅发布了《关于健全生态保护补偿机制的意见》。该意见指出，到2020年，要达到全省森林、湿地、草原、水流、耕地等重点领域和禁止开发区域、重点生态功能区、生态环境敏感区/脆弱区及其他重要区域生态保护补偿全覆盖，生态保护补偿试点示范取得明显进展，跨区域、多元化补偿机制初步建立，基本建立起符合省情、与经济社会发展状况相适应的生态保护补偿制度体系，促进形成绿色生产生活方式。2017年，云南省共投入生态护林员补助资金4亿元，用于生态护林员选聘。2017年全年共选聘建档立卡生态护林员4.53万人，户均增森林管护收入9018.8元，人均增收2234元，精准带动18.3万贫困人口就地稳定增收，实现了生态保护和脱贫攻坚双赢。[①] 2017 年，云南省向国家争取新增生态护林员 4500 名，占全国新增指标总数的 11%，居全国第一。新增指标主要安排在迪庆州、怒江州和“镇彝威”“左右江”革命老区，这一举措成为支持深度贫困地最直接、最有效的林业扶贫措施。[②] 2018 年，云南省制定了《云南省建档立卡贫困人口生态护林员选聘实施细则》，规定了从 88 个集中连片特殊困难地区和国家扶贫开发工作重点县中选聘生态护林员，覆盖全部 8 个人口较少民族所在地区。截至 2018 年 12 月，云南省实际聘用 5.62 万贫困人口参加生态护林，带动 23.24 万贫困人口稳定脱贫。云南生态护林员年度指标安排数量连续 3 年全国第一，共达 7.45 万个，其中中央倾斜支持 4.45 万个、省级统筹整合 3 万个。[③] 怒江傈僳族自治州是深度贫困地区，也是人口较少民族怒族、独龙族、普米族的主要聚居地区，2016～2018 年，云南省林业和草原局共下达两州生态护林员指标 21119 个，占全省指标总数的 28.35%，带动两州 2.49 万贫困户稳定增收脱贫，占两州贫困户总数的 38.31%。[④] 云南西双版纳州勐海县布朗山是人口较少民族布朗族的主要聚居区，针对包括布朗族、景颇族等在内的人口较少民族主要聚居的生态功能区，多数属于生态禁止或限制开发区，生态保护任务与脱贫发展矛盾突出，边境沿线村寨边民补助范围覆盖面小，且补助标准偏低，守土固边不能脱贫，守着资源不能致富的现实，施行生态保护补偿政策，按照生态保护发展脱贫路径，全面实施生态保护生态补偿政策，提高边民补助标准。2018 年，西双版纳傣族自治州景洪市对“直过民族”和人口较少民族生态环境保护投入达 953.96 万元，征用 68 名“直

---

① 云南省林业厅扶贫办：《2017 年云南林业扶贫取得新成效》，《云南林业》2017 年第 6 期。

② 云南省林业厅扶贫办：《2017 年云南林业扶贫取得新成效》，《云南林业》2017 年第 6 期。

③ 《生态护林员带动云南 23 万多人脱贫》，中国林业新闻网，2018 年 12 月 13 日，http://www.greentimes.com/green/news/dfkb/jczs/content/2018-12/13/content_402522.htm，最后访问日期：2021 年 5 月 10 日。

④ 《生态护林员带动云南 23 万多人脱贫》，中国林业新闻网，2018 年 12 月 13 日，http://www.greentimes.com/green/news/dfkb/jczs/content/2018-12/13/content_402522.htm，最后访问日期：2021 年 5 月 10 日。

过民族”贫困人口为护林员，退耕还林 248.3 亩，农村改节柴灶 960 户，完成 1 个乡镇污水处理工程、5 个垃圾填埋场改造、3 个村庄环境整治。

### （二）生态修复

云南省人口较少民族聚居区是自然灾害的多发区，主要的自然灾害有崩塌、滑坡、泥石流、霜冻以及干旱等。因此，加强生态保护工程建设，抓好退耕还林、退牧还草等工程，对缺乏生存条件的人口进行生态移民，是生态修复的一项重要工作。退耕还林可以减少水土流失、改善生态环境，是生态建设工程的重要组成部分。退耕还林还草实施范围为坡度在 25 度以上不含基本农田的坡耕地、严重沙化耕地以及经国务院批准的调整为非永久基本农田后实施退耕的陡坡耕地。为统筹组织实施好云南省新一轮退耕还林还草工程，根据国家发改委、财政部、国家林业局、农业部、国土资源部联合下发的《新一轮退耕还林还草总体方案》要求，云南省结合实际出台《云南省新一轮退耕还林还草实施方案》（以下简称《实施方案》）。《实施方案》提出了云南省实施新一轮退耕还林还草工程的重要意义、基本思路、基本原则和目标任务，制定了工程实施的主要政策，明确了组织实施的具体要求。人口较少民族聚居的边境沿线民族地区是云南省退耕还林重点治理区域，《实施方案》确定退耕还林补助 1500 元/亩（其中种苗造林费 300 元），还草 800 元/亩（其中种苗种草费 120 元）。在新一轮退耕还林实施过程中，云南省将资源重点向贫困乡、贫困村和建档立卡贫困户倾斜，引导林农调整种植结构，大力发展核桃、澳洲坚果、花椒等经济林果。据统计，2015～2017 年，全省 93.6% 的退耕还林任务安排到了贫困县，建档立卡贫困户累计退耕还林 85.1 万亩，涉及 15.6 万户 57.9 万人，补助期内建档立卡贫困户将获得现金补助 10.2 亿元，户均 6538 元、人均 1762 元。2017 年，云南省向国家争取新一轮退耕还林还草指标 230 万亩，居全国第二位，倾斜安排贫困县任务 205.56 万亩，占全省总规模的 89.37%。[①] 2018 年，云南省退耕还林还草面积达 330 万亩，其中，还林 300 万亩，还草 30

① 云南省林业厅扶贫办：《2017 年云南林业扶贫取得新成效》，《云南林业》2017 年第 6 期。

万亩。[①]

自2014年中央启动新一轮退耕还林还草工程以来，怒江傈僳族自治州根据各乡镇村寨的地理、气候和土壤条件，精心制定方案，广泛听取群众意见，通过政策引导和农民自愿相结合的方式，扎实推进新一轮退耕还林工程，引导山区群众种杧果、橘子、漆树、核桃、花椒，做大做强林业产业，让更多的贫困群众从生态建设中受惠。怒江还通过建设退耕还林还草示范基地，实施建设退耕还林样板林11735.7亩，发挥典型示范带动作用，激发群众参与退耕还林还草工程建设的积极性。怒江州泸水市上江镇丙贡村按照“公司+专业合作社+基地+农户”的方式建设州市级样板林736.4亩，带动136户农户增收，其中建档立卡贫困户22户。农户在获得退耕还林补助款的同时，还获得土地流转金和务工收入，扩大了经济林木种植面积，村里的生态环境得到保护、恢复，农户经济收入也逐年增加。2018年，怒江州已累计完成退耕还林还草51.28万亩，其中退耕还林47.14万亩，还草4.14万亩。涉及28个乡镇78771户农户，带动26383户建档立卡贫困户依靠林木产业拓宽了增收渠道。[②]

### （三）生态产业

云南省平地面积狭小，仅占全省面积的6%，山地是省域内主要的地形，面积广大，约占全省总面积的84%，高原、丘陵约占10%，平均海拔在2000米左右，高低起伏特征明显，差异显著，地貌类型众多。[③] 云南省人口较少民族聚居区气候类型多样，为多种作物的生长提供了有利的自然条件，丰富的物种利于发展山区生态农业和林业。

“三区三州”之一的怒江州是人口较少民族独龙族、怒族、普米族的

---

① 《今年云南省将退耕还林330万亩》，昆明信息港网，2018年1月31日，https://www.sohu.com/a/220008479_115092，最后访问日期：2021年4月20日。

② 《以新一退耕还林还草为契机 云南省怒江州加快生态文明建设步伐》，国家林业和草原局、国家公园管理局网站，2018年3月20日，http://www.forestry.gov.cn/main/435/20180320/1084403.html，最后访问日期：2021年4月20日。

③ 胡晓雯：《云南产业生态化探索》，《中国集体经济》2018年第33期。

主要聚居地区，林下经济发展空间优势明显，农民人均拥有集体林地 18 亩，是人均耕地面积的 8 倍，全州人均森林面积 31.5 亩、活立木蓄积量 307.69 立方米，分别是全省人均水平的 5 倍和 8 倍，林下经济发展空间非常广阔，同时还具有立体气候特征明显的气候优势和生物多样性丰富的资源优势。[①] 2016 年，怒江州林下产业总产值 13.56 亿元，农村居民人均可支配林业收入 2187.53 元，占农民人均纯收入 5299 元的 41%。怒江州大力发展林下经济，引导人口较少民族脱贫致富，形成了林下种植、林下养殖以及林下采集加工等模式。林下种植作物以草果、云黄连、秦艽、党参、木香、重楼等为主。2016 年，全州林下中药材种植面积为 58866.67 平方米，其中草果 4346.67 平方米，云黄连 7653.67 平方米，秦艽 3773.33 平方米，重楼 2400 平方米，木香 2046.67 平方米。其中，普拉底乡草果种植还形成了“农户 + 合作社 + 协会”的扶贫模式。[②] 此外，特色林下养殖，主要是在林下空间圈放养家禽、家畜以及养殖中蜂等，也成为提高当地贫困群众经济收入的主要途径之一。2020 年，怒江州全州牲畜存栏量达到 400 万头（只、羽、箱），其中商品畜存栏量达 130 万头，建设独龙牛、高黎贡山猪、乌骨绵羊、绒毛鸡等畜禽遗传资源保护场各 1 个，良种繁育场 30 个。巩固发展存栏量在万头以上的规模化生猪养殖场 2 个，良种猪存栏量为 60 万头，其中，高黎贡山猪存栏量为 20 万头；肉牛存栏量为 20 万头，其中独龙牛存栏量为 1 万头；肉羊存栏量为 50 万只，其中兰坪县乌骨绵羊存栏量为 4 万只；家禽基地化养殖 270 万羽，其中独龙鸡存栏量为 3 万羽，兰坪绒毛鸡存栏量为 5 万羽；中蜂养殖 4 万箱。[③]

兰坪县白族普米族自治县是全国唯一以人口较少民族普米族命名的县。生态绿色产业亦为兰坪县人口较少民族贫困群众脱贫致富的支柱产业。兰坪县的生态产业大力发展核桃、青刺果、漆树“三棵树”产业以及秦艽、

---

① 国家林业和草原局、国家公园管理局网站，http://www.forestry.gov.cn/，最后访问日期：2021 年 4 月 20 日。

② 李娅：《云南省林下产业扶贫绩效评价研究》，中国林业出版社，2019。

③ 李娅：《云南省林下产业扶贫绩效评价研究》，中国林业出版社，2019。

桔梗、云木香等中药材种植，2018 年收益 164 万余元，惠及群众 7024 户 27659 人。2019 年，全县有林业种植专业合作组织 87 个，林业企业从业人数达 179 人。同时，依托畜牧养殖资源优势，积极引导群众发展乌骨绵羊、黑山羊、肉牛养殖等特色生态养殖，大力扶持发展农民专业合作社，引导农民做大做强生态养殖产业，其中通甸镇积极探索“党支部 + 公司（合作社）+ 基地 + 贫困户”的扶贫模式，推广食用玫瑰、滇药天麻、车厘子等特色农产品种植以及乌骨羊、绒毛土鸡、黑山羊等兰坪独有畜禽养殖。2019 年，全镇种植养殖农民专业合作社有 110 个，其中具有规模和带动效应的有 54 个；村集体经济收入在 10 万元以上的有 1 个、5 万元以上的有 12 个；营盘镇凤塔村村委会凤先合作社肉牛养殖场通过“借母还儿，联养分红”等多种形式，鼓励建档立卡贫困户参与合作社发展，变“输血式”扶贫为“造血式”扶贫，带动群众增收致富；河西乡大力发展黑毛乌骨鸡项目，项目采用“合作社 + 农户”方式，分三批将 5 万余羽黑毛乌骨鸡苗投放到 700 余户贫困户家中，第二批 15800 余羽黑毛乌骨鸡苗被投放到大羊、河西、玉狮、共兴 4 个村 200 多户贫困户家中；金顶镇在官坪、箐门等 9 个村推广油用牡丹产业，通过“党支部 + 企业 + 合作社 + 贫困户 + 基地”的发展模式，种植油用牡丹 8000 亩，覆盖农户 2888 户，其中建档立卡贫困户 1011 户，实现增收 1630 万元，户均增收 2000 元以上。啦井镇长涧村金银花收入达 48.65 万元，金银花种植成为长涧村群众脱贫致富的主导产业。[①] 生态产业扶贫效益十分明显。

① 《兰坪县绿色生态产业助力脱贫攻坚》，中国财经新闻网，http://www.prcfe.com/web/2019/0224/340127.html，最后访问日期：2021 年 4 月 18 日。

# 第四章
# 云南人口较少民族贫困治理创新模式

## 第一节　社会扶贫

关于“社会扶贫”，1994 年国家制定的第一个扶贫开发规划《国家八七扶贫攻坚计划（1994—2000 年）》中对“社会动员”进行了专门规定，确定中央和地方党政机关、有条件的企事业单位，各民主党派和工商联，各级工会、共青团、妇联、科协、残联，中国扶贫基金会和其他各类民间扶贫团体，大专院校、科研单位等 5 类社会帮扶主体，并且提出北京、天津、上海等大城市，广东、江苏、浙江、山东、辽宁、福建等沿海较为发达的省份各对口帮助西部的一两个贫困省、区发展经济的“对口帮扶”的模式。2001 年 10 月 15 日，国务院新闻办公室发表《中国的农村扶贫开发白皮书》，书中给予社会扶贫较高评价，并提出在 2001 ~ 2010 年中国农村扶贫开发的任务中，将注重动员全社会帮助贫困地区的开发建设。除了政府动用资源进行扶贫外，国家将进一步动员社会各界参与扶贫，增加社会扶贫的资源。这是在国家层面第一次使用“社会扶贫”这一概念。2011 年 11 月 16 日，国务院新闻办公室发布《中国农村扶贫开发的新进展》，提出“坚持专项扶贫和行业扶贫、社会扶贫相结合”是中国扶贫开发的特征。2001 ~ 2010 年，中国扶贫开发工作动员和组织社会各界，通过多种方式支持贫困地区开发建设。党政机关和企事业单位定点扶贫，东西部扶贫协作，军队和武警部队支援，社会各界参与，形成了有中国特色的社会扶贫方式，推动贫困地区发展，增加贫困农民收入。[①] 之后的《中国农村扶贫开发纲要（2011—2020年）》，将“社会帮扶，共同致富”作为基本原则，并用专章规定“社会扶贫”，明确指出社会扶贫有党政机关和有关单位定点扶贫、东西部扶贫协作、军队和武警部队扶贫与企业和社会各界扶贫等形式。

2014年，中国政府提出精准扶贫方略，并致力于构建以专项扶贫、行业扶贫、社会扶贫为基础的“三位一体”的大扶贫格局。关于“三位一体”大扶贫格局，习近平总书记曾有过非常精辟的论述，“坚持社会动员，凝聚各方力量。脱贫攻坚，各方参与是合力。必须坚持充分发挥政府和社会两方面力量作用，构建专项扶贫、行业扶贫、社会扶贫互为补充的大扶贫格局，调动各方面积极性，引领市场、社会协同发力，形成全社会广泛参与脱贫攻坚格局”。[②] “三位一体”的大扶贫格局突出体现了新时代中国精准扶贫、全民参与的时代特色。云南人口较少民族社会扶贫，在全面落实和贯彻党中央社会扶贫理念指导下，结合云南省人口较少民族地区脱贫攻坚的实际需要，瞄准人口较少民族2020年全面建成小康社会目标，进行了积极的制度创新和实践探索，走出了一条具有云南特色的人口较少民族社会扶贫之路。

### （一）云南人口较少民族社会扶贫的制度设置与创新

党和国家以及社会各界对社会扶贫在中国扶贫事业中的地位和作用的认识，经历了一个逐渐发展的过程。云南省人口较少民族扶贫开发也不例外。2005年，国家《扶持人口较少民族发展规划（2005—2010年）》在政策措施中，明确提出“加大对口帮扶力度”，规定国家组织沿海发达地区和大中城市，采取人员培训、捐资助学、经贸合作、援助基础设施建设等方式，支援人口较少民族经济社会发展。鼓励和支持民营企业参与扶持人口较少民族的发展项目。各有关省、自治区要选派优秀干部到人口较少民

① 国务院新闻办公室：《中国农村扶贫开发的新进展》，中国政府网，2011年11月16日，http://www.gov.cn/zhengce/2011-11/16/content_2618564.htm，最后访问日期：2021年4月10日。

② 习近平：《在打好精准脱贫攻坚战座谈会上的讲话》（2018年2月12日），《共产党员》2020年第12期。

族行政村蹲点帮扶，对在帮扶工作中表现突出的要给予表彰，并给予重点培养。随后，《云南省扶持人口较少民族发展规划（2006—2010年）》将“加大对口帮扶和社会参与力度”作为主要的政策措施，明确指出，要积极争取发达地区及国内外有关机构的支持和援助，引导和组织省级各有关部门、各类企业、学校和科研单位对人口较少民族聚居村进行挂钩扶持，采取人员培训、捐资助学、经贸合作、援助建设等方式，大力支持全省人口较少民族加快经济社会发展步伐。

《扶持人口较少民族发展规划（2011—2015年）》将“坚持政府主导、社会参与”作为基本原则，指出要“强化政府主导作用，充分发挥市场机制作用，加强对口支援，组织经济较发达地区和人口较少民族所在地区开展对口帮扶，鼓励和引导社会各界广泛参与，激发各族群众发掘自身潜力和发挥主观能动性，自力更生、艰苦奋斗，共同创造美好生活”。2011年，《云南省人民政府关于进一步加快人口较少民族发展的决定》进一步指出，要进一步健全完善对口帮扶机制，继续抓好上海对口帮扶工作，广泛动员社会力量支持人口较少民族发展。《云南省扶持人口较少民族发展规划（2011—2015年）》也将“坚持政府主导，社会参与”作为基本原则，强调要“强化政府主导作用，积极推进上海等经济发达地区的对口支援，鼓励和引导社会各界广泛参与，激发各族群众发挥主观能动性，自力更生、艰苦奋斗，共同创造美好生活”。将“社会帮扶，自力更生”作为基本组织保障，明确提出要把扶持人口较少民族发展工作列为省级部门挂钩扶贫的重要内容，进一步引导企业、学校和科研单位对人口较少民族聚居区进行扶持。积极推进上海对口帮扶德昂族、独龙族发展计划，广泛动员社会各界支持人口较少民族发展，鼓励开展各种形式的志愿服务、慈善捐助等公益活动。充分发挥人口较少民族聚居区各族干部群众自力更生、艰苦奋斗精神，积极投工投劳，共同建设美好家园。

2014年，精准扶贫方略施行，成为我国新时代扶贫开发的主要指导思想。2014年7月27日云南省颁布《云南省农村扶贫开发条例》，该条例是云南省规范农村扶贫开发工作，推动农村贫困人口脱贫致富，加快农村贫困地区经济和社会发展的法律保障。该条例规定，“农村扶贫开发应当坚持开发式扶贫方针，遵循政府主导、精准扶贫、自力更生、社会帮扶、合力推进的原则”“县级以上人民政府应当组织实施专项扶贫、行业扶贫和社会扶贫”“国家机关、事业单位、人民团体、国有或者国有控股企业等应当执行定点挂钩扶贫责任制度，制定帮扶措施，履行帮扶职责”，明确了云南农村扶贫开发中社会扶贫的责任主体和职责。2015 年 7 月《中共云南省委云南省人民政府关于举全省之力打赢扶贫开发攻坚战的意见》，对云南社会扶贫进行了全面系统的规定，指出健全“三位一体”大扶贫工作机制是新时代云南精准扶贫中社会扶贫的基本要求，具体由定点扶贫、东西部扶贫协作、医疗对口帮扶、国有企业对口帮扶、社会组织扶贫、志愿者扶贫等 6 个方面构成。其中，针对云南人口较少民族和“直过民族”进行扶贫开发，国有企业定点扶贫，国有企业包族扶贫是云南社会扶贫中的最大创新。

2016 年《云南省建设我国民族团结进步示范区规划（2016—2020 年）》将如期实现民族地区全面脱贫作为重点工作，指出要全面打赢少数民族和民族地区脱贫攻坚战，确保民族地区贫困县、贫困乡、贫困村、贫困人口如期脱贫摘帽出列。实施全面打赢“直过民族”脱贫攻坚战行动计划以及 11 个“直过民族”和人口较少民族脱贫攻坚实施方案，确保 2019 年“直过民族”聚居区建档立卡 18.73 万户 66.75 万贫困人口脱贫。实施中国三峡集团帮扶怒族、普米族、景颇族，中国华能集团帮扶拉祜族、佤族，中国大唐集团帮扶傈僳族，中烟云南工业公司帮扶保山市布朗族，云南省烟草专卖局帮扶德宏州阿昌族，广东省对口帮扶怒江州、昭通市，上海市对口帮扶人口较少民族和民族地区等举措，力争实现“整乡推进、整族帮扶、到村到户、整体脱贫”。2016 年，云南省启动实施《云南省全面打赢“直过民族”脱贫攻坚战行动计划（2016—2020 年）》，借力企业集团帮扶优势，充分发挥示范引领作用，助推帮扶工作精准落实，形成了由三峡集团、华能集团、大唐集团、中烟云南公司、省烟草专卖局（公司）等5家企业集团履行社会责任，对口帮扶8个“直过民族”和人口较少民族聚居区脱贫的新格局。2018年8月，《中共云南省委 云南省人民政府关于打赢精准脱贫攻坚战三年行动的实施意见》明确指出，要坚持调动全社会扶贫积极性，充分发挥政策和社会两方面力量作用，强化政府责任，引导市场、社会协同发力，构建专项扶贫、行业扶贫、社会扶贫互为补充的大扶贫格局。在具体实施方面，又提出5个方面具体措施以凝聚各方力量，形成脱贫攻坚合力，在深化沪滇及粤滇扶贫协作、深入开展定点扶贫工作、扎实做好驻滇部队帮扶工作、激励各类企业、社会组织扶贫、大力开展扶贫志愿服务活动等方面做了明确规定。

此外，自2014年精准扶贫方略实施以来，云南省在社会扶贫上还先后制定并出台保障和加强定点扶贫工作的办法和规定，如《2017年度省级及中央驻滇单位“挂包帮”定点扶贫工作方案》《云南省省级机关企事业单位定点挂钩扶贫考核暂行办法》《省级部门（机关）、企事业单位和中央驻滇单位扶贫攻坚挂联县方案》等。这些规定让云南省定点扶贫中的“挂包帮”驻村扶贫机制有了制度上的保障。以上这些意见、通知、办法，为新时代云南人口较少民族社会扶贫工作的开展提供了制度上的保障。

开展东西部扶贫协作，是以习近平同志为核心的党中央做出的重大战略部署。云南省持续聚焦深度贫困，举全省之力加大深度贫困地区脱贫攻坚力度，深入推进东西部扶贫协作，全力推动“直过民族”和人口较少民族脱贫攻坚，坚决攻克深度贫困堡垒。2016年7月，中央东西部扶贫协作座谈会召开后，云南省委、省政府高度重视，深入学习贯彻习近平总书记重要讲话精神，认真落实中共中央办公厅、国务院办公厅印发的《关于进一步加强东西部扶贫协作工作的指导意见》，把沪滇、粤滇扶贫协作作为脱贫攻坚工作的重要组成部分，统筹部署，全力推进，不断创新工作机制，完善政策措施，在承接、转化、精准上下功夫、求实效；在人才交流、资金使用、产业合作、劳务协作、携手奔小康行动上提水平、求创新，全面开启了扶贫协作的新征程。几年来，在上海市和广东省的倾力帮扶下，沪滇、粤滇扶贫协作向更精准、更广阔、更务实的方向发展。云南省相关州市及县与上海市15个区和广东省珠海、中山、东莞3市主动对接，88个贫困县与东部开展“携手奔小康”活动。2016年以来，上海市和广东省累计投入财政援助资金133.08亿元，实施帮扶项目4127个，帮助37.22万建档立卡贫困人口脱贫。全面动员上海、广东各类社会组织和个人参与扶贫协作，上海社会各界捐赠资金6.1亿元，广东社会各界捐赠资金5.68亿元。随着沪滇、粤滇产业合作持续优化升级，两省市先后在云南省援建394个扶贫车间，助力脱贫攻坚。智力帮扶加速推进，几年来，上海市、广东省选派2448名专业技术人才到云南省开展智力帮扶，为加深两地交流合作架起了“连心桥”。随着劳务协作稳步推进，在两省市帮扶下，云南省17.92万贫困群众实现转移就业。随着结对帮扶深入拓展，云南省439个乡（镇）和上海、广东277个镇（街道）结对，710个贫困村与490个村（社区）结对，2500个贫困村与1993家企业结对，205个贫困村与208家社会组织结对，315所贫困县学校与310所学校结对，241家各级卫生医疗机构与支援省市241家医院建立了结对帮扶关系。上海、广东跨山海、聚深情，为云南贫困群众致富奔小康提供了强大助力，2020年以来，两省市聚焦云南省决战决胜脱贫攻坚百日总攻行动目标任务，聚合优势资源、集中精锐力量攻克最后堡垒，为推动云南省脱贫攻坚取得最后胜利注入更大动力。2020年以来，上海市和广东省大幅增加对云南省产业扶贫和劳务协作的帮扶力度，2020年3月底，上海市、广东省协作资金到位44.21亿元。这些资金的60%以上用于云南省贫困地区的产业发展和贫困群众的劳务协作，争取把新冠肺炎疫情给贫困地区带来的影响降到最小。同时，上海市、广东省和云南省还与相关部门紧密合作，采取包车、包机等方式开展“点对点、一站式”直达服务，精心组织贫困地区贫困群众返岗就业。

### （二）云南人口较少民族社会扶贫的创新实践

云南人口较少民族人口规模小，但贫困面广、程度深，整族贫困问题较为突出。人口较少民族的发展问题一直深受社会各界广泛关注，云南省是国内较早开展人口较少民族社会扶贫的地区之一。早在20世纪80年代，随着中国改革开放政策的实施，许多国际组织和机构就已经在云南人口较少民族聚居地区开展社会扶贫。

经过两轮云南省扶持人口较少民族发展规划支持，云南人口较少民族扶贫开发取得了良好的成效。“十二五”期间，云南规划筹集资金68亿元扶持8个人口较少民族发展，扶持规划覆盖人口较少民族聚居的3520个自然村，共有75.9万人受益，其中包括人口较少民族群众42.1万人。[①] 其中，怒江州认真贯彻落实国家、省关于扶持人口较少民族发展政策，截至2015年5月，累计整合各部门资金19.3亿元，先后在人口较少民族聚居的贡山、福贡、兰坪3个县的16个乡镇61个行政村469个自然村实施基础设施建设、特色产业培育、民生保障、民族文化发展等项目，项目覆盖2.22万户8.43万人，使独龙族、怒族和普米族3个人口较少民族经济社会发展取得了长足进步，交通、水利、电力等基础设施条件有所改善，教育、文化等社会事业有了新的发展，人民生活水平明显提高。[②] 但是，由于受自然地理、社会历史、经济文化等诸多因素影响，云南人口较少民族聚居地区的扶贫工作依然十分艰巨，是云南省脱贫攻坚，乃至全国脱贫攻坚中的难点。

“十三五”以来，在精准扶贫方略指引下，国家和地方对云南人口较少民族地区进行精准帮扶，社会扶贫采取超常规举措，精准施策，探索出了“一个民族一个行动计划”“一个民族一个集团帮扶”的具有云南特色的脱贫攻坚之路。云南8个人口较少民族主要居住在边境地区、高山峡谷地区，是打赢全省脱贫攻坚战中的“上甘岭”。精准扶贫、精准脱贫基本

① 《云南“十二五”将筹资68亿元扶持人口较少民族发展》，中国政府网，2011年11月5日，http://www.gov.cn/jrzg/2011-11/05/content_1986637.htm，最后访问日期：2021年4月25日。

② 《云南省怒江傈僳族自治州“十二五”投入19亿元促人口较少民族发展》，中国民族贸易促进会网站，2015年7月3日，http://www.ccpnt.org/article/2283.html，最后访问日期：2021年4月12日。

方略实施以来，云南省把“直过民族”和人口较少民族聚居区作为全省脱贫攻坚的重点，一族一策、一族一帮，高位推动、凝聚合力，持续推动“一个民族聚居区一个行动计划、一个集团帮扶”，取得了决定性胜利。截至2020年4月，11个“直过民族”和人口较少民族基本实现“两不愁、三保障”，70.75万贫困人口实现脱贫，1039个贫困村出列，贫困发生率由2014年的26.69%下降到2.41%，独龙族、德昂族、基诺族、佤族、普米族、阿昌族、拉祜族、布朗族、景颇族9个“直过民族”和人口较少民族实现整族脱贫，历史性告别绝对贫困。[①]

云南省借力企业集团帮扶优势，充分发挥示范引领作用，助推帮扶工作精准落实，形成了由三峡集团、华能集团、大唐集团、中烟云南公司、省烟草专卖局（公司）等5家企业集团履行社会责任，对口帮扶8个“直过民族”和人口较少民族聚居区43万贫困人口脱贫的新格局。2016年底，三峡集团帮扶怒族、普米族、景颇族聚居区贫困人口由10万人减少到6万人；华能集团帮扶拉祜族、佤族聚居区贫困人口由15.09万人减少到14.24万人；中烟云南公司帮扶保山布朗族聚居区贫困人口由9742人减少到2874人；省烟草专卖局帮扶德宏阿昌族聚居区贫困人口由1.15万人减少到5386人。[②] 至2018年底，人口较少民族聚居的422个行政村农村常住居民人均可支配收入为7767元，比2014年的4464元增加了3303元，年均增长14.9%，高于全省9.6%的增幅。人口较少民族聚居的422个行政村中283个贫困村（含119个深度贫困村）已出列171个（含31个深度贫困村）；贫困人口从2014年的230808人减少到44216人，已脱贫186592人，占总贫困人口的80.8%；贫困户从2014年的60356户减少到12541户，已脱贫

① 《云南：凝聚力量 精准帮扶》，云南网，2020年4月9日，https://baijiahao.baidu.com/s?id=1663451033051848820&wfr=spider&for=pc，最后访问日期：2021年4月21日。

② 《云南省加大力度打好直过民族脱贫攻坚战》，中国政府网，2017年8月5日，http://www.gov.cn/xinwen/2017-08/05/content_5216109.htm，最后访问日期：2021年4月13日。

47815 户，占总贫困户的 79.2%。[①] 2019 年独龙族、德昂族、基诺族 3 个人口较少民族率先实现整族脱贫，实现了“两不愁、三保障”，告别绝对贫困，为全面小康打下了良好基础，探索了整村整族帮扶的扶贫经验，特别是独龙江整乡推进整族帮扶工作得到了党和国家领导人的高度评价。

阿昌族是我国人口较少民族之一，主要聚居在云南省德宏傣族景颇族自治州陇川县、梁河县、芒市的半山区，由于交通不便，基础设施建设滞后，产业薄弱，群众收入水平相对较低。在“一个民族一个行动计划”“一个民族一个集团帮扶”的脱贫攻坚之路上，阿昌族由云南省烟草专卖局（公司）对口整乡推进整族帮扶。2015 年 7 月起，云南省烟草专卖局（公司）按照精准扶贫、精准脱贫的要求，以建设“幸福阿昌”为载体，在德宏州阿昌族聚居地区全面实施“基础设施、民居保障、产业增收、综合推进”四大工程。德宏州阿昌族贫困发生率由 2014 年的 17.95% 下降至 2019 年的 0.53%，2020 年已实现整族脱贫。阿昌族整族帮扶工作，高位推动，精心部署。在阿昌族整乡推进整族帮扶工作中，各方将帮扶工作作为一项重要政治任务，摆在突出位置。成立由云南省烟草专卖局（公司）领导和德宏州党政领导为双组长的帮扶工作领导小组，州、县党委政府从扶贫、农业、水利、林业等部门抽调人员成立州、县两级项目管理局，并委派州、县扶贫办主任担任项目管理局局长，云南省烟草专卖局（公司）派员进驻项目管理局，配合抓好项目管理、资金监管等工作。按照“党委政府主导、群众主体、企业帮扶、社会参与”的原则，围绕“两不愁、三保障”和“六个精准”目标，把任务落实到部门、个人田间地头，把任务安排到乡、村，充分调动各方积极性，统一部署安排，将各方力量拧成一股绳，劲往一处使，确保各项工作顺利推进。整合资源，统筹推进。整族帮扶是一项重大、复杂、系统、艰巨的精准扶贫工程。按照精准扶贫、精准脱贫的要求，各级党委政府、各行业部门和社会资源统筹协调，通力协作，

---

① 《云南省扶持人口较少民族发展成效显著》，中国民族宗教网，2019 年 11 月 16 日，http://www.mzb.com.cn/html/report/191132153-1.htm，最后访问日期：2022 年 2 月 14 日。

形成了各级党委政府齐抓共管、共同推进，全州一盘棋、上下一条心，相关部门各司其职，群众积极参与的工作格局。在各级党委政府的领导和动员下，全州各行业部门和社会资源得到统筹协调。各行业部门立足政策优势和技术力量，把阿昌族整族帮扶工作与“挂包帮”“转走访”、全州的产业发展、城乡环境综合整治、易地搬迁三年行动等重点工作相结合，全力推进阿昌族整族帮扶工作。云南烟草专卖局（公司）作为对口帮扶企业，采取“资金支持、项目支撑、制度保障、全程参与”的帮扶模式，举全系统之力推进整乡整族帮扶工作，共选派 30 名干部驻村帮扶，132 名党员干部与项目区 228 户贫困户进行结对帮扶，指定 23 家直属单位与项目区村寨进行一对一结村帮扶，确保了村村有人帮，户户有人管，为阿昌族整族脱贫提供了坚强有力的保障。①

广东省第三扶贫协作工作组（珠海市对口怒江州扶贫协作工作组）被云南省第八次民族团结进步表彰大会表彰为“云南省民族团结进步模范集体”。珠海—怒江劳务协作的典型经验，也被收入人社部全国就业培训技术指导中心编写的《东西部劳务协作劳务输出输入工作手册》，向全国推广。广东省珠海市自 2016 年对口帮扶云南省怒江傈僳族自治州以来，把劳动力就业素质提升、劳动技能培训和劳务输出作为就业扶贫的核心举措，引导怒江州农村劳动力到珠海转变生活理念，增强内生动力，学习职业技能，实现就业增收脱贫，走出了一条“江海情深”的东西部协作特色扶贫之路。按照中央关于东西部扶贫协作的部署，2016 年，广东、云南两省确定珠海市对口帮扶怒江州。开办“怒江班”，是珠海帮扶怒江培养技能人才“双百工程”的重点措施之一。根据相关政策，初中或高中毕业后未能继续升学、有意愿且符合基本条件的怒江籍建档立卡贫困家庭学生，可免费入读珠海中职技工院校的“怒江班”，百分之百接收入读，百分之百推

① 《一个民族一个行动计划 一个民族一个集团帮扶》，中国民族宗教网，2020 年 12 月 4 日，http://www.mzb.com.cn/html/report/201230724－1.htm，最后访问日期：2021 年 4 月 10 日。

荐就业。该工程实施4年来，已有1200多名怒江州学生赴珠海学习并实现就业。增加就业是最有效、最直接的脱贫方式。这几年，一批批“怒江班”学生先后走进珠海各大企业，以一技之长实现自我提升、带动家庭脱贫、回馈社会帮扶。珠海市对口帮扶怒江州以来，以“怒江所需、珠海所能”的帮扶思路，从产业、教育、医疗卫生、基础设施等方面开展扶贫协作，特别是坚持把劳务协作作为促进群众增收脱贫、扶智扶志并举的重点帮扶措施，积极转移怒江籍贫困劳动力到珠海就业。为做好劳务输出工作，两地人社部门签订合作协议，在劳务输出、技能培训、互派互驻工作组等方面建立对接沟通机制，并建立区县（市）结对帮扶机制，精准对接劳务输出需求。珠海市制订完善《珠海市对口怒江州劳务帮扶协作政策实施细则》《珠海市扶持怒江州开展劳务输出和贫困劳动力转移就业脱贫的奖励办法》等，对贫困劳动力、用工企业、劳务中介、村组干部、劳务经纪人、务工带头人、驻厂管理员等均制定奖励措施，有效激发了各方“好事干好”的积极性。珠海还设立了“怒江员工之家”，配备了来自家乡的稳岗干部，及时解决大家的困难。2016～2019年，怒江州转移到广东就业的劳动力超过1.3万人，其中到珠海就业的有8144人，包括建档立卡贫困人口3938人，稳岗率从2016年的不足20%提高到2020年的90%以上。①

人口较少民族集团精准扶贫。三峡集团精准帮扶怒江州怒族、普米族贫困人口0.87万户2.85万人，大唐集团精准帮扶傈僳族建档立卡贫困人口4.3万户17万人。截至2019年11月，三峡集团、大唐集团分别累计投入帮扶资金8.9亿元和3.2亿元，重点实施安居工程、素质能力提升、劳务输出、培育特色产业、改善基础设施、生态环境保护等六大工程。帮扶傈僳族、怒族、普米族贫困人口由19.85万人减少到3.9万人，2019年底，

① 《“江海情深”的守望相助——记广东珠海与云南怒江的对口帮扶工作》，中国民族宗教网，2020年10月1日，http://www.mzb.com.cn/html/report/200933522-1.htm，最后访问日期：2021年4月12日。

兰坪县普米族实现整族脱贫。①住房条件大改观。聚焦怒族、普米族、傈僳族贫困人口，建设安居房 8321 所，改造怒族传统民居 2193 户，贫困群众住房条件明显改善。②人居环境大变化。以通水、通路，有活动场所、人居环境整治为重点，完成乡村道路、村组道路建设 411 千米，村内道路硬化 85 千米，公路桥梁 8 座，实施饮水安全巩固提升项目 93 个，党群活动室、活动场所 104 个。先后实施完成 317 个村庄环境整治，实施垃圾污水处理项目 350 个，建设农村公厕 84 所，农村畜圈改造 1330 户，增设太阳能路灯 2177 盏等，实现了村容村貌和户容户貌两个清清爽爽。③志智双扶大推进。建设农村中小学 13 所、农村学前教育校舍 18 所，资助 603 名少数民族学生圆了大学梦，组织职业技能培训 1000 余人次。组织 24 名怒族、普米族学生完成“三峡行”国情教育，开展普及国家通用语言培训 575 人次，现代生活文明培训 1774 人次，接收 49 名贫困劳动力到三峡基地就业等，有效提高了贫困群众素质和技能水平。④增收渠道大拓展。建设民族团结示范村、特色旅游村（寨）15 个，扶持农民专业合作组织 18 个，种植经济作物、经济林果 4.5 万亩，养殖猪牛羊等畜类 1.01 万头，中华蜂 4000 箱，进一步拓展了贫困群众增收渠道。⑤健康扶贫短板大改善。完成 134 所村级卫生室改扩建工作，配置标准化村卫生室医疗器械 84 套，为怒族、普米族、傈僳族聚居区贫困群众脱贫出列奠定了坚实基础。

## 第二节　健康扶贫

防止因病致贫、因病返贫是脱贫攻坚这个“硬骨头”中的“硬骨头”。2013 年全国因病致贫、因病返贫贫困户占建档立卡贫困户的比例为 42.2%，而到 2015 年底，因病致贫、因病返贫贫困户占建档立卡贫困户比例达到 44.1%，涉及近 2000 万人，其中患有大病和慢性病人数 734 万人。可见，随着脱贫攻坚不断深入，因病致贫、因病返贫比例不降反升，疾病已成为贫困增量产生的主要原因之一。[①] 习近平在2016年全国卫生与健康大会上发表重要讲话时强调，“没有全民健康，就没有全面小康。要把人民健康放在优先发展的战略地位”。保障贫困人口的健康权利，让贫困人口看得起病，不至于因病致贫和因病返贫，对于脱贫攻坚至关重要。

## 一 云南人口较少民族健康扶贫的制度设置与创新

因病致贫、因病返贫是导致人口较少民族群众贫困的主要原因之一。《中共中央 国务院关于打赢脱贫攻坚战的决定》明确提出，实施健康扶贫工程，保障贫困人口享有基本医疗卫生服务，努力防止因病致贫、因病返贫。随后，国家有关部委先后印发《关于实施健康扶贫工程的指导意见》《农村贫困人口大病专项救治工作方案》《农村贫困住院患者县域内“先诊疗，后付费”工作方案》《健康扶贫工程“三个一批”行动计划》等文件，对健康扶贫工作做出具体部署安排。

云南省是全国健康扶贫人群数量最多、任务最艰巨、脱贫难度最大的脱贫攻坚主战场之一。截至2018年9月，云南省建档立卡贫困人口754.4万人，其中未脱贫332.1万人，因病致贫返贫20.5万户79.3万人，因病致贫返贫率23.88%，疾病是主要致贫原因之一。[②] 云南省人口较少民族、“直过民族”聚居区以及深度贫困地区，受自然、历史、经济社会发展等因素制约和影响，医疗卫生事业发展较云南省其他地区仍然滞后，医疗卫生服务能力明显不足，群众健康水平亟待提升，因病致贫、因病返贫问题十分突出，是云南省健康扶贫最难啃的“硬骨头”。为贯彻落实中央、国家有关部委的要求，切实解决因病致贫、因病返贫问题，云南省人民政府及相关部门先后制定出台《云南省健康扶贫行动计划（2016—2020年）》

① 《〈健康扶贫工程“三个一批”行动计划〉解读》，中国政府网，2017年4月20日，http://www.nhc.gov.cn/caiwusi/s3578c/201704/76fb599e9b91427e891396edd5bb6ea8.shtml，最后访问日期：2021年4月23日。

② 《如何让健康扶贫不流于形式 副省长和厅长们这样说》，搜狐网，2018年9月23日，https://www.sohu.com/a/255699219_100196167，最后访问日期：2019年4月11日。

《云南省医疗保险健康扶贫工作方案》《云南省健康扶贫 30 条措施》《关于贯彻落实云南省健康扶贫 30 条措施切实做好医疗救助工作的实施意见》等文件，形成了较为完善的健康扶贫政策体系。

《云南省健康扶贫 30 条措施》是人口较少民族健康扶贫行动指南，旨在让建档立卡贫困人口看得起病、方便看病、看得好病、尽量少生病，从根本上有效解决因病致贫、因病返贫的问题。在看得起病方面，省级政府提出建立贫困人口医疗“四重保障”机制，即基本医保、大病保险、医疗救助和政府兜底。第一重保障是基本医保。云南省对人口较少民族贫困人口实行“一补、二免、三提、四要”。“一补”即建档立卡贫困人口免费参加基本医保，其个人缴费部分由政府代为承担（财政全额补贴）。“二免”一是免除建档立卡贫困人口在基层门诊就诊所需承担的一般诊疗费个人自付部分，由基本医保全额支付；二是免除建档立卡贫困人口在乡镇卫生院住院医保报销的“门槛费”。“三提”即普通门诊基本医保年度最高报销额度提高 5 个百分点；高血压Ⅱ ~ Ⅲ期、糖尿病等 28 种疾病政策范围内门诊医疗费用报销比例比其他城乡居民提高 10 ~ 20 个百分点，达到 80%，其中重性精神病和终末期肾病门诊报销比例为 90%；政策范围内住院费用报销比例比其他城乡居民报销比例提高 5 ~ 20 个百分点。“四要”一是要从 2017 年起进一步扩大基本医保用药和诊疗项目报销范围，医保政策范围内报销药品达到 2888 种、诊疗项目达到 5003 项；二是要将治疗恶性肿瘤的高价靶向药和中药、治疗高磷血症的口服药等 36 种国家谈判药品纳入医保报销范围；三是要将康复综合评定、吞咽功能障碍检查、手功能评定等 20 项新增残疾人康复项目纳入医保报销范围；四是要做到县域内住院实际报销比例不低于 70%，对符合转诊转院规范，到县域外医院住院的，单人单次住院政策范围内报销比例不低于 70%。第二重保障即大病保险。云南省对人口较少民族建档立卡贫困人口实行“一降、二提、一扩大”。“一降”是起付线降低 50%；“二提”即年度报销限额（封顶线）提高 50%、政策范围内费用报销比例提高到 70%；“一扩大”即报销范围扩大到罹患癌症、肉瘤、淋巴瘤等25种疾病的建档立卡贫困人口的门诊医疗费用。第三重保障即医疗救助，规定取消建档立卡贫困人口医疗救助起付线，年度累计救助封顶线不低于10万元；建档立卡贫困人口符合转诊转院规范住院条件的医疗费用，政策范围内经基本医保、大病保险报销后报销比例达不到90%的，通过医疗救助报销到90%。第四重保障即医疗费用政府兜底。对建档立卡贫困人口通过基本医保、大病保险、医疗救助报销后，符合转诊转院规范所产生的住院治疗费用实际补偿比例达不到90%和对符合转诊转院规范的医疗费用个人年度支付仍然超过当地农村居民人均可支配收入的部分，由县级政府统筹资金进行兜底保障。

此外，在方便看病方面，实行县域内先诊疗后付费和定点医疗机构"一站式"即时结报。建档立卡贫困人口在县域内定点医疗机构住院时，无须缴纳住院押金，直接住院治疗；确有困难、出院时无法一次性结清自付费用的贫困患者可与医疗机构签订先诊疗后延期（分期）付费还款协议，办理出院手续，在出院结算医疗费用时，在定点医疗机构"一站式"即时结报，贫困患者只需缴清个人自付费用。同时，还明确了建档立卡贫困人口家庭医生签约服务100%覆盖、针对65岁以上建档立卡贫困人口每年免费开展1次健康体检等政策。在看得好病方面，主要从提升医疗服务能力角度，提出要实施"三个一"工程（贫困县至少有1所县级公立医院达到二级医院标准、每个乡镇有1所标准化乡镇卫生院、每个行政村有1所标准化村卫生室）。同时，在加强基层卫生人才队伍建设、推动优秀人才向基层流动等方面出台倾斜性鼓励政策。在尽量少生病方面，针对贫困县疾控中心、妇幼保健机构建设薄弱，传染病、地方病、艾滋病多发，妇女儿童健康水平低于全省平均水平的现状，提出了要加大贫困县重点疾病防控力度，实行"一病一策"管理，加强疾控中心实验室、妇幼保健机构建设，实施妇幼卫生项目，加强农村中小学保健室建设，大力开展城乡环境卫生整治，加强农村饮用水质量监测等具体措施。

## 二　云南人口较少民族健康扶贫的创新实践

云南是全国脱贫攻坚主战场之一，卫生健康事业基础差、底子薄、发展滞后，尤其是在“直过民族”和人口较少民族群众聚居的地区，贫困人口健康扶贫任务十分艰巨。在国家卫生健康委的指导支持下，2020 年底，全省因病致贫返贫 28.28 万户 112.49 万人同步实现脱贫，健康扶贫攻坚战取得显著成效。健康扶贫力争“不让一个兄弟民族掉队”，把健康扶贫作为人口较少民族脱贫攻坚的关键性战役来抓，紧紧围绕“四重保障”“九个确保”工作目标以及“三个一批”行动、“三个一”工程等重要指标，聚焦让贫困群众“看得起病、方便看病、看得好病、尽量少生病”的重点任务，加大财政资金投入力度，强化政策和责任落实，健康扶贫工作取得了非常好的成效。云南省省卫生健康委分别与迪庆州、怒江州、昭通市等深度贫困地区制定健康扶贫专帮方案，加大项目、资金、政策倾斜力度，开展“N 对 1”“组团式”帮扶，解决卫生健康发展的难题。截至 2021 年 1 月，怒江州独龙族、怒族等人口较少民族聚居地区已经成功创建三甲医院，创造了怒江州结核病主动筛查防治的“兰坪经验”。云南人口较少民族贫困群众看病不再远、不再贵、不再难。

2018 年，怒江傈僳族自治州兰坪白族普米族自治县人民政府办公室印发《兰坪县人民政府办公室关于印发兰坪县医疗服务共同体建设和发展实施方案的通知》，采取多种措施加快推进医疗服务共同体建设和发展，形成合理、有序的分级诊疗秩序。在普米族贫困人口健康扶贫工作中，兰坪县组建两个县域内医疗服务共同体，探索区域医疗协同、医疗机构管理模式和医疗保险支付模式等改革工作，为群众提供从预防到治疗再到康复的优质医疗卫生服务。

2017 年 1 月 1 日，怒江傈僳族自治州建立统一的城乡居民基本医疗保险制度。针对群众居住分散、交通不便的实际和中心医疗服务延伸有限的现状，由怒江州人社局牵头，卫计委、中国移动公司在 2017 年 5 月创新推出“村医通”信息化服务平台，开展怒江州城乡居民基本医疗保险管理信息系统整合建设。平台通过在专卡专用的手机终端上安装“村医通”软件，借助移动互联网技术组建无线人社业务专网，联通到州医保信息系统，实现城乡医保联网结算州、县（市）、乡（镇）、村四级全覆盖，有效解决了农村看病难、报销慢问题，方便群众就医看病。乡村医生只需在“村医通”软件输入患者的身份证号码及门诊处方单，门诊费用总额、医保基金报销费用、自费支付费用、民政救助报销费用等马上就能结算出来。彻底解决了城乡居民基本医疗保险报销审核不严、管理不规范、结算不及时、用药目录和诊疗项目使用不规范、基金管控风险大等问题，打通了城乡医保联网结算“最后一公里”，让群众及时享受到医疗保障及健康扶贫惠民政策。“村医通”推广使用后，怒江州村级门诊就诊人数从1～4月的23.5万人增加到5～9月的24万人，就诊人数增加近5000人，门诊费用增加了15万。至2018年底，怒江已有398名村医使用“村医通”手机软件，医疗服务范围覆盖全州272个村级卫生室，惠及全州农村参保群众。[①]

德宏傣族景颇族自治州，是云南人口较少民族阿昌族、景颇族、德昂族的主要聚居地区，德宏州全面建立“四重保障”机制，2017年全州145511名建档立卡贫困人口100%参加了基本医疗保险和大病医疗保险，全部被纳入特大疾病医疗救助和医疗费用兜底保障范围；建档立卡贫困人口住院实际报销比例达93.12%，全州建档立卡贫困人口住院治疗26590人次，住院费用达11788.24万元，基本医保报销9695.74万元、大病保险理赔280.9万元、医疗救助742.78万元、政府兜底257.9万元，患者自付810.91万元，患者自付比例仅为6.88%。“三个一批”行动计划得到有效落实，对建档立卡贫困人口开展疾病筛查，共筛查出15471人需要救治，已救治15109人，救治率达98.26%；大病集中救治5547人，其中9

① 《怒江：“村医通”助推城乡医保联网结算四级全覆盖》，云南省政府网，2017年12月20日，http://www.yn.gov.cn/ywdt/zsdt/201712/t20171220_166621.html，最后访问日期：2021年4月23日。

类15种大病集中救治1091人，救治率达100%；慢病签约管理9193人，其中高血压、糖尿病、严重精神障碍、肺结核等患者规范管理率均达省级要求；重病兜底保障1261人，救治率达98.8%。“三个一”工程达到脱贫摘帽验收标准，各县市人民医院已达“二级甲等”标准，48个乡镇卫生院、278个村卫生室均达到脱贫摘帽验收标准。便民惠民措施全面落实，全州91个医疗机构为农村建档立卡贫困患者开通就医“绿色通道”、落实“先诊疗，后付费”“一站式”即时结报工作。通过落实对建档立卡贫困人口的健康扶贫政策，全州因病致贫、返贫人口从2017年9月的3947户15513人减至2017年12月的3568户11048人，分别减少9.61%、28.79%。[①]

云南省西双版纳州勐海县是我国人口较少民族布朗族、景颇族的主要聚居县份。勐海县先后制定多个落实健康扶贫政策方案，出台了《勐海县贯彻落实云南省健康扶贫30条措施实施方案》《勐海县健康扶贫实施方案》等12项配套文件，为有效贯彻和落实健康扶贫工作提供强有力的政策支撑，同时出台了《勐海县贫困对象动态管理因病致贫因病返贫筛查方案》，组织基层医护人员、县级专家组深入村组开展了二轮疾病筛查，精准摸清全县因病致贫底数，全县因病致贫的有360户1449人，占贫困人口总数的4.76%，并将这部分贫困人口全部纳入全国健康扶贫动态管理系统。通过建强基层医疗服务体系，构建了医疗“四重保障”、大病专项救治、慢病签约服务管理、重病兜底保障和“先诊疗后付费”“一站式、一单式结算”的长效机制，实现全县建档立卡人口基本医保、大病保险、医疗救助、兜底保障、家庭医生签约服务等“五个全覆盖”，实现了“九个确保”目标任务，有效地解决了全县农村贫困人口因病致贫、因病返贫问题，健康扶贫工作取得了明显成效。至2018年12月，全县设有各类医疗卫生机构205个；所有行政村已实现标准化村卫生室全覆盖，达标率100%；设有病床1729张，平均每千人口拥有床位5.0张；实有在职卫生技术人员2079人，平均每千人口拥有卫生技术人员6.02人；在岗乡村医生317人，平均每千

① 寸超：《我州健康扶贫工作取得阶段性成效》，《德宏团结报》2018年1月26日，第1版。

农村人口拥有村医 1.27 人；每个村卫生室有 1 名以上乡村医生执业。因病致贫建档立卡户 360 户 1449 人（截至 2018 年 12 月，已脱贫 239 户 1008 人、未脱贫 121 户 441 人），2016～2018 年，因病致贫率从 17.23% 降至 4.76%；建档立卡人口医疗费用实际报销比例从 76.06% 提高到 90.72%，个人自付比例从 23.94% 降低至 9.29%、人均住院自费费用从 1201.20 元降低至 369.13 元，有效防止了因病致贫、因病返贫。[①]

玉叫（化名）是一名 50 岁的布朗族妇女，生活在勐海县布朗山乡，其家有 7 口人，是典型的因病致贫建档立卡贫困户。2016 年，她被确诊为直肠恶性肿瘤（同时患有肾结石），生病后花光了家里所有积蓄，不断增加的医疗费用像个“无底洞”，加上家里没有固定经济来源，她一直没有进行规范治疗，随着年龄增长，病情不断加重，整个家庭也因此陷入困境。2017 年 9 月，《云南省健康扶贫 30 条措施》的出台让原本一片茫然的家庭看到了希望。“四重保障”政策的实施，解除了她看病负担重的后顾之忧。2017 年 12 月，玉叫到西双版纳农垦医院进行手术治疗，先后共住院治疗 6 次，医疗总费用 84929.8 元，“四重保障”报销 76436.82 元（医保报销 51598.98 元，大病报销 16242.33 元，民政救助 4621.58 元，政府兜底保障补助 3973.93 元），个人支付医疗费用 8492.98 元，个人支付比例 10%。在医护人员的治疗护理下，玉叫已经康复出院并恢复了生产生活能力。玉叫是健康扶贫“四重保障”政策众多受益人之一，她的故事也是健康扶贫工作成效的一个缩影。[②]

## 第三节 语言扶贫

扶贫首要扶智，扶智应先通语。随着社会新型工业化、城镇化的深入发展，社会人口流动更加频繁，全国统一的劳动力市场逐步形成，迫切需

① 参见勐海县扶贫办提供《2018 年勐海县健康扶贫工作开展情况报告》。

② 杨临宏等：《精准扶贫在云南》，社会科学文献出版社，2020。

要国民具备普通话的沟通能力和较高的语言文字应用水平，提升自身的综合素质。虽然我国的普通话平均普及率已超过 70%，但东西部之间、城乡之间发展很不平衡，西部与东部有 20 个百分点的差距；大城市的普及率超过 90%，而很多农村地区只有 40% 左右，有些民族地区则更低。[①] 中西部地区还有很多青壮年农民、牧民无法用普通话进行基本的沟通交流，这已经成为阻碍个人脱贫致富、影响地方经济社会发展、制约国家全面建成小康社会，甚至影响民族团结和谐的重要因素。

云南是全国少数民族种类最多的省份，除汉族以外，人口在 5000 人以上的世居少数民族有 25 个。在这 25 个少数民族中，除回族、满族、水族 3 个民族通用汉语外，其余 22 个少数民族共使用 26 种语言，有 14 个民族使用着 22 种民族文字。在云南少数民族人口中，母语仍然是大多数少数民族的日常用语。[②] 由于受自然地理、历史文化、经济社会发展等诸多因素的影响，部分少数民族青壮年还不会说国家通用语，写规范字。2018 年，云南城镇普通话普及率达到 75%，农村、民族地区普通话普及率为 60% 左右。[③] 尤其是“直过民族”和人口较少民族聚居地区群众不能用汉语进行沟通交流的现象十分普遍，语言扶贫任务十分艰巨。

## 一　云南人口较少民族语言扶贫的制度设置与创新

中国的语言扶贫是在《中国农村扶贫开发纲要（2011—2020 年）》颁布实施之后才作为系统扶贫工程被纳入国家扶贫开发体系的。2011 年 5 月，中共中央、国务院印发《中国农村扶贫开发纲要（2011—2020 年）》，

① 参见教育部、国家语委关于印发《国家通用语言文字普及攻坚工程实施方案》教语用〔2017〕2 号。

② 《云南省实施民族地区推普攻坚工程》，中华人民共和国教育部网站，2018 年 10 月 17 日，http://www.moe.gov.cn/jyb_xwfb/xw_zt/moe_357/jyzt_2018n/2018_zt20/fpr_gssjy/yunnan/201810/t20181017_351781.html，最后访问日期：2021 年 4 月 10 日。

③ 《云南省实施民族地区推普攻坚工程》，中华人民共和国教育部网站，2018 年 10 月 17 日，http://www.moe.gov.cn/jyb_xwfb/xw_zt/moe_357/jyzt_2018n/2018_zt20/fpr_gssjy/yunnan/201810/t20181017_351781.html，最后访问日期：2021 年 4 月 10 日。

在行业扶贫“发展教育文化事业”中明确提出“在民族地区全面推广国家通用语言文字”，这是国家层面的扶贫规划政策中首次出现关于国家通用语言文字推广措施的表述。随后，国家《扶持人口较少民族发展规划（2011—2015年）》发布，指出要加强青壮年特别是妇女的国家通用语言文字扫盲工作。此后，国务院《“十三五”促进民族地区和人口较少民族发展规划》也明确指出，要坚定不移推行国家通用语言文字教育，提升少数民族学生掌握和使用国家通用语言文字的能力和水平。

2014年，我国的扶贫开发进入新的历史阶段。在精准扶贫方略指导下，2016年9月，教育部、国家语言文字工作委员会发布了《国家语言文字事业“十三五”发展规划》，提出了“十三五”时期发展的指导思想、发展目标、主要任务、重点工程和保障措施，这是推动“十三五”期间语言文字事业创新发展的行动纲领，提出2020年在全国范围内基本普及国家通用语言文字目标，主要任务就是全面提升语言文字事业服务国家需求的能力，为全面建成小康社会、建设与综合国力相适应的语言强国提供有力支撑。[①] 2017年，教育部、国家语言文字工作委员会印发《国家通用语言文字普及攻坚工程实施方案》，规定以中西部农村尤其是西部民族农村地区为重点，创造学习条件，创新学习方式，结合当地旅游服务、产业发展等需求和现有农村职业技能培训条件，对不具备普通话沟通能力的青壮年农民、牧民进行专项培训，使其具有使用普通话进行基本沟通交流的能力，并进一步达到工作就业和职业发展所需要的水平，提高就业竞争力，拓展职业发展空间。该方案要求参与对口支援建设工作的省市，要将语言文字工作支援列入援助工作的重要内容，采取有力措施，切实帮助受援地青壮年农民、牧民提高普通话交流水平，提升其自主就业和创业的能力，提升当地经济发展“造血”能力。

2018年，为切实发挥语言文字的基础性作用，加大深度贫困地区教育

① 《专家解读〈国家语言文字事业“十三五”发展规划〉》，中国政府网，2016年10月2日，http://www.gov.cn/zhengce/2016-10/02/content_5114672.htm，最后访问日期：2021年3月18日。

脱贫攻坚力度，教育部、国务院扶贫办、国家语言文字工作委员会研究制定了《推普脱贫攻坚行动计划（2018—2020年）》，确定目标为“到2020年，贫困家庭新增劳动力人口应全部具有国家通用语言文字沟通交流和应用能力，现有贫困地区青壮年劳动力具备基本的普通话交流能力，当地普通话普及率明显提升，初步具备普通话交流的语言环境，为提升‘造血’能力打好语言基础”。该行动计划指出以下几点。①要坚持精准聚焦，精准发力。聚焦普通话普及率低的地区和青壮年劳动力人口，将普通话学习掌握情况记入贫困人口档案卡，消除因语言不通而无法脱贫的情况发生。②坚持因地制宜，分类指导。综合考虑地域差别和文化差异，制定适合不同地区、不同情况的具体推普措施，统筹规划，稳步实施。“三区三州”等深度贫困地区，要率先行动，统筹安排好普通话培训所需经费，以确保攻坚目标如期实现。③要加强对口地区语言文字工作支援。参与东西扶贫协作、对口支援建设的省市、高校和有关单位，要将语言文字工作列入援助工作的内容，摸清受援地教师、学生、干部、青壮年农牧民的普通话培训需求底数，制订时间表和路线图，保证人员和经费，力争在“十三五”期内帮助受援地完成各项培训任务，切实促进当地普通话普及率的提升。《推普脱贫攻坚行动计划（2018—2020年）》吹响了三年语言扶贫攻坚战的号角，是助力打赢攻坚战的纲领性文件。

2017年，《云南省建设我国民族团结进步示范区规划（2016—2020年）》中将普及国家通用语言教育作为重要任务，指出要在“直过民族”聚居区创建州市级以上语言文字规范化示范学校（园）650所，全面提高国家通用语言普及程度，有计划分批次重点培训13万人次，确保45周岁以下群众能熟练使用国家通用语言。在不通汉语地区的小学低年级推行双语教育，确保少数民族学生小学三年级以前通过汉语关，学会普通话。每年完成1000人次少数民族双语教师普通话培训，确保普通话口语达到二级乙等以上水平。在民族地区学校每年举办中华经典诵读书写和规范汉字书写比赛，提升学生国家通用语言文字应用能力。同年，为加快在民族地区普及国家通用语言，助力全面打赢脱贫攻坚战，云南省教育厅牵头，省民族宗教事务委员会、省政府扶贫办启动了“云南省‘直过民族’脱贫攻坚国家通用语言文字普及推广工程”，先后制定出台《云南省加快民族地区普及普通话扶贫攻坚专项行动计划（2017—2020年）》《云南省“直过民族”和人口较少民族推广普通话及素质提升实施方案的通知》，将在民族地区普及国家通用语言纳入云南省扶贫攻坚行动计划，明确了州市县人民政府及各相关职能部门的职责、目标任务和完成时限。确定任务，在“直过民族”和人口较少民族地区创建350个普及普通话示范村，完成3万名“直过民族”和人口较少民族建档立卡贫困青壮年及900名少数民族教师普通话培训。2017年6月，省委、省政府将推普攻坚列为全省十大扶贫攻坚工程之一，启动“云南省‘直过民族’和人口较少民族推广普通话及素质提升工程”，工程主要任务是充分利用手机App等现代信息技术，实现目标人群学话、识字全覆盖；完成10000名少数民族教师、7.4万人“直过民族”及人口较少民族贫困群众普通话培训任务。

2018年，中共云南省委、云南省人民政府颁布《关于打赢精准脱贫攻坚战三年行动的实施意见》。该实施意见高度重视精准脱贫攻坚中国家通用语言文字推广工作，分别指出，一要聚焦怒江州等深度贫困地区群众的特殊困难，“全面推广国家通用语言文字，实现农业生产技术和职业技能培训全覆盖”；二要聚焦“直过民族”和人口较少民族贫困群体，利用手机App自主学习平台，采取线上自学、线下帮扶、送教到人的培训模式，实施好“直过民族”和人口较少民族推普攻坚工程，加大推广普及国家通用语言文字工作力度。同年4月，云南省“直过民族”和人口较少民族推广普通话及素质提升工作培训会召开，从省级层面对推普攻坚工作做了全面部署，形成了“国家支持、省级统筹，涉及州（市）负总责，县（区、市）和乡镇抓落实”的工作格局，形成了一级抓一级，层层抓落实的工作机制，各项工作有力推进。2019年，云南省制定《云南省语言文字工作督导评估暂行办法》，以督导评估为抓手，统筹推进普通话基本普及县域验收和学校语言文字规范化达标建设工作。此外，云南省还先后出台了《云南省教育厅等七部门关于印发云南省“直过民族”和人口较少民族推广普通话及素质提升实施方案的通知》《关于做好2018年“直过民族”和人口较少民族推广普通话及素质提升工作的通知》《关于做好语言扶贫App推广应用工作的通知》等一系列通知和方案，为人口较少民族地区的语言扶贫项目落地奠定了良好的基础。

## 二　云南人口较少民族语言扶贫的创新实践

云南省创新语言扶贫模式，在全国首推“语言扶贫App”，助力民族地区普通话的推广。云南省教育厅与中国移动通信集团云南有限公司及科大讯飞股份有限公司签署“云南省‘直过民族’和人口较少民族推广普通话及素质提升实施方案”App项目应用合作协议。“语言扶贫App”于2018年3月30日上线。2018年5月起，向怒江、临沧、普洱、迪庆、德宏、红河、西双版纳、保山、龙陵、大理9个州市39个县共配发“语言扶贫App”定制手机19657台，“语言扶贫App”在全省推行。在推普和素质提升的技术上寻找突破，充分利用手机App的现代信息技术，采取线上自学、线下帮扶、送教到人的培训模式，构建“人人皆学、处处能学、时时可学”的学习氛围，实现目标人群学习普通话全覆盖。

云南省推普工作还建立了省、州、市、县、乡、村6级培训体系。创新培训保障机制，参与培训的教师与评优评先、职称晋升相挂钩，激发教师参与推普脱贫攻坚积极性；建立参培人员激励机制，对参与培训的教师发放劳务补贴，发放油米补给、交通费补助、误工补贴等，调动目标人群学习积极性；改进培训方式，采用适合民族特点的授课方式，寓教于乐；将语言培训与农民工职业技能提升、青年人才技能培养、农民农业技术培训相结合，把管用、适用、易用、爱用的生活技能以双语形式送达贫困户，把语言培训与实用技能、生活技巧培训有机结合，提高语言培训的效能。

从2016年9月开始，结合语言培训与实用技能、生活技巧培训，云南省启动了“双语科普”促进“直过民族”和人口较少民族聚居区普及国家通用语言文字工作，云南省教育厅组织省属各高校对口支援“直过民族”及人口较少民族地区开展“菜单式”推普服务，在“直过民族”聚居地区举办全国推普周闭幕式，举办“推普工作乡村行”“小手拉大手，推普路上一起走”等专项推普活动，通过开展“小手牵大手”推普活动，2.42 万名不通汉语的少数民族群众，达到汉语“脱盲”标准。组织动员驻村工作队员、乡镇公职人员、村组干部、中小学教师、大中小学生、志愿者等参与到推普工作中，对目标人群开展日常辅导和“送教上门”服务。截至 2017 年 6 月底，累计开展各类就业培训 26.95 万人次，其中技能培训 9.09 万人次，转移就业 19.78 万人。①

云南省推普工作把创建语言文字规范化示范学校、示范村作为重要抓手，推进民族地区 3 类城市语言文字规范达标工作。2017 年 12 月，云南省在民族地区共创建省级、州市级语言文字规范达标示范学校 520 所，68 个县市区实现 3 类城市语言文字规范达标。同时还建立了教育、扶贫、人社、民宗、农业等部门联动机制，在推普和素质提升的行动中求实效，实现多部门培训资源共享。截至 2018 年 12 月，云南省共对 25507 名不通汉语的劳动群众进行普通话培训（全省累计完成 6 万人），完成农村贫困人口就业培训 341.89 万人次，创建普及普通话示范村 350 个，发放推普手机 20000 台，194297 人通过“语言扶贫 App”学习普通话、认读常用汉字，推普攻坚取得阶段性成果，得到了教育部的充分肯定，也为打赢推普脱贫攻坚战奠定了良好而基础。②

保山市是云南省人口较少民族分布较多的 8 个边境州市之一，境内主要分布有布朗族、阿昌族、景颇族、德昂族等人口较少民族。保山市的国

① 《云南省加大力度打好直过民族脱贫攻坚战》，中国政府网，2017 年 8 月 5 日，http://www.gov.cn/xinwen/2017-08/05/content_5216109.htm，最后访问日期：2021 年 4 月 13 日。

② 《凝心聚力，坚决打赢推普脱贫攻坚战——在 2019 年全省语言文字工作会议暨推普脱贫攻坚中期推进会上的讲话》，云南省教育厅网站，2019 年 4 月 19 日，http://jyt.yn.gov.cn/web/28300/3d45107516674adc87ec6a74b7c9f599.html，最后访问日期：2022 年 2 月 14 日。

家通用语言文字普及攻坚工作，确定到2020年，全市平均普通话普及率达到80%，在主要任务中，一是对普及率较低的农村少数民族居民、“直过民族”群众实施重点攻坚，使其青壮年劳动力具备基本的普通话交流能力，促使当地普通话普及率明显提升，初步具备普通话交流的语言环境；二是逐年完成云南省下达的“直过民族”和人口较少民族青壮年劳动力普通话培训的任务，保证“直过民族”和人口较少民族建档立卡青壮年贫困人口具备普通话交流能力，能认读500个常用高频字。在具体措施上，保山市一方面在“直过民族”和人口较少民族地区创建普及普通话示范村，发挥示范带动作用，提升民族地区青壮年的普通话应用能力；另一方面需要扶贫挂钩单位将语言文字工作列入帮扶工作的重要内容，采取有力措施切实帮助挂钩村青壮年农民提高普通话交流水平。[①]

西双版纳傣族自治州勐海县是民族县，辖区内居住有25个民族，少数民族人口29.35万人，占全县户籍人口的88.4%。其中有布朗族、拉祜族、景颇族、佤族4个“直过民族”和人口较少民族，主要聚居在10个乡镇、57个行政村。勐海县是全国人口较少民族布朗族人口分布最多的县。全县“直过民族”和人口较少民族贫困人口17192人，占全县贫困人口的58.5%，其中布朗族7787人，占26.5%。2014年全县有建档立卡人口6390户25092人，贫困发生率9.74%。经过几轮的动态管理，共有建档立卡人口7547户29368人，其中脱贫人口有7278户28554人（2018年脱贫549户1800人），未脱贫贫困户264户790人，贫困发生率降至0.31%，40个贫困村全部出列。2018年9月，勐海县被云南省政府批准退出贫困县行列。为提升勐海县“直过民族”和人口较少民族贫困群众素质，增强贫困群众与外界的沟通交流能力，进一步促进“直过民族”和人口较少民族聚居村寨的发展，加快脱贫攻坚步伐，确保勐海县“直过民族”与全国同步建成

① 《〈保山市国家通用语言文字普及攻坚工程实施方案〉解读》，信用中国（保山施甸）网，http://www.credit.shidian.gov.cn/detail.do?contentId=014ec0f58d854ad98aaf9f92775072bc&channelId=10e7950d00264af5881f7a6db475eea3，最后访问日期：2021年4月25日。

小康社会，勐海县确立目标，从2016年起，围绕勐海县4个“直过民族”和人口实际情况，在扫盲验收的基础上，在条件成熟的地区开办汉语口语交流强化培训班和日常汉字识字巩固提高班，确保60岁以下“直过民族”贫困村人口能熟练使用汉语交流。勐海县成立通用语言培训工作领导小组，由县教育局牵头，成员单位由县民宗局、县扶贫办及全县各乡镇中小学组成，配合协同推进勐海县普及国家通用语言文字相关培训工作。勐海县各乡（镇）的“直过民族”和人口较少民族都分散在自然村，并且女性的人数较多，须因地制宜开展工作，逐年分散设点培训，处理好“直过民族”贫困群众的“农学矛盾”，采用夜校的形式进行培训。每个培训点配备1～3名教师，由所辖区域的中心小学统筹负责，选派或请派当地学校双语教师担任教学工作，教室设在学校，每个点根据设点实际情况招收学员，教材以云南省教育委员会基础教育处编写的《实用扫盲课本》为主。同时也使用双语教师编写的字、词、句进行教学。培训时间为4个月，每月4周，每周学习2个晚上，每晚上2个小时，共计64个学时。2017年开设11个培训点，培训学员175人。2017年3～6月，在布朗山乡开设9个点培训学员60人，勐宋乡开设2个点培训学员50人。2017年7～10月，在勐满镇开设2个点培训学员35人，西定乡开设2个点培训学员30人。培训期间对参训学员给予误工补助，对培训教师给予培训补助。考核采用口头问答形式进行通用语言测试，经测试，对合格学员颁发结业证书并进行表彰奖励。同时对辅导教师给予表彰奖励。对支持培训的村委会干部以及村民小组干部给予相应的补助。在开设培训的过程中，也可以让其他老百姓参与培训。勐海县“直过民族”和人口较少民族建档立卡贫困人口培训工作，还建立信息台账。根据各类参训人员信息，建立实名制培训台账，实施精准培训。同时，注重质量评估。结合“直过民族”聚居区的实际，分乡镇、分村寨、分民族制定培训计划、考核标准，并组织参训人员进行国家通用语言文字测试，强化培训成效。此外，勐海县“直过民族”和人口较少民族国家通用语言文字培训工作还注重加强舆论引导，整合宣传资源，多渠道、多形式向贫困群众宣传国家通用语言文字培训的意义、内容和典型事迹等，让每个贫困村、贫困户了解政策，形成舆论宣传范围，增强“直过民族”和人口较少民族群众参与培训的积极性。截至 2018 年 12 月，已经实施“直过民族”素质提升工程，开展国家通用语言培训 4 期，培训 3573 人。[①]

① 数据参考勐海县扶贫开发领导小组办公室《勐海县 2018 年脱贫攻坚工作汇报》。

# 第五章
# 云南人口较少民族贫困治理实践：西双版纳傣族自治州

## 第一节　布朗族的实践——以布朗山乡章家村四队村民小组脱贫攻坚为例

### 一　布朗山乡章家村四队村民小组概况及贫困状况

勐海县布朗族聚居区主要分布在西定、布朗山、打洛、勐满、勐遮 5 个乡（镇）的 20 个行政村，聚居区总人口数为 53101 人，其中建档立卡贫困人口 1510 户 6057 人，占布朗族聚居区总人口的 11.4%。精准扶贫、精准脱贫基本方略实施以前，经过多年的扶持，布朗族聚居区基本已经实现了“四通、五有、三达到”。但是，由于扶贫资金投入有限，各地扶持和发展情况不一，扶持发展过程中不平衡的问题也较为突出。2014 年，精准扶贫、精准脱贫方略实施，经过精准识别，勐海县布朗族聚居区建档立卡贫困人口 1510 户 6057 人。布朗山乡位于勐海县城南，乡政府距离县城 90 余千米，东与景洪市勐龙镇交界，南和西与缅甸接壤，域内国境线长 70.1 千米，西北连打洛镇，东北连勐混镇，是我国唯一的布朗族民族乡，下辖勐昂、章家、新竜、曼囡、结良、曼果、班章 7 个行政村，63 个村民小组。

布朗山乡章家村四队村民小组隶属于章家村村委会，距离村委会 3 公里，距离乡政府 12 千米，面积约为 9.85 平方千米，有耕地 1047 亩，人均耕地 4.04 亩；有林地 5865 亩，其中国有林地 1400 亩；村内大多种植水稻、茶叶等农作物。全村有农户 63 户 270 人，属布朗族村寨，其中劳动力 108 人。2013 年建档立卡贫困户为 41 户 174 人。2014 年，全村经济总收入 97 万元，农民人均可支配收入 4100 元，建档立卡贫困户 38 户 168 人，建档立卡贫困户人均可支配收入为 2403 元。主要致贫原因有以下 5 点。①村民文化程度低。全村 63 户 270 位村民中具有小学文化的有 82 人，占全村人口的 30.4%；具有初中文化的有 12 人，占全村人口的 4.4%，其中建档立卡贫困户中户主全为小学以下文化程度。由于文化程度较低，加上全村仅有 60% 的人能用汉语进行交流沟通，形成语言屏障，致使人们接受先进科技和思想文化能力不足。②自我发展意识较差。大部分群众安于现状，主动脱贫意识较弱，全村每年到乡人次仅为 750 人次左右，除了 3 人送嫁到过广州以外，其他村民最远只到过景洪市。到乡、到县多为节假日采购或看病就医，接触外界社会文化较少，思想观念仍停留在自给自足的阶段，加上其他信息渠道闭塞，接受新知识、新技术、新文化的机会较少，致使生活生产意识、农业生产力水平得不到大的提高，农产品科技含量不高，农业生产效益一直在低水平徘徊。③缺乏发展资金。虽然政府投入了一定资金，但所投资金主要用于安居工程和村内道路硬化，用于培育脱贫产业的资金较少。贫困农户经济底子薄弱，全村除 3 户农户有存款外，其余农户均没有存款，甚至存在负有外债的情况，没有多余资金投到生产发展中，加之贫困农户信用等级低，贷款困难，缺乏发展资金成为制约贫困村群众发展经济的主要瓶颈，致使推广新技术、新品种、发展多种经营较难实现。④产业结构单一。目前主要经济来源是种植茶叶，比较有优势的章家辣子由于种植条件限制，产量不能得到有效提高，不能成为农户收入的主要来源，产业基础薄弱，农民增收途径不多，缺乏更多的经济发展门路。再加上粮食作物土地分配少，茶叶土地分配多，粮食产量供给未能自给自足。文化程度偏低也给村民外出务工造成了一定的限制，大多数村民只能接没有技术含量的临时工作，机会少、时间短，外出务工收入比例只占全部收入的 10% 左右。因此，茶叶收入就成为农民生活的主要来源。产业结构单一，抵御自然灾害、市场经济波动的能力弱，农户的收入更是无法得到有效保障。⑤村寨建设规划不到位。因为自然环境限制，村寨规划不到位，村内道路狭窄，最宽处2米，最窄处甚至不到50厘米，车辆难以在村内通行，给群众的生产生活带来诸多不便，给经济创收带来一定困难。

## 二　布朗山乡章家村四队村民小组精准脱贫实践

勐海县布朗族脱贫攻坚建立了“省级统筹，州（市）负总责，县（市）乡（镇）抓落实”的工作机制，将布朗族脱贫攻坚作为第一民生工程。第一，精准扶贫、精准脱贫。紧紧瞄准布朗族贫困户和贫困人口，深入分析致贫原因，科学确定帮扶项目，切实做到扶贫对象精准、资金使用精准、帮扶措施精准、因村派人精准、脱贫成效精准。第二，科学规划，合理布局。在找准致贫原因的基础上，抓住主要矛盾和矛盾的主要方面，因族因乡施策，因户因人施法，科学统筹，兼顾全局，注重可持续发展。第三，政策支持，强化保障。用足用好发展生产脱贫、转移就业脱贫、易地搬迁脱贫、生态保护脱贫、发展教育脱贫、加强医疗保险和医疗救助脱贫、资产收益脱贫、农村最低生活保障托底脱贫等政策，为布朗族脱贫攻坚提供坚强保障。第四，群众主体，自力更生。坚持贫困群众脱贫攻坚的主体地位，充分发挥贫困群众的积极性、主动性和创造性，提高自我管理水平和增强内生发展动力，立足自身实现脱贫致富。

布朗族立足脱贫目标：“到2016年末，实现布朗族聚居区建档立卡贫困人口6057人脱贫，5个乡（镇）、20个行政村如期实现脱贫摘帽、出列。2017年至2020年重点发展壮大增收产业、提升素质、培养人才，巩固脱贫成果，夯实发展基础。确保到2020年，稳定实现布朗族贫困人口不愁吃、不愁穿，义务教育、基本医疗和住房安全有保障。布朗族聚居区农村常住居民人均可支配收入增幅高于全省平均水平。基本公共服务主要领域指标达到全省平均水平。”① 从2016年到2020年，用5年的时间完成布朗族精

① 参见勐海县扶贫办《勐海县布朗族脱贫攻坚实施方案》。

准脱贫项目建设任务。重点围绕提升素质能力、劳务输出、安居工程、培育特色产业、基础设施建设、生态环境保护等六大规划建设项目内容开展工作。①提升素质能力。开展中小学及幼儿园教师、校长（园长）培训90人次，建成农村学前教育校舍2所，培养民族干部22人，组织50名乡村干部及群众到发达地区学习，培养农村致富带头人120人。②劳务输出。实施职业技能培训800人次。劳动力转移培训及劳务输出1500人。③安居工程。实施易地搬迁156户，农村安居房建设及危房改造885户。④培育特色产业。建设民族团结示范乡镇、特色旅游乡镇2个。建设民族团结示范村、特色旅游村（寨）2个，建设县级电商服务中心1个、乡镇电商服务站4个、村级电商服务点6个，培养农村电商带头人6人，发展农村专业合作组织7个，种植经济作物4万亩、经济林果0.04万亩，养殖猪、牛、羊等畜类4800头，鸡、鸭、鹅等禽类8万只，成立农业产品加工企业2个。⑤基础设施建设。实施乡村道路建设73.3千米，村组道路建设301.3千米，完成饮水安全巩固提升工程18个，土地整治120亩，农村电网改造升级5件，易地搬迁点电网建设2个村。⑥生态环境保护。实施坡度在25度以上的坡耕地退耕还林还草工程0.1万亩，更换节柴节煤灶及以电代柴改良灶715台，完成村庄环境整治2个。①

章家村四队脱贫攻坚工作以全体村民为工作对象，以增加农户收入和改善章家村四队发展环境为主要任务，集聚社会力量，派驻工作组驻村指导带动群众发展。①因地制宜，精准施策。着力发展茶叶、坚果、冬瓜、养鸡、养猪等特色优势种植业和养殖业，采取以奖代补、提供种苗，以及提供信息、技术、服务等方式，有针对性地引导和帮助贫困户发展产业。培育主导产业，提高特色产业规模效益。②建立茶叶合作社发展带动机制。为茶园的管理维护、提质增收提供技术支持。拓宽茶叶销售市场，维护农户经济利益，提高农户应对市场经济波动的能力。引进当地有实力的茶叶企业，完善茶叶收购、加工、销售产业链，增加农民收入。③扎实推进教

① 参见勐海县扶贫办《勐海县布朗族脱贫攻坚实施方案》。

育扶贫。章家四队有28名学生在布朗山乡学校就读，要积极推动社会力量开展“一帮一”“几帮一”帮扶贫困学生工作，杜绝因贫辍学现象。通过定向委培特困生等方式，帮助贫困生完成职业技能培训。④大力实施保障扶贫。将所有符合条件的村民全部纳入低保范围；全员参与新农合和养老保险，让贫困对象实现“病有所医”“老有所养”。完善临时救助制度，积极推进“救急难”工作，对全村实施特别临时救助。⑤引导行业扶贫。按照“统一规划、各司其职、捆绑使用、用途不变、各记其功、形成合力”的原则，整合农业、林业、交通、水利、教育、卫生、文广等部门的资金，集中力量建设基础设施和发展特色产业。⑥加强党建工作。按照基层党建和扶贫工作“双推进”的要求，建立健全村级组织领导机构，指导、帮助制定村规民约，完善各项规章制度，变“上级代管”为“村民自治”，提高村民主动管理意识和参与意识。

章家村四队布朗族脱贫攻坚施行“两步走”工作方案，2016年目标任务主要是在发展教育培训的同时，大力发展种植养殖业，强化基础设施建设。从工作队员带领村民生活，帮助其养成良好的生活劳作习惯，重视素质教育、技能培训的软实力培养，到基建、文化、环境和网络多方面硬实力的强化抓起，全面迈出脱贫摘帽的“第一步走”步伐。2016年，章家村四队开展以下工作。①种植养殖技术培训和参观学习。培训人员有800多人次，并按季度组织村民外出学习。②产业发展。主要投资玉米、茶树、坚果、旱谷、冬瓜种植，养殖小耳朵猪、肉鸡等。③基础设施建设。主要建设村内道路、生产道路、村内挡墙、人畜饮水池、村内排水沟等。④民生工程。主要实施农村危房改造，建设村内标准篮球场、党群文化活动室、厕所、路灯、卫生室。⑤生态环境保护与建设。修建垃圾池、生活污水氧化塘各1个。⑥信息网络建设。实现全村63户宽带网络全覆盖，建设网上销售平台，培养新型电商人才，利用“互联网+”平台进行茶叶和章家辣子等农特产品的网络销售，拓宽农户销售途径，实现增收。

2017~2020年，开展继续教育、扶持产业，巩固脱贫结果，夯实脱贫基础，防止因技术技能缺陷、思想观念懈怠出现返贫现象。①教育扶贫。积极争取国家政策倾斜支持，引导社会各界捐资，多渠道筹集贫困生资助资金，积极推动社会力量开展“一对一”帮扶贫困学生工作，减少因学返贫现象。开展贫困生职业教育。通过定向委培特困生等方式，帮助贫困生完成中专以上职业学历教育。开展技能培训，主要是种植养殖技术培训，茶叶、坚果、玉米等作物的种植及动物的养殖类等技术培训。②扶持产业发展。采取以奖代补、提供种苗以及提供信息、技术、服务等方式，有针对性地引导和帮助贫困户发展产业；引导承包土地向专业种养大户、农民合作社、农业龙头企业流转，增加贫困户财产性收入；推行“公司＋合作社（基地）＋贫困户”等模式，提高贫困户的组织化水平，让贫困户从产业发展中获得更多利益。除了扶持发展壮大玉米、茶叶、冬瓜、坚果、小耳朵猪、肉鸡等的种植养殖之外，同时也发展农村专业合作组织，积极推进资产收益扶贫。③民生保障扶贫。将所有符合条件的村民全部纳入低保范围；完善临时救助制度，对于因病因灾返贫的群众采取临时救助的方式给予帮扶。④加强村级党建工作。按照基层党建和扶贫工作“双推进”的要求，建立健全村级领导机构，指导、帮助制定村规民约，完善各项规章制度，变“村民被管”为“村民自管”，提高村民管理意识和参与意识。

章家村四队村民小组脱贫攻坚，具有强有力的保障措施。在组织领导方面，成立布朗山乡章家村四队脱贫攻坚工作领导小组，负责章家村四队的脱贫攻坚试点的各项工作，重点协调县级各相关部门项目资金落地，具体指导布朗山乡开展章家四队脱贫攻坚工作。布朗山乡成立由党委书记任组长，挂包单位负责人任副组长的脱贫小组，成立以全乡各站所、章家村村支书、村主任为成员的章家四队脱贫攻坚工作组，抽调专人负责日常工作。各职能部门协调配合，切实履行职责、发挥部门优势，整合部门资源，各负其责、密切配合、协同行动，确保各部门的建设任务落到实处。在工作措施方面，做到以下几点。①加强基层组织建设。充分发挥党支部的战斗堡垒作用。按照“党建带扶贫、扶贫促党建”的要求，加强党员队伍建设，吸引致富能手、知识青年等加入党组织。发挥好村委会在调动群众积极参与扶贫工作等方面的作用，让群众意识到扶贫开发是自己的事，主动参与到扶贫开发中来。②充分发挥合作社作用。依托该村茶地资源的优势，大力发展茶下种植养殖产业。引进优秀的茶叶精加工企业，实行“公司＋专业合作社＋农户”的发展模式，打造特色优势品牌，适时发展“互联网＋”网络平台，解决销路问题。③加强宣传教育。充分调动群众主动参与的积极性，突出村民的受益主体和建设主体地位，深入发动和依靠群众，保障群众的知情权、参与权、监督权和决策权，激发群众建设美丽家园的热情。④注重民主和群众监督。充分尊重群众的意愿，实行民主决策、民主建设。按照项目安排，全过程实行“两公开、一公示”，即公开过程，公开资金使用情况，公示结果，接受群众监督。⑤切实落实帮扶责任制。县委、县政府与相关责任单位签订目标管理责任书，明确各部门的项目建设任务。县委、县政府督察部门要不定期开展帮扶项目落实情况检查督促工作，落实项目月报制。驻村工作队干部要能沉得下去、住得下来，切实发挥作用。驻村工作队的工作业绩要与章家村四队村民小组精准脱贫攻坚工作成效挂钩，对于长期在贫困地区工作、实绩突出的干部，给予表彰并优先提拔使用。

## 三　布朗山乡章家村四队村民小组精准扶贫效益分析

### 1. 脱贫发展效益

通过村寨道路建设、农田水利设施建设、公共设施建设等基础设施工程，不断夯实经济发展基础；通过合作社、电子商务扶贫、资产收益扶贫、特色种植养殖业发展等，改善产业结构单一的现状，建立长效增收机制，产业结构得到不断优化，发展潜力与发展水平不断提升，开展农业科技培训，带动村寨农作物种植技术得到提高，使经济、粮食作物每亩单产明显提高，农业产值加大，农民收入增加，实现村寨经济较快发展，实现全村脱贫摘帽。

2. 社会效益

章家村四队村民小组精准脱贫攻坚工作的实施，使得该村茶叶、章家辣子等基础产业发展水平得到全面提升。村内道路全面硬化，村容村貌得到改善。4G 通信网络全面普及，有效推动电商扶贫项目的开展。产业结构由单一转向多元，扩宽村民收入途径，稳定巩固村民的脱贫致富，有利于构建和谐社会，为经济发展创造更好的环境。

3. 生态效益

章家村四队村民小组精准脱贫攻坚工作的实施，使自然资源得到有效保护和合理开发。通过茶叶的提质增效项目，有效利用现有土地空间，逐步实现可持续发展，多元化村民的生活收入来源。在保护现有人文资源、自然资源的基础上，通过基础设施建设和环境整治，村庄脏、乱、差现象得到全面改善，实现村寨环境的绿化、美化、亮化、净化，营造良好的人居环境，促进了人与自然的和谐发展。

## 第二节　基诺族的实践——以西双版纳傣族自治州景洪市为例

### 一　景洪市基诺族概况及贫困状况

景洪市基诺族多数生活在山区，主要聚居于景洪市基诺乡，其余散居于勐旺乡、勐养镇、普文镇以及大渡岗乡，自然环境舒适，森林资源丰富，主要从事农业，善于种茶。基诺山是基诺族最有名的聚居区，它古称攸乐山，是历史上有名的六大茶山之一，在古代第一部云南风物特产百科全书《滇海虞衡志》中曾有记载。基诺乡 2008 年被命名为“云南省生态乡镇”，2014 年被环保部命名为“国家级生态乡镇”，有“国家级传统村落”3 个，省级民族特色村 1 个，省级民族团结示范村 3 个。基诺族聚居区中，基诺乡、勐养镇、大渡岗乡、普文镇都是相邻乡镇，且离景洪市近，又靠近昆磨高速公路，具有较好的区位、交通、环境、资源优势，为各种农产品交易和运输提供了较好的交通条件。聚居区内居住有基诺族、汉族、哈尼族、傣族、拉祜族、布朗族、彝族、瑶族等民族，2014 年末，共有 4958 户 19537 人，其中基诺族人口 16561 人，占聚居区人口的 84.77%。精准脱贫方案聚焦基诺族聚居区内 2014 年建档立卡的 417 户贫困户 1498 名贫困人口。21 世纪初，国家实施“两山”（基诺山和布朗山）扶贫综合开发、新农村建设等规划，使基诺族群众收入和生活水平都得到了明显改善，基本实现了村村通电、通水、通路、通电话、通广播电视的目标。但在精准扶贫、精准脱贫基本方略实施之前，贫困现象仍然存在。据调查，景洪市基诺族聚居区贫困人口涉及 5 个乡镇 15 个村委会 80 个村民小组，2014 年建档立卡贫困人口共 417 户 1498 人，占聚居区总人口的 7.67%。[①]

2014 年，精准扶贫、精准脱贫基本方略实施以前，基诺族的贫困状况主要表现为以下 3 点。①基础设施薄弱。基诺族人多居于山区，道路晴通雨阻的现象比较突出，水利基础设施薄弱，严重影响农业生产的发展，导致相当一部分群众改善自身居住条件的能力有限，居住环境恶劣，生活水平低。医疗卫生、教育设施条件差也是致贫、返贫的重要原因。②人口素质偏低。由于长期生活在偏远的山区，绝大多数基诺族村民未接受过正规的文化教育，接受新技术、新信息渠道少，思想观念和技术技能与现代社会有很大差距，丰富的自然资源与贫困的生活现状形成强烈反差。加之因学、因病致贫、返贫现象严重，缺劳动力、缺土地、缺技术以及致富门路窄依然是致贫的主要原因。③生产方式落后，产业结构单一。基诺族在农业生产方面普遍采取粗放耕作的方式，农机推广率较低，生产技术落后，优质品种比例较小，导致广种薄收，加之传统的“家庭式”自产自销模式根深蒂固，产业结构单一，销售渠道不畅，种植栽培管理方式粗放，经济效益低，收入渠道少，主要收入来源为种植茶叶和橡胶以及畜禽养殖。由于气候条件限制、种植年限长、市场价格不稳定等因素影响，种植橡胶产生的经济效益不高。砂仁因为品种退化，虽然面积不小但产量却不高，而

① 参考景洪市扶贫办提供数据。

坚果等种植数量虽多但还未产生经济效益。养殖较多的猪一般是供家庭自用。此外，部分基诺族群众汉语沟通交流存在较大困难，脱贫"造血"能力严重不足。

究其贫困原因，主要原因有以下 4 个方面。①缺资金、缺劳动力、缺土地、缺技术以及致富门路窄是致贫的主要原因。据调查，2014 年，基诺族 417 户贫困户中，128 户缺资金，占 30.7%；45 户缺劳动力，占 10.8%；15 户缺土地，占 3.6%；18 户缺技术，占 4.3%。[①] 群众的素质与贫困户拥有的资源已不能适应社会发展的需要。②基础设施差，道路晴通雨阻的现象比较突出，严重影响农业生产的发展。基诺族人多居于山区，不但水利基础设施薄弱，水利化程度低，而且交通非常不方便。2014 年，行政村未通硬化路的有 1 个，长度约有 15 千米；自然村未通硬化路的有 39 个，长度约有 214 千米。[②] ③多数自然村地处边远山区，交通闭塞，信息不畅，科技、文化生产力水平低，教育、医疗卫生、居住条件差，经济不发达。基诺族 417 户贫困户，住房困难的有 182 户，因交通落后导致贫困的有 20 户；致贫原因上，因病致贫的有 131 户，因残致贫的有 43 户，因学致贫的有 11 户，因灾致贫的有 1 户；村民文化素质普遍偏低，至今仍有文盲存在；信息来源主要是电视，14 个村小组基本没有通网络，甚至没有电视；医疗卫生条件比较差，部分村无卫生院；有 116 户没有户厕；居住的基本是砖木房。[③] ④科技文化水平普遍偏低，思想观念落后。基诺族群众受教育程度普遍偏低，人均受教育年限仅为 7 年，中年以上劳动力多数为小学文化，部分甚至是文盲或半文盲，接受新观点、新理念的能力弱，劳动技能掌握程度和科技使用水平能力较为低下。部分群众思想保守、商品经济意识淡薄，存在安于现状的小农经济意识，发展积极性低。

① 参考景洪市扶贫办提供数据。

② 参考景洪市扶贫办提供数据。

③ 参考景洪市扶贫办提供数据。

## 二 景洪市基诺族精准脱贫实践

景洪市基诺族脱贫攻坚坚持脱贫攻坚与区域发展相结合，建立了“政府主导、集团帮扶、部门配合、社会参与、县抓落实、自力更生”的工作机制。精准扶贫、精准脱贫到户到人，确保努力在“直过民族”和人口较少民族脱贫、边境脱贫、生态脱贫中做出示范。第一，坚持政府主导、社会参与原则。景洪市各级政府认真履行主体责任，加大财政预算扶贫资金持续增长力度，建立健全扶贫实绩考核制度，确保扶贫开发各项任务落到实处。充分调动社会各界参与扶贫开发的积极性，拓展帮扶领域，扩大帮扶规模，提高帮扶水平，鼓励群众投工、投劳、筹资，形成政府、市场、社会协同推进的大扶贫格局。第二，坚持到村到户、精准脱贫。以基诺族精准脱贫实施方案为平台，推动产业扶持、安居建设、基础设施、基本公共服务社会保障、能力素质提升、金融支持6个工程到村到户，增加贫困地区的自我发展能力、公共服务能力、社会保障能力，实现整体脱贫目标。瞄准建档立卡贫困户，精准“滴灌”、靶向“治疗”，实现精准脱贫。第三，坚持因地制宜、重点突出。因地因族制宜、因乡因村施策、因户因人施法，以自然村为单位，分类指导，针对性帮扶。以发展特色产业、改善生产生活条件、提高社会保障水平、增强自我发展能力为重点，集中力量，整体推进，突出解决制约基诺族聚居区经济社会发展和基诺族群众脱贫致富的瓶颈问题和现实困难。第四，坚持以人为本、注重实效。把保障和改善民生作为扶贫工作的根本出发点和落脚点，把解决贫困群众的切身利益问题放在首位，区分轻重缓急，合理确定发展目标、项目规模，着力解决发展“短板”问题。引导贫困地区干部群众克服“等、靠、要”思想，积极参与到脱贫致富的项目和活动中来，激发群众自我发展能力。

景洪市基诺族脱贫攻坚工作主要实施提升能力素质、组织劳务输出、安居房建设、培育扶贫产业、改善基础设施、生态环境保护等六大工程。①提升能力素质。针对45岁以下劳动力实施普及国家通用语言教育活动300人次，培训中小学及幼儿园教师、校长（园长）163 人次，建设农村学前教育校舍 1 所，培养民族干部 36 人，组织乡村干部及群众到发达地区学习 36 人，培养农村致富带头人 84 人。②组织劳务输出。实施职业技能培训 340 人次，劳动力转移培训及劳务输出 150 人。③安居房建设。实施易地搬迁 36 户，农村安居房建设及危房改造 300 户。④培育扶贫产业。建设民族特色旅游村（寨）5 个，扶持特色农户 50 户，建设乡镇电商服务站 4 个、村级电商服务点 7 个，发展农村专业合作组织 5 个，种植经济作物 3000 亩、经济林果 1000 亩，发展林下产业 178 亩，养殖猪、牛、羊等畜类 5625 头，鸡、鸭、鹅等禽类 41930 只。⑤改善基础设施。实施乡村道路建设 4.4 千米、村组道路建设 16.4 千米、易地搬迁安置点道路建设 7 千米、土地整治 1254 亩、易地搬迁安置点电网建设 2 个、农村互联网基础设施建设 1 个、村级社区服务站建设 4 个，完成直播卫星户户通工程 27 户。⑥生态环境保护。实施更换节柴节煤灶及以电代柴灶炉改造 300 户、乡镇污水处理工程 1 个、乡镇垃圾处理工程 2 个、村庄环境整治 44 个。

景洪市基诺族脱贫攻坚，建立了强大的保障机制和措施，保证脱贫攻坚工作顺利开展和实施，具体说来有以下六点。①落实责任，强化组织领导。严格落实扶贫开发工作党政“一把手”责任制，建立“省级统筹，州（市）负总责、县（市区）和乡镇抓落实”的脱贫攻坚工作机制。基诺族聚居区各级党委政府要坚持以脱贫攻坚统揽经济社会发展全局，把基诺族脱贫攻坚任务作为头等大事和第一民生工程来抓，逐级建立基诺族精准脱贫项目实施机构，明确各级各部门工作职责，形成一级抓一级、层层抓落实、一级对一级负责的工作格局。②规划引领，强化部门协作。以精准脱贫攻坚战实施方案为平台，围绕扶持基诺族实现同步小康的根本目标，加大政策统筹和资源整合力度。各级扶贫开发领导小组充分发挥统筹协调职能，及时协调解决项目规划、资金整合、政策保障等重大问题，排出时间表，实行倒计时，将任务细化分解落实到单位、到项目、到责任人。落实多部门协调工作机制，由扶贫和民宗部门牵头，全面推进落实精准脱贫方案。各有关部门按照任务分工、结合工作职责，做好上下级之间、部门之间、地区之间的沟通与交流工作，认真配合协同推进各项工作措施的落实，形成有效合力。③完善制度，强化资金监管。建立了较为完善的基诺族精准脱贫项目资金监管制度，认真落实项目资金公告公示制、资金回补报账制、招标投标制、项目法人制、工程监理制、审计验收制、廉政承诺制、后续管理制，加强项目资金管理，最大限度地提高帮扶资金使用效益。构建上级监督、部门监督、捐赠方监督、纪检监察监督、群众监督、人大及政协监督和社会舆论监督 7 道防线，确保资金运行安全。全面开展扶贫项目廉政承诺制，逐级签订扶贫项目“十个严禁”廉政承诺书，严格执行“贫困群众廉政评议制”和“贫困群众廉政评议员制”两项廉政制度，确保精准脱贫项目“公正、公开、公平”。④狠抓落实，强化考核监督。制定出台了一批面向基诺族的特惠性、差异化扶持政策措施，做到项目优先安排、资金优先保障、工作优先对接、措施优先落实。各级层层签订脱贫攻坚责任书，立下军令状，压实责任，传导压力。把基诺族精准脱贫列入党委政府的重要督查事项中，建立年度脱贫攻坚报告和督查制度，加强督查问责。⑤选优配强，强化驻村帮扶。省州县乡四级联动，确保贫困县有领导挂联，贫困乡村有领导和单位挂包，贫困户有干部结对帮扶，落实帮扶责任。配强驻村扶贫工作队，每个驻村扶贫工作队配备队员 5～10 人，队长兼任村党支部第一书记。工作队在县乡党委统一领导下开展工作，协助贫困乡村和贫困户，找准贫困原因，寻准脱贫路径，制定脱贫措施，抓好脱贫攻坚政策措施的落实。挂钩帮扶单位发挥优势，在项目资金、信息技术、人才培养等方面，对基诺族倾斜扶持，确保“挂包帮”精准帮扶不脱贫、不脱钩。⑥发动群众，强化主体作用。多渠道、多形式宣传党和国家关于扶持基诺族跨越发展的重大意义、方针政策，广泛宣传帮扶工作中涌现的先进事迹和典型事例，动员全社会更加关心、支持聚居区改革、发展和稳定，为打赢脱贫攻坚战创造良好的社会环境和舆论氛围。同时，积极发挥基层党组织战斗堡垒作用，充分发动群众、组织群众，保障贫困群众的知情权、选择权、监督权、参与权、决策权，尊重群众的首创精神和发展意愿，激发群众的积极性、主动性和创造性，通过扶贫帮扶、自力更生，实现脱贫致富奔小康。

## 三　景洪市基诺族精准脱贫效益分析

### 1. 脱贫及发展效益

通过基础设施建设、产业发展、素质提升、环境保护等项目，紧紧围绕提高农户生产效率、增强发展能力、提高经济收入、降低农户支出成本、减少贫困户经济支出、改善农村人居环境、建设幸福美丽宜居乡村的目标进行项目设计，提高扶贫开发成效，充分发挥扶贫项目的示范作用。采取各级联动与群众参与相结合、整体推进与重点扶持相结合、部门整合投入与企业帮扶相结合的方式，实行因族因村施策、因户因人施法，有效瞄准贫困群体，最大范围地覆盖了贫困人口，体现了精准脱贫、精准施策、精准落地的要求，达到夯实基础、解决温饱、开发产业、增强后劲、全面进步的目的，彻底解决了聚居区1498名建档立卡贫困人口的脱贫问题，推动基诺族聚居区实现跨越发展。

### 2. 经济效益

景洪市景颇族脱贫攻坚通过实施贫困村的乡村道路、村组（内）道路硬化等基础设施工程，改善交通闭塞，信息不畅的现状，不断夯实了经济发展基础。通过实施民族示范村建设和特色农户培育，不断改善聚居区的硬件设施和提升农户收入水平。依托基诺族独有的人文、资源和环境优势，通过大力发展特色优势种植养殖业、民族手工艺业和民族特色旅游，开发“文化生态游”，打造了一个宜居、宜业、宜游的生态园林型旅游小镇。在基诺族聚居区内提升优化橡胶、茶叶产业，复壮砂仁产业，培育壮大山谷红米、小耳朵猪、小香冬瓜等本土特色农产品产业，大力发展林下种植石斛、黄精。通过扶持增收项目，实现贫困人口增收。通过扶持农村专业合作组织、培养农村致富带头人、开展农业科技培训等方式，提高贫困人口素质、技能水平和致富能力。

3. 社会效益

通过实施安居工程，解决贫困户落后的人居环境，明显改善贫困户水、电、路、气、房等生产生活条件，村容村貌发生明显变化。积极组织开展劳务输出工作，促进农村劳动力向非农产业和城镇转移，优化调整农业结构，持续促进农户增收。同时，通过“走出去”，使贫困户开阔了眼界，解放了思想，掌握了致富本领，返乡后不仅为贫困地区经济发展带来了资金，还能成为带动当地经济发展的能人。

4. 生态效益

基诺族主要聚居在生态环境功能区，多属于禁止和限制开发区，通过实施更换节柴节煤灶及以电代柴改造工程，减少对原始森林的破坏，使生态环境得到有效保护。通过特色种植开发，有效提高土地产业效益，进一步夯实农业基础，实现土地资源的合理配置，加快农业生态环境向良性化方向发展，为实现农业可持续发展奠定良好的基础。通过污水处理工程和农村环境整治，农村居住环境不断改善，生态建设成果得到不断巩固，生态文明建设得到进一步加强。

# 第六章

# 云南人口较少民族贫困治理实践：德宏傣族景颇族自治州

## 第一节　阿昌族的实践——以德宏州陇川县户撒阿昌族乡为例

### 一　户撒阿昌族乡概况及贫困状况

户撒阿昌族乡域内国境线长 4.35 千米，全乡面积 251.9 平方千米，辖区内居住着汉族和阿昌族、傈僳族、景颇族、回族、傣族 5 个世居少数民族。户撒阿昌族乡位于陇川县西北部，距县城 46 千米，东靠清平乡，南临城子镇、陇把镇，北连盈江县，西南与缅甸接壤，与坪山村委会交织在一起。户撒阿昌族乡是滇西旅游环线上的重要节点，是全国最大的阿昌族聚居地，也是陇川县唯一的民族乡，辖区内国境线长 4.35 千米，占全县国境线的 8.54%。全乡辖 11 个村民委员会，136 个村民小组，全乡共有 5608 户 25941 人，其中阿昌族村民共有 2970 户 14155 人，分别占全乡总户数和人口数的 52.96% 和 54.57%。2017 年末，全乡农村经济总收入 4.1302 亿元，同比增长 11.29%，农村居民人均可支配收入 8856 元，同比增长 15.49%。[①] 2006 年 5 月 20 日，阿昌族户撒刀锻制技艺经国务院批准被列入第一批国家级非物质文化遗产名录。2013 年启动建档立卡工作时，户撒

---

① 参见户撒乡人民政府办公室《户撒阿昌族乡基本情况》（2019 年 2 月）。

乡初始建档立卡贫困人口510户1799人，贫困发生率7.48%。2018年对贫困对象实行动态管理后全乡有建档立卡人口801户3204人，其中，2014～2018年共脱贫677户2870人，剩余未脱贫人口124户334人，贫困发生率1.36%。2019年4月，经州市审核、省级核查和第三方实地评估检查，陇川县已达到贫困县退出标准，退出贫困县序列，[①] 户撒阿昌族乡实现整乡脱贫。

## 二　户撒阿昌族乡脱贫攻坚实践

德宏州陇川县户撒阿昌族乡整乡推进整族帮扶工作坚持“政府主导、群众主体、企业帮扶、社会参与”的工作机制，围绕阿昌族乡整乡推进整族帮扶项目实施，扎实推进“挂帮包”“转走访”工作，脱贫攻坚各项建设项目取得成效。

### （一）加强组织领导，形成脱贫攻坚战强大合力

户撒乡严格落实党政一把手脱贫攻坚“第一责任人”责任，成立脱贫攻坚指挥部及扶贫开发办公室，全面统筹推进全乡各项脱贫攻坚工作，落实“主要领导负总责、分管领导具体抓、责任人员跟踪抓”的工作责任机制。制定《户撒乡领导干部扶贫攻坚挂村方案》《关于成立扶贫攻坚工作指挥部的通知》《户撒乡脱贫攻坚责任制实施办法》《户撒乡2018年至2020年脱贫攻坚项目库建设领导小组》等系列文件，明确人员分工责任，细化脱贫攻坚各个阶段的目标措施，明确全乡脱贫攻坚各个阶段需要完成的各项任务目标及巩固脱贫成果规划，并按计划分步实施，抓实抓好各节点，确保各项工作落到实处。整合乡政府干部、挂钩工作队、村三委人员139人，充实到136个村民小组，“一竿子插到底”抓扶贫工作、推脱贫攻坚工作，做到一村一个攻坚队，村村有强兵、组组有攻坚员、户户有帮扶

① 《云南省人民政府关于批准东川区等33个县（市、区）退出贫困县的通知》，临沧市人民政府网站，2019年5月7日，http://www.lincang.gov.cn/lcszf-ydb/zdlygk94/fpgzxxgk53/tpcxjkhxx94/304637/index.html，最后访问日期：2021年3月15日。

干部。

### （二）实施“十大工程”助推脱贫攻坚工作

#### 1. 实施产业脱贫工程，确保贫困群众可增收、能致富

户撒乡下大力气调整优化产业结构，把产业发展作为做大经济总量和群众增收致富的重要途径，巩固发展传统产业、培育壮大新兴产业，实现产业结构不断优化、产业总量不断增大、困难群众收入稳步增长的良好成效。全乡农村经济总收入从 2014 年末的 24704 万元增长到 2017 年末的 41302 万元，同比增长 67.19%；农村常住居民人均可支配收入从 2014 年末的 5649 元增长到 2017 年末的 8856 元，同比增长 56.77%。[①] 2017 年，全乡种植烤烟 24500 亩，实现产值 9027.48 万元，较 2014 年分别增加 2773 亩、7695 万元，成为全州种植烤烟面积第一大乡，其中建档立卡户种植烤烟的有 440 户，种植面积达 2098 亩，建档立卡户种植烤烟户数占建档立卡户数总数的 58.43%，建档立卡贫困户烟农售烟收入达 802.11 万元，烤烟产业已经成为户撒群众脱贫增收的主要收入来源，真正实现了“种植一亩烤烟脱贫一人”的目标。同时，户撒乡还重视延伸产业链促脱贫。积极推进金融扶贫、电商扶贫模式，带动贫困户增收脱贫。2014 ~ 2017 年向建档立卡户发放的小额信贷金额为 1287 万元，2018 年向建档立卡户发放小额信贷 516 万元，用于产业发展，有效解决了困难群众产业发展资金少的短板，实现了产业大发展、大融合，金融扶贫成效显著。电商扶贫成效明显，充分发展户撒过手米线、户撒刀、户撒银器、猕猴桃等特色产品，依托猕猴桃种植、板鹅加工、生猪养殖等产业合作社，形成“党员 + 电商 + 合作社 + 农户”的助农致富新模式。[②]

#### 2. 大力实施民房改造工程，确保贫困群众建得起、住得好

户撒乡以“住有所居，居住安全”为目标，紧紧抓住云南省烟草公司阿昌族整乡推进整族帮扶项目有利契机，压实包村领导干部脱贫攻坚主体

① 户撒乡人民政府办公室：《户撒阿昌族乡基本情况》（2019 年 2 月）。

② 户撒乡人民政府办公室：《户撒乡脱贫攻坚工作报告》（2019 年 2 月）。

责任，采取政府统筹协调，村委会、村民小组具体组织实施，群众互帮互助等方式高位推进农村危房改造，2014～2018 年完成农村危房改造 1659 户。易地扶贫搬迁工作取得重大进展，紧紧围绕“搬得出、稳得住、能致富”的目标，高水平高标准规划建设南补、八官易地扶贫搬迁安置点，投入总资金达到 1360 余万元，使 46 户 141 人（其中有建档立卡户 20 户 55 人）直接受益，实现了“换穷貌、改穷业、挪穷窝、拔穷根”。

3. 大力实施转移就业工程，确保贫困群众出得去、有收入

一是创造岗位促就业，全力助推群众脱贫致富。对于那些发展能力较弱的困难群众，以设立公益性岗位等方式增加就业岗位，聘请建档立卡户人员 12 人作为河道保洁员。二是发挥户撒本土企业、个体工商户多的资源优势，积极引导本地本土企业优先安排建档立卡户人员就业，增加群众收入。三是以工代赈促就业，拓宽困难群众增收渠道。针对有一定劳动技能和创业能力的贫困对象，在实施民房建设、基础设施等项目时，采取以工代赈的方式，重点吸收贫困群众参与，帮助了一批勤劳务实的贫困户，使他们自力更生，实现脱贫。四是加快农村劳动力转移，增强群众收入，2017 年全乡外出劳务收入达 4559 万元，较 2014 年增加 2928 万元，增长 179.52%；2017 年转移就业 6146 人，实现了转移一人、脱贫一户的目标。

4. 大力实施社会帮扶工程，确保困难群众增素质、提能力

一是协调组织云南省烟草公司下属 9 个州（市）公司和 2 个省直单位对口帮扶 11 个行政村开展合作社建设、猕猴桃种植、牲畜养殖、乡村旅游发展等相关产业技能培训。仅 2017 年一年就累计组织群众外出参观学习 33 期，参加群众达 730 多人次。投资 50.4 万元，邀请云南农业大学、云南省农业科学院及德宏州、陇川县畜牧局、科技局等单位专家组织开展专项技能培训 96 期，参训人数达 8996 人次。二是推动“万企帮万村”扶贫攻坚社会行动。发挥户撒阿露窝罗米、户撒福睿等本地知名企业作用，通过资金帮扶、提供技术、提供就业等模式，带动贫困户发展优质稻米等产业，增加群众收入。

5. 大力实施教育扶贫工程，确保困难群众不辍学、上好学

严格落实“控辍保学”三级共抓责任制，实行领导、包组干部包干控辍保学和教师家访制度，做好学生管理和家访登记，并实行每周学生到校情况报告制度，有效杜绝适龄儿童失学、辍学等现象的发生。全面贯彻落实“两免一补”政策、义务教育营养改善计划、国家助学金等上级教育扶持政策，借助阿昌族帮扶项目，对考入大学的阿昌族学子，云南烟草公司每年给予5000元的助学奖励金，2015～2018年累计发放助学奖励金118人次、109万元，有效解决困难群众无钱上学、因学返贫的问题，从源头上阻断贫困代际传递。教育基础设施建设取得大突破，投入1500余万元建设完成户早小学教学楼、中寨小学教学楼、户撒中学教师宿舍楼及运动场，弄混小学、朗光小学、芒东小学、户撒中心小学等学校基础设施建设也基本完成，极大地改善了户撒乡教育条件。严格落实建档立卡户教育帮扶政策，确保建档立卡户不因教育致贫、不因学返贫，让困难群众都能上得起学。

6. 大力实施健康扶贫工程，确保贫困群众看得起病、不因病返贫

加大医疗卫生基础设施建设力度，全面提升医疗服务水平，投资460万元建设完成户撒卫生院综合大楼，成为全县乡镇高标准的卫生院之一，村卫生室规范化建设进一步加强，11个行政村建成了标准化的卫生室，确保贫困群众小病不出村、一般疾病不出乡，严格落实各项医疗政策。2018年全乡住院总人数为5786人，医疗总费用1216.3万元，减免医疗费用867.94万元，减免比例达71.36%，其中，建档立卡户住院总人数536人，医疗总费用208.37万元，减免总费用176.6万元，回补金额16.04万元，减免比例为84.5%。严格落实医疗“四重保障”制度，推动落实健康扶贫各项政策，建档立卡贫困户人员医疗保险费用由财政全额助缴，建档立卡人员及家庭实现100%参加医疗保险，加大家庭医生签约服务力度，实现家庭医生签约100%全覆盖。实现了贫困群众方便看病、看得起病、看得好病的目标。

7. 大力实施社会兜底保障工程，确保贫困群众不掉队、全覆盖

继续实行建档立卡贫困户全额助缴养老保险规定，帮助符合条件的贫困群众全额助缴养老保险，实现建档立卡贫困户100%参加医疗保险，确保老有所依。扎实开展低保对象精准识别专项行动，做到应退则退、应保尽保，农村低保对象更加精准，认真落实贫困人口低保兜底政策，及时做好农村低保与扶贫开发制度的有效衔接，切实做到应保尽保，将保障政策向贫困户聚焦。全乡共有农村低保户619户1434人，其中建档立卡人员数为1171人，重合率达81.66%。

8. 大力实施生态扶贫工程，确保困难群众多管“造血”、增加收入

抓住国家实施完善公益林补偿等重大生态工程向贫困地区倾斜的机遇，及时向群众兑付巩固退耕还林成果建设项目、国家造林补贴项目、林业贴息贷款项目等政策补助，2014～2018年累计发放公益林补偿金5288户197.2191万元，发放天然林补偿金2963户145.85万元，招录79名建档立卡贫困人员为生态护林员，人均月收入达830元，有效解决了困难群众无收入来源的问题。

9. 大力实施基础设施攻坚工程，确保困难群众生产环境大提升、大变样

举全乡之力打好基础设施建设攻坚战，一批事关全乡长远发展的基础设施顺利建成。紧紧抓住云南省烟草公司帮扶项目有利契机，全力做好项目储备、申报、建设，基础设施建设力度创历史之最，建成了长期想建设而未建设的项目，解决了长期想解决而未能解决的事情。2015～2019年以来，累计完成烟草项目总投资4886.51万元，建设完成农田水利设施项目1068个，有效解决农田灌溉4.62万亩，计划总投资7961.18万元的帮董水源项目加快推进，为加快实现农业现代化奠定了良好基础。交通网络更加健全，村组相通的综合交通网络基本形成，投入烟草帮扶资金1.264亿元，建成了8条村村通道路、27条村内道路和1条长41.195千米的环乡旅游大道，新建农村公路里程达90千米。同时投入烟草援助资金353万元，添置了25个公共厕所、30个垃圾处理箱、2个垃圾焚烧站、350盏路灯。投入

烟草帮扶资金1053万元，完成户撒街道改造提升工程，小城镇建设成效显著。投入烟草帮扶资金1326万元，不断完成乡村旅游服务设施建设，强力推进乡村旅游。投资2472万元建设了79个文化活动室，有效解决群众和党员无文化活动场地的问题。投入4764.79万元，完成了隆光、朗光、曼捧、潘乐、户早、项姐等6个村，65个村民小组，2334户中低产田改造项目，共计整治土地19511亩。投入资金678万元，在户早来细村、潘乐村芒旦小组、明社村老混小组等地建设了7个养殖小区；投入资金42.4万元新建2个板鹅加工厂，促进了养殖业向规模化和市场化转变，为群众增收奠定了坚实的基础。朗光、隆光、潘乐、坪山4个贫困村饮水安全巩固提升工程已建成投入使用，安全饮水基本实现全覆盖，通过基础设施大建设，全乡生产生活条件得到极大改善，为打赢脱贫攻坚战奠定了良好的基础。

10. *大力实施精神扶贫工程，确保贫困群众转变观念、思想脱贫*

坚持扶贫先扶“智”，治贫先治愚，着力在精神扶贫上下功夫。深入开展自强、感恩、诚信主题宣讲活动，强化宣传教育和精神扶贫工作，帮助贫困群众摆脱思想观念上的“贫困”。一是主题宣讲聚力量。组建“五用”宣讲队深入贫困村组开展以“感恩、诚信、自强”为主题的宣讲，定期举办道德大讲堂，激发群众干事创业的正能量，转变贫困群众观念。二是文艺演出送政策。利用节假日，积极利用民族节庆、民族活动等重要节点开展“宣传十九大精神，文艺扶贫送小康”等文艺演出活动，通过有奖知识问答、发放脱贫攻坚政策宣传册等方式，使脱贫攻坚政策知识入脑入心。三是嘘寒问暖送爱心。各级帮扶责任人逢年过节深入挂钩户走访慰问，与贫困群众交心谈心，为群众解民忧、办实事，为群众排忧解难。四是移风易俗送文明。在全乡开展移风易俗工作，进一步规范农村生产生活行为，减少群众不必要的开支，减轻群众负担，社会更加和谐。

### （三）党建引领脱贫攻坚，为脱贫攻坚提供坚强保障

户撒乡始终把党的力量挺在脱贫攻坚前沿，坚持脱贫攻坚在哪里，党建工作跟进到哪里；贫困顽疾在哪里，党员作用就在哪里发挥，全力发挥

基层党组织的战斗堡垒和党员干部先锋模范作用。一是夯实阵地建设，筑牢堡垒带脱贫、党建引领脱贫的基础。把整治“村霸”与强化基层软弱涣散党组织整顿提升结合起来，整顿软弱涣散基层党组织 7 个，全乡各党支部活动场所实现 100% 全覆盖，投资 244.696 万元对全乡 99 个村民小组活动场所按照“八有”“七个一”标准完成配备，全乡党员活动室标准化建设基本实现。二是充实干部队伍到基层，优化力量抓脱贫。全乡党员干部主动放弃节假日休息，坚持“5+2”“白+黑”工作制，众志成城全力攻坚。2015 年以来，共有 13 个帮扶单位（省级 1 个、州级 1 个、县级 11 个），派出 35 名工作队员驻村开展脱贫攻坚工作；共有 672 名党员干部参与户撤“挂包帮”工作，开展“转走访”4700 余次。在党员干部的带领下，贫困群众内生动力得到进一步激发，实现了从“要我富”变成“我要富”的转变。三是注重资源整合，“党建+产业”促脱贫。强基惠农“合作股份”经济发展壮大，全乡村级集体经济年产值达到 92.84 万元，11 个村村级集体经济收入实现全覆盖，收入均在 5 万元以上，其中 10 万元以上的村 1 个。突出做好培优树典工作。集中精力、财力、人力打造一批党建示范点，投资 779.048 万元的明社村“四位一体”党建示范点建设完成，投资 1025 万元的坪山村“四位一体”项目基本完成。2015～2018 年，累计发放基层党员带领群众致富贷款 760 万元，党员带领群众致富能力不断提升，涌现出了赵仁朝、许保生等一批党员致富带头人，为群众立好标杆、树好典型。

### （四）强化宣传教育，积极营造脱贫攻坚浓厚氛围

全乡充分利用乡党代会、人代会、群众会等会议形式和报刊、微信平台、广播等新老媒体进行宣传；以开展扶贫对象动态管理、日常工作等为契机，组织广大干部职工进村入户，持续加强对脱贫攻坚相关政策措施的宣传讲解；发放《扶贫手册》《扶贫攻坚政策宣传手册》5000 余份，在乡政府和各村委会显眼位置悬挂以脱贫攻坚为主题的布标 65 条、永久性标语 272 条、大型户外广告牌 3 块，真正做到家喻户晓、人人皆知。同时，利

用“微信公众平台”以点带面进行舆论引导，进一步凝聚全乡干部群众对决胜脱贫攻坚战的强大正能量，营造良好的社会氛围。

## 三　户撒阿昌族乡脱贫成效和经验

通过全乡上下的共同努力，脱贫攻坚工作取得了明显的成效，主要表现在以下 9 个方面。

一是对贫困对象的识别更加精准。本着“应纳尽纳、应退尽退、应扶则扶、应剔则剔”的原则，2018 年户撒乡开展了两轮精准识别“回头看”和两轮贫困对象动态管理，全乡贫困对象实现了从“基本精准”到“更加精准”。

二是贫困群众收入大幅提高。通过全力开展脱贫攻坚，贫困群众致富能力得到提升，贫困地区特色产业效益初显，拓宽了贫困群众增收渠道。2015 年、2016 年、2017 年，全乡农村常住居民年人均纯收入分别为 6496 元、7668 元、8856 元，同比分别增长 15%、18%、15%，群众收入逐年稳健提升，实现贫困群众不愁吃、不愁穿。

三是贫困群众住房条件显著改善。通过实施易地搬迁和分散安置以及农村抗震安居房建设等工程，2016 年至 2019 年初以来共实施建档立卡户易地扶贫搬迁 46 户，完成农村危房改造 1659 户，贫困群众住房得到保障，住房条件和生活环境大幅改观。

四是基础设施不断完善。贫困地区水、电、路、网络、活动场所等基础设施建设瓶颈得到化解，进一步夯实了贫困地区的发展基础，增强了贫困地区发展后劲，群众出行难、吃水难、用电难、网络难等问题得到有效解决。

五是贫困地区社会事业取得长足发展。农村义务教育普及工作得到加强，建档立卡户适龄青少年儿童无因贫辍学情况发生。乡卫生院、村卫生室全面建成，全乡建档立卡户家庭成员 100% 参加城乡居民基本医疗保险，符合条件的家庭成员 100% 参加城乡居民基本养老保险。农村公共文化服务体系建设进一步巩固，农村精神文明建设得到全面加强。

六是贫困群众精神面貌明显改观。通过开展政策宣传、技能培训、保障适龄青少年入学等工作，有效提升了贫困群众的综合素质，贫困地区群众精神面貌得到明显改观，思想认识得到根本性转变，摆脱贫困、谋求发展的愿望更加强烈。

七是党的政策更加深入人心。通过开展脱贫攻坚工作，各级各部门驻村工作队、帮扶干部深入基层、深入群众宣传党的方针政策，帮助贫困地区破解发展难题，全力保障贫困群众生产生活，群众的感恩意识不断加强，党和政府在群众心中的形象和地位进一步提升，群众感党恩、听党话、跟党走的信念更加坚定。

八是脱贫攻坚体制机制更加完善。严格落实中央、省、州、县关于脱贫攻坚工作的决策部署，探索完善脱贫攻坚体制机制建设，形成了政府主导、专项扶贫、行业扶贫、社会扶贫共同发力，开创了“群众干、亲邻拉、社会推、政府帮”的大扶贫格局。

九是干部作风进一步转变。在脱贫攻坚工作中，全乡党员干部深入基层、深入农村，与农村贫困群众同吃同住同劳动，帮助群众出实招，解难题，党员及干部的作风得到转变，能力和素质得到锤炼，党为人民服务的宗旨得到集中体现，党群、干群关系进一步密切。

通过举全乡之力开展脱贫攻坚工作，进一步激发了各级领导干部干事创业的积极性，凝聚了全社会参与脱贫攻坚工作的向心力，增强了贫困地区持续发展的基础和能力，推动经济社会发展水平迈上了新台阶，展示了全乡万众一心的精神面貌，为户撒乡与全省、全国同步全面建成小康社会奠定了坚实的基础。

## 第二节　德昂族的实践——以德宏州芒市三台山德昂族乡为例

### 一　三台山德昂族乡概况及贫困状况

芒市三台山德昂族乡（以下简称三台山乡）是全国唯一德昂族乡，

“‘直过民族’区、地缘战略区、交通枢纽区、绿色生态区、地质矿产区”是全乡特点，全乡德昂族人口4454人，占全乡人口的60.1%，占全国德昂族总人口的22%。三台山乡土地面积158平方千米，辖4个行政村36个村民小组1774户7410人。全乡以种植甘蔗、茶叶、板栗、西番莲、坚果和养殖肉牛、生猪等畜禽为主要经济收入来源，2017年实现农村经济总收入1.67亿元，农民人均纯收入6348元，分别较上年同期增加13.46%、11.8%，增幅均超过全市平均水平。有被列入国家级非物质文化遗产名录的作品《达古达楞格莱标》、德昂族博物馆和出冬瓜古村落等丰富的民族文化成果。平均海拔1015米，距芒市22千米、距瑞丽畹町30千米，曾发生过激烈的邦外远征军抗日阻击战，保留有1938年南洋华侨机工和当地群众合力修建的21千米滇缅公路遗址，有“一山挑两坝、一卡锁咽喉、一乡接六镇”之称，是芒市坝和遮放坝的战略制高点，是兵家必争之地。320国道、龙瑞高速公路、芒瑞大道、大瑞铁路、中缅油气管道、芒市机场飞机起飞变向弯道贯穿三台山，是芒瑞陇一体化建设的重要支点。耕地38705亩（水田2854亩、旱地35851亩），人均耕地5.4亩；林地9710.8公顷，森林覆盖率61.5%。属中切割山区，有丰富的金矿和镍矿储量，目前由海华、华盛两家公司进行开采。

2013年，三台山乡初始建档立卡贫困人口153户532人，贫困发生率7.55%。通过大力推进扶贫开发工作，2014~2017年共脱贫133户500人。2017年，在贫困对象动态管理工作中，新识别建档立卡贫困户20户61人，动态管理后全乡贫困人口98户348人，贫困发生率4.78%；2017年实现脱贫65户252人，年末全乡未脱贫建档立卡贫困户33户101人，贫困发生率下降至1.39%。2018年，通过开展动态管理工作，新识别建档立卡贫困户5户22人，自然增加15人，自然减少1户7人，全乡现有建档立卡贫困户170户631人，其中未脱贫37户122人，贫困发生率1.65%。2018年通过动态管理确定全乡2018年退出贫困人口24户73人，人口自然增加5人、自然减少6人。2018年年末有贫困人口13户50人，贫困人口发生率下降至 0.67%。

## 二　三台山德昂族乡脱贫攻坚实践

### （一）完善制度建设，压实职能职责

一是继续严格落实党政一把手为脱贫攻坚“第一责任人”的职责，实行书记、乡长双组长责任制，班子其他成员为副组长，乡直站办所负责人、村党总支书记为成员的扶贫开发工作领导小组，同时设立以分管脱贫攻坚工作的副书记为主任的乡扶贫开发领导小组办公室。二是继续实行领导挂村干部包组制度，干部驻村值守同吃同住同劳动，积极指导具体帮扶措施，与各村一起研究制定发展思路，明确挂联干部走访到户，为群众出谋划策。三是继续落实“挂包帮、转走访”“万企帮万村”制度，密切与 5 家挂联单位、4 家民营企业的对接联系，互通信息、剖析问题、争取项目，针对贫困户实际，“缺什么、补什么”，编制建档立卡贫困“户打算”。

### （二）强化标准流程，做好贫困退出

根据国务院扶贫办《关于做好 2018 年度扶贫对象动态管理工作的通知》要求，在市委、市政府的领导下，三台山乡结合实际，制定了《三台山德昂族乡 2018 年度扶贫对象动态管理和贫困退出工作方案》，扎实开展好扶贫对象动态管理和贫困退出各项工作。一是精准开展入户调查。由各村动态管理工作组牵头，组织挂村领导、包组干部、驻村扶贫工作队员、党员、村民代表等 110 余人组成村组入户调查队，深入村寨农户，严控时间节点，细算收入账，确保应统尽统，算细算实。二是精心指导工作流程。乡扶贫办认真做好表格填写细化说明，及时组织乡直各部门提供各类帮扶到户项目数据清单，确保到户帮扶措施不留漏洞、应采尽采。同时，针对入户采集的信息，乡扶贫办采用“以点否面”的方式进行抽样审核，并对部分有疑问数据做进一步核查核算，确保做到信息采集真实准确，受到群众认可。三是严格退出程序。由乡扶贫办牵头对全乡 4 个村委会开展扶贫对象动态管理和贫困退出工作，4 个村委会共组织召开村民小组贫情商议

会36场次、村委会评议会4场次、乡级审定会1场次，确定了全乡2018年脱贫24户73人，并将公示结果上报市扶贫开发领导小组审核公告，在全国扶贫开发信息系统中进行标注。

### （三）持续多措并举，实施精准帮扶

2018年，乡党委政府坚持将脱贫攻坚工作作为统领全乡经济社会发展的抓手，认真对照贫困退出各项考核指标，按照“六个精准”的要求，出实招、下苦功、求实效，举全乡之力推进脱贫攻坚工作。具体体现为打好11张帮扶“牌”。

#### 1. 打好“收入牌”

继续坚持按照“长短结合、以短养长、以长促短、长短兼顾”的发展思路，一是发展“企业+合作社+（大户）农户”带动模式，通过“3亿元党员带领群众创业致富贷款项目——帮强带弱”及上芒岗生猪养殖合作社两个项目，为建档立卡贫困户提供额外的资产收益。两个资产收益项目计划于12月底前完成分红。二是通过实施三峡集团帮扶24.25万元项目及2018年农业产业精准扶贫两个项目，直接帮扶全乡有条件的159户建档立卡贫困户发展澳大利亚坚果、甘蔗、砂糖橘、西番莲、生猪、肉牛6类种植养殖产业，为建档立卡贫困户提供产业发展的资金。三是继续发展村集体经济，在2016年和2017年基础上，继续发展村级集体经济，2018年4个村共取得村集体经济收入11万元。四是积极组织农村实用技术培训，在市直部门的帮助下，2018年共组织各类农村实用技术培训50余场、2000人次，其中覆盖贫困人口400人次，进一步提升贫困人口种植养殖技术，打牢产业发展的技术基础。

#### 2. 打好“安居牌

继续在全乡范围内开展农村危房改造及农村人居环境提升工程。全乡2018年投入782.34万元用于农村危房改造263户（拆除重建158户、修缮加固105户），其中对四类重点对象投入63.82万元，改造24户（拆除重建12户、修缮加固12户）；对一般户投入718.52万元，改造239户（拆

除重建146户、修缮加固93户），均已全部竣工，竣工率达100%。投入101.5万元用于农村人居环境提升，改造218户，其中对建档立卡贫困户13户投入6万元，已全部竣工，竣工率达100%。

3. 打好“就业牌”

一是继续鼓励有条件的农村劳动力外出务工，大力宣传贯彻落实“一人打工、全家脱贫”。通过多项实用技能培训，培训人数达1496人次（其中含建档立卡户人口436人次），参加州市人社局组织各类培训并取得证书21人（建档立卡户人口16人）。组织140人（其中包括建档立卡户人口25人、易地搬迁点9人）参加芒市地区现场招聘会。实现转移就业862人（建档立卡户人口58人），乡内市内就业382人、市外省内就业82人、省外就业397人、境外就业1人。二是积极利用本土企业优势，输送6名建档立卡劳动力就近到挂钩企业海华金矿务工。三是针对部分因家中有小孩、老人、病人、残疾人等情况无法外出务工的农户，通过就近设置各类公益性岗位，帮助其增加收入，全乡设置公益性岗位22个，聘用建档立卡贫困户人口10人，带动户均增收6000元。

4. 打好“金融牌”

积极开展扶贫小额信贷工作，通过发放户均不超过5万元的信贷资金，积极帮助贫困户发展种植养殖业及加工业，解决缺少启动资金的问题和临时困难的问题。2018年发放小额扶贫信贷50万元，覆盖全乡建档立卡贫困户10户。

5. 打好“帮扶牌”

利用中国三峡集团帮扶邦外村景颇族精准脱贫项目、上海对口支援项目等，在邦外村大力开展基础设施建设，2018年投资488万元实施通村公路、村内道路、村内人畜饮水建设等14个项目。同时，在具体资金使用过程中，三台山乡严格遵守资金管理使用要求，切实发挥扶贫资金的使用效益，确保资金使用合规合法。

6. 打好“教育牌”

继续加大对《三台山乡进一步加强教育工作实施意见》《三台山乡教

育工作奖励办法》等制度的贯彻落实力度，有力促进教育工作发展。严格落实教育扶贫工作，保障建档立卡户子女有学上、不辍学。在保障义务教育阶段学生“有书读、读得起”的前提下，加大对非义务教育阶段，特别是大学阶段学生的补助、帮扶。2018～2019年，三台山乡建档立卡贫困户有适龄儿童130人，其中学前教育3人、小学67人、初中29人、普通高中6人、职业高中15人、大学10人。全乡小学入学率达99.38%，初中毛入学率达99.5%，适龄儿童少年就学得到保障。同时，大力实施“雨露计划”，资助贫困学生7人；实施非义务教育阶段补助，2018年补助非义务教育阶段学生3人，确保全乡无因贫辍学情况发生，因学致贫的情况也得到相应的改善。

7. 打好“医疗牌”

一是在市卫计局的帮助指导下，进一步规范完善1个乡级卫生院、3个村级卫生室，投入资金43万元，重建1个村卫生室，实现乡有标准化卫生院，村有标准化卫生室的目标。二是严格落实《云南省健康扶贫30条措施》和上级健康扶贫各项政策，大力推进家庭医生服务工作，实现建档立卡贫困人口家庭医生签约服务率达100%，帮助建档立卡贫困户全额助缴城乡居民基本医疗保险和大病保险，坚决杜绝建档立卡户医疗支出占用大部分家庭收入的情况发生。三是加强健康扶贫政策宣传，家庭医生签约服务共入户1274户，其中有建档立卡户170户，发放宣传册170册、宣传单170份、资料袋170个，开展知识讲座3场次及知识宣传活动2场次，受教育群众700余人次，让群众对家庭医生更加熟悉，防病意识进一步增强，健康扶贫政策知晓率和满意度得到大幅提升。针对13类19种大病，2018年集中救治3人次（均为白内障患者），认真落实“四重保障”，帮助建档立卡贫困户人口220人次减轻医疗负担。

8. 打好“生态牌”

严格执行生态扶贫政策，2018年发放建档立卡贫困户生态效益补助金0.96万元，35户受益，退耕还林补助金3.39万元，41户受益。在林区聘用43名群众担任生态护林员及天然停伐管护员，对其中38名建档立卡户人员，每人每月给予833元的补助，为无法外出务工的贫困群众增加了务工收入。

9. 打好“基础牌”

一是加强路网建设。紧紧围绕群众关注的“出行难、饮水难”等基础设施问题，积极向上争取项目资金。投入3561万元启动实施了邦外三组至芒市大河、拱别新寨至320国道、允欠一组至老国道等13条农村道路建设，总里程达47.66千米。二是加强水网建设。启动光明人畜饮水工程、马脖子人畜饮水工程，2018年底建设完工。三是加大电网建设。启动实施芒瑞大道沿线三台山至遮放坝托220kV输变电架设工程。实现4个行政村均有通村硬化道路，宽带网络全覆盖到村委会和学校，全面保障人畜饮水、生产生活用电等基本需求。

10. 打好“搬迁牌”

2016～2017年通过实施2个易地扶贫搬迁点建设，实现了顺利搬迁68户247人（下芒岗38户145人、邦外三组30户102人），其中建档立卡贫困户6户21人（下芒岗3户10人、邦外三组3户11人），竣工入住68户247人，入住率100%。全乡按照“搬得出、稳得住、能致富、精神好”的总目标，结合各村实际，坚持因地制宜、因户施策的方式，计划投入66万元启动实施邦外三组集中养殖场、文化活动室附属设施及场地硬化、生产道路挡土墙等项目，通过发展产业，帮助解决搬迁人口的后续生产生活问题。

11. 打好“民生牌”

认真开展低保对象精准识别工作，全乡符合低保条件的对象有191户598人，覆盖建档立卡贫困户41户126人；在册五保户4人，发放五保供养金5500元；发放优抚慰问金、三难补助金共计4万元，有效做好各类社会兜底扶贫工作和临时救助工作。

### （四）做好党建工作，推动党建示范效应

一是抓实素质提升教育。举办2期“万名党员党校”、24期“新时代

德宏讲习所”活动，对全乡党员干部进行全覆盖的集中轮训。以“三培养”为抓手，把发展农村党员同培养村、组后备力量和乡土人才结合起来，成立三台山乡青年人才党支部。推进农村带头人培养工程，推选了一批党支部书记，如早内村苟有生、允欠二组赵早诺、帮弄村石早门、常兴寨李云安等先进典型。鼓励学习身边先进，激励争优，树立政治引领、服务群众意识，增强基层党组织带领群众致富的能力。二是规范组织活动阵地。按照标准开展党支部规范化建设达标创建工作，完成2018年内建成规范化党支部21个（农村党支部19个，机关党支部2个）的目标。提高4村综合服务平台办理事项，促进乡村信息化建设，实现了基层“党建+网络”双促双推。建立党支部季度督查制度和奖惩机制，强化村民小组活动室管理、使用，提升“十位一体”功能。三是狠抓“党建+”基础工程。坚持按照“长短结合、以短养长、以长促短、长短兼顾”的发展思路，引导群众在巩固粮、蔗、茶、畜等传统产业的基础上，大力发展澳大利亚坚果、西番莲、咖啡、香蕉、生猪、肉牛、民俗文化等产业，做大做强特色产业文章，建成了澳大利亚坚果、甘蔗种植和肉牛养殖党员示范基地。同时，培养了一批坚果种植大户苟有生、肉牛养殖大户赵自光、民俗文化带头人赵玉叶等产业发展党员示范标兵。引导成立了勐丹养殖专业合作社、卢姐萨养牛专业合作社、早内种植专业合作社等多个可看、可学、具有示范作用的专业合作社。截至2018年底，全乡共有农民专业合作社25个，合作社组织入社457户1828人。

### （五）强化监督执纪，提供坚强纪律保障

通过在扶贫资金管理使用、扶贫项目实施管理、扶贫政策和措施落实、各级监督反馈等方面开展监督执纪问责工作，建立完善了制度体系，层层压实主体责任和监督责任，全面落实从严治党要求，加大扶贫领域思想政治、廉政建设力度，完善廉政风险防控机制。2017年以来，坚持每月到两个贫困村进行抽查，并对建档立卡户进行随机走访，对脱贫攻坚产业发展、入户帮扶情况等动态进行抽查；对动态管理工作开展跟踪问效。对扶贫领

域的问题线索，坚持严查快办，查处一起，曝光一起。

## 三　三台山德昂族乡脱贫成效和经验

通过努力，全乡脱贫攻坚工作取得了明显成效，主要体现在“增收”“固房”“强基”“益民”“壮农”“思进”“同心”等多个方面。

一是收入得到大幅增长。通过多方努力，贫困群众致富能力得到全面提升，种植业、养殖业发展迅速，有效拓宽了贫困群众的增收渠道。全乡农村经济总收入从2014年的1.06亿元增长到2017年的1.67亿元，农村常住居民人均可支配收入从2014年的4518元提高到2017年的6348元，增加了1830元，增幅为40.5%，实现贫困群众不愁吃、不愁穿。

二是住房得到安全保障。通过开展农村危房改造工作，完成263户的农村危旧房屋改造工作，进一步提高了农村群众的居住条件；完成218户农村人居环境提升改造，进一步提高了农村群众人居环境水平，贫困群众住房安全得到有力保障，住房条件和生活环境得到大幅改观。

三是基础得到不断夯实。脱贫攻坚工作开展4年多来，共投入资金6600余万元，解决水、电、路、网络及活动场所等基础设施建设，进一步夯实了发展基础，增强了发展后劲，有效解决了群众出行难、吃水难、用电难等问题。

四是社会事业得到长足发展。农村义务教育得到全面加强，全乡无因贫辍学情况发生，特别是建档立卡贫困户适龄青少年儿童就学得到全面扶持，全面减轻上学负担。村级卫生室实现标准化建设，全乡建档立卡贫困户均已建立居民健康档案，基本医疗和大病保险覆盖率达100%；家庭医生签约服务率达100%。公共文化服务进一步丰富，农家书屋全面建成，藏书逐步丰富，农村精神文明建设得到全面加强。低保政策全面精准，逐户核实低保户生活状况，公开评议低保对象，实现低保对象全面精准。

五是产业得到调整优化。通过项目实施，全乡产业结构得到优化，截至2017年底，种植甘蔗12537亩，年产值2948.62万元，带动建档立卡户

77户284人；种植茶叶5812亩，年产值360万元，带动建档立卡户26户106人；种植玉米18100亩，年产值1288.4万元，带动建档立卡户146户548人；种植坚果29805亩，年产值480万元，带动建档立卡户93户373人；牛存栏4812头、出栏2304头，年产值921万元，带动建档立卡贫困户87户304人；生猪存栏8277头、出栏6034头，出售仔猪12288头，年产值1154万元，带动建档立卡贫困户88户308人。

六是思想得到教育提高。通过各类产业帮扶、就业扶持措施的不断实施，结合开展“感恩思进”等各类宣传、教育活动，贫困群众不断融入市场经济之中，开阔了贫困群众的眼界、思路，逐步改变了贫困群众的“等、靠、要”思想观念，从“要我发展”转变为“我要发展”，自我发展内生动力得到增强。

七是氛围得到营造融合。通过开展脱贫攻坚工作，各级各部门驻村工作队、帮扶干部、包组干部深入村寨、深入群众宣传党的方针政策，帮助贫困群众破解发展难题，进一步密切了党群、干群关系，党和政府在群众心中的形象和地位进一步提升，激发了干部干事创业的积极性，凝聚了全社会参与脱贫攻坚的向心力，增强了贫困地区持续发展的基础和能力。

## 第三节 景颇族的实践——以德宏州陇川县勐约乡为例

### 一 勐约乡概况及贫困状况

勐约乡位于陇川县东南部，是景颇族聚居乡，距县城章凤35千米，是陇川县2个贫困乡之一。勐约乡现有8173人（2017年），以景颇族、汉族为主，是多民族混居地，其中景颇族5634人，人口占比为69%。辖营盘、广瓦、邦中、邦瓦、瓦慕5个行政村，45个村民小组。土地面积200.15平方千米，最高海拔1680米，最低海拔872米，境内有龙江、勐约河等9条江河贯穿全乡，总长度80千米，现有耕地40769亩，其中水田8021亩，旱地32748亩，人均耕地5.57亩，森林覆盖率65.55%。经济作物主要有甘蔗、蚕桑、核桃、褚橙等。畜牧业以养殖猪、牛、羊为主。2017年全乡农村经济总收入16388万元，农村常住居民人均可支配收入9078元。2014年以来，通过严格的贫困人口精准识别和每年进行的动态管理工作，国办系统锁定建档立卡贫困户924户3360人。据调查，通过全力开展精准扶贫工作，全乡现已脱贫892户3292人，未脱贫32户68人，2018年底，贫困发生率由原来的36.5%降到了0.97%。

## 二　勐约乡脱贫攻坚实践和经验

在贫困人口动态管理方面，勐约乡确保贫困人口识别精准，坚持精准扶贫、精准脱贫。强化精准扶贫信息化动态管理机制，不断核实精准扶贫相关内容，确保每个贫困户的基本情况、致贫原因、脱贫措施和帮扶责任人等一目了然、实时更新。强化贫困人口数据库的动态管理，切实做到脱贫及时退出、返贫及时纳入的规范化统计。一是对现有建档立卡贫困户进行甄别，对违规纳入、识别不精准的建档立卡“贫困户”坚决剔除，做到应退尽退，确保无错评人口。二是针对非建档立卡农业户籍农村常住人口，凡符合国家扶贫标准应纳入建档立卡贫困人口管理的，做到应纳尽纳，确保无漏评人口。三是对认定脱贫的建档立卡贫困人口再进行核实，凡未达到“两不愁、三保障”的，标注为脱贫返贫人口，做到应扶尽扶，确保无错退人口。2018年勐约乡通过建档立卡动态管理，剔除2户9人，新识别9户19人，返贫7户14人，脱贫退出13户43人。

### （一）建立健全组织领导和顶层设计

#### 1. 在组织领导方面，强化组织领导，健全脱贫攻坚指挥体系

勐约乡将脱贫攻坚及巩固脱贫成果作为“最大的民生工程”，积极借助挂钩帮扶单位、驻村工作队员等力量，选优培强驻村第一书记，扎实推进扶贫开发工作。建立信贷担保机制、考核机制，将扶贫工作目标量化，

按照包保责任“定人、定点、定户”，将每项工作具体落实到人，将工作完成情况纳入目标考核机制，实行奖惩。同时，抓好村级干部队伍建设，通过多方面、深层次的宣传教育，实践锻炼，使村干部充分掌握基本技术，为当地发展起到出谋划策的作用。为确保脱贫攻坚工作落到实处，勐约乡每个村委会至少有1名县处级挂钩领导全面负责脱贫攻坚工作，实行严格责任制。积极履行属地管理职责，组建乡脱贫攻坚指挥部，统筹全乡及挂钩单位资源。同时，每个村委会至少有2名乡党委政府班子成员挂钩联系其脱贫攻坚工作，全乡5个村委会45个村民小组分别由乡政府61名干部职工挂钩联系，做到每一个村都有1名领导挂包，每一户都有干部结对帮扶，精准选派驻村第一书记，5个村委会均配备第一书记。同时，乡脱贫攻坚指挥部还下设综合办（协调乡村组、工作队员）、勐约“十人组”（主要负责数据的收集、录入，维护脱贫攻坚大数据平台）、项目管理组、民房建设组、贷款组、监察监督组，确保勐约乡脱贫攻坚工作有序推进。

2. 在规划设计方面，强化规划引领，突出精准导向

按照“乡有规划、村有方案、组有计划、户有措施”的要求和突出问题导向的原则，勐约乡围绕产业培育、基础设施改善、村级集体经济组织建设、贫困人口减少、增加农民收入等目标逐村把握脱贫需求，以定目标保期限、定时间保进度、定帮扶保责任、定产业保增收、定设施保改善、定培训保就业、定技能保致富、定考核保实效“八定八保”为内容，科学编制了勐约乡脱贫攻坚规划和实施方案，紧紧围绕脱贫摘帽的目标，算好时间账，绘好“路线图”，挂图作战。同时，在准确掌握每户贫困户致贫原因的基础上，按照“一户一法”要求，以产业扶持、技能培训、就业创业、社会保障为重点，分类分户确定帮扶措施和责任人，确保“一户一本台账、一户一个脱贫工程、一户一套扶贫措施”，实现增收致富项目到户、帮扶责任到人。

3. 在工作纪律方面，强化纪律约束，为脱贫攻坚保驾护航

勐约乡严明纪律，为脱贫攻坚战提供保障。坚持问题导向，重点围绕

脱贫攻坚“六个精准”总体要求落实情况，针对脱贫攻坚中不作为、慢作为、乱作为问题以及扶贫资金管理、项目运行、资源调配等关键环节开展监督检查。重点解决党员干部用扶贫资金大吃大喝、请客送礼、私分滥发、变相旅游和奢侈浪费以及截留、挤占、挪用、拖欠、套取、骗取扶贫资金等问题，解决干部在脱贫攻坚项目管理方面滥用职权、以权谋私、优亲厚友、弄虚作假、虚报冒领、挥霍浪费等问题，确保每分“救命钱”“造血钱”真正用于贫困群众。坚持将脱贫攻坚监督检查工作作为重中之重，并将其纳入党风廉政建设工作的重要内容。加强对脱贫攻坚督查的组织领导，从严落实督查制度，层层压实督查责任，确保脱贫攻坚推进到哪里，监管就跟进到哪里。坚持纪律和规矩挺在前面，畅通举报渠道，广泛收集问题线索，对涉及脱贫攻坚的违纪问题零容忍，发现一起，严肃查处一起。坚持典型案例分级通报曝光制度，向社会点名道姓公开曝光典型案例。一是乡党委政府主要领导与挂村分管领导、包村干部、工作队员分别签订承诺书，全乡干部、各级挂联单位工作队员严格按照相关纪律要求认真开展走访调研，积极争取资金、项目，想方设法为贫困户脱贫出点子、谋出路；二是经常通过组织观看警示教育片、集中传达腐败典型事例等方式，对乡村两级干部开展专题廉政教育，筑牢“拒腐防变”思想底线；三是以明察暗访、交叉检查、专项检查、重点抽查等方式，开展扶贫项目推进落实情况监督检查，对扶贫项目资金的使用进行全程跟踪；四是将脱贫攻坚工作纳入年度目标考核，作为干部职工评优评先的重要依据，对在脱贫攻坚工作中不作为、慢作为、工作不力的党员干部，做到发现一名，查处一名，并通报曝光。

### （二）推进“五个一批”促进精准脱贫

#### 1. 优化产业，促进群众增收

一是发展传统产业。勐约乡着力发展甘蔗、玉米等传统种植业。2018年，勐约乡榨季甘蔗收获面积达20565亩，总产量88486吨，实现产值3923.7349万元。二是大力发展特色产业。2018年，全乡蚕桑种植实现宜种区域全覆盖，共收获蚕茧 3400 张，创造经济价值 750 余万元。[①] 此外，根据山区地形、植被丰富的特点，并结合甘蔗和玉米种植面积大，青饲料储备条件好的特点，积极发展养殖业。勐约乡在 5 个村委会成立壮大村集体经济合作社。截至 2018 年，勐约乡已建成标准养牛场 4 个、养猪场 3 个、养羊场 5 个，成立养牛合作社 3 家、养猪合作社 3 家、养羊合作社 5 家。2018 年全乡生猪存栏 6678 头，出栏 7908 头；大牲畜存栏 5425 头，出栏 1050 头；羊存栏 2212 只，出栏 1648 只；家禽存栏 55352 羽，出栏 62586 羽。[②]

2. 实施教育扶贫，加快推进义务教育均衡发展

通过实施东西协作、"雨露计划"等教育扶贫项目，2018 年年底，勐约乡累计投入教育补助资金 505.6150 万元，帮扶建档立卡贫困户学生 1976 人次，2015～2016 年资助学生 621 人共计 132.9550 万元，2016～2017 年资助学生 665 人共计 173.8760 万元，2017～2018 年资助学生 690 人共计 198.7840 万元，实现贫困户中适龄青少年儿童教育帮扶全覆盖，建档立卡贫困户子女在义务教育阶段无辍学情况发生。全乡适龄少年儿童在校学生 705 人（其中建档立卡户家庭的义务教育阶段学生人数为 473 人），适龄儿童入学率为 100%，无辍学学生，初中毛入学率为 100%。学前教育、义务教育协调发展，教育硬件设施和教学质量实现双提升。

3. 实施搬迁扶贫，全力做好民房建设工作和易地搬迁工作

勐约乡建档立卡户有 924 户 3360 人，原有 3 户 D 级危房未达标（3 户均为未脱贫建档立卡户），通过建设于 2018 年 12 月 20 日完工入住。2014～2018 年，全乡共实施 C、D 级危房改造 1427 户，投入资金 6338.0719 万元。涉及建档立卡户 665 户，投入建设资金 3550.65 万元。其中，拆除重建 638 户，投入资金 3505.75 万元；修缮加固 27 户，投入资金 44.9 万元。涉及非建档立卡户 610 户，投入建设资金 1570 万元。其中，拆除重建 561

① 参考勐约乡人民政府办公室提供《勐约乡脱贫攻坚基本情况》（2019 年 2 月）。

② 参考勐约乡人民政府办公室提供《勐约乡脱贫攻坚基本情况》（2019 年 2 月）。

户，投入资金1396.5万元；修缮加固49户，投入资金173.5万元。有152户被纳入易地搬迁三年行动计划，其中建档立卡贫困户101户，补助资金987.9219万元；非建档立卡贫困户51户，补助资金229.5万元。已脱贫的892户贫困户房屋结构体系整体安全稳固，均达到A、B级标准。

4. 实施生态扶贫，保护青山绿水，强化生态补偿脱贫

勐约乡充分利用生态资源优势，将进一步强化森林资源保护和拓宽困难群众增收途径有机结合，整合各类林地管护项目，利用国家生态公益林及天然林保护资金和未成林造林保护工程资金聘用建档立卡贫困户人员为生态护林员53人。其中中央生态护林员12人，每人每月补助657元；省级生态护林员20人，每人每月补助591元；县级生态护林员21人，每人每月补助438元。抓好经济林提质增效，支持贫困群众发展特色经济林产业，2014～2018年累计发放生态脱贫项目补助资金28.96万元。

5. 实施社会兜底保障扶贫，社会保障制度进一步完善，民生工作得到落实

落实好农村最低生活保障兜底脱贫政策。为进一步规范和完善城乡居民最低生活保障与扶贫工作有效衔接，根据《德宏州城乡低保对象精准识别专项行动方案》要求，在全乡范围内开展一次城乡低保对象精准识别专项行动，对全乡正在享受低保的人员进行100%入户调查，精准识别全乡城乡低保对象及困难居民家庭，进一步规范城乡低保工作程序，做到整户识别、整户施保、应保尽保、应退尽退、动态管理。彻底解决“按人施保”和不符合政策但又享受城乡低保的问题。组织全乡干部职工、村三委召开勐约乡财政供养人员直系亲属有无建档立卡贫困户和低保人员情况核查会议并填写个人事项报告表，杜绝“人情保”“错保”的发生。通过精准识别，全乡现有低保户192户347人，覆盖建档立卡贫困人口143户297人，建档立卡与低保重合率85.6%。对建档立卡贫困人口精准落实特困人员供养救助政策，全乡共有特困供养人员16人，其中建档立卡贫困人口7人，非建档立卡贫困户中完全或部分丧失劳动能力的已全部纳入低保或特困人员救助供养范围。

### （三）着力实施专项扶贫加快发展

1. 实施社会扶贫，整合帮扶力量资源，切实让群众得实惠

勐约乡对口帮扶挂钩单位共有 11 家，工作队员 28 人。扶贫攻坚工作开展以来，各挂钩单位结合本部门和定点挂钩村寨实际，切实履行职责，充分发挥优势，2017 年共筹资 2935.26 万元，在基础条件提升、产业发展增收、禁毒戒吸扶贫等方面提供了大力的精准帮扶，切实为贫困村、贫困户解决了存在的困难和问题。“中国光彩事业德宏行”勐约乡肉牛养殖项目资金 540 万元，已采购发放肉牛 900 头；“中国光彩事业德宏行”蚕桑种植项目投入资金 660 万元，每亩扶持 600 元用于购买桑苗，每亩扶持 1600 元用于蚕棚建设和购置方格蔟，其中 1600 元为无息滚动资金，到期收回后用于其他建档立卡农户发展蚕桑产业。三峡集团在帮扶陇川县景颇族精准脱贫攻坚项目中，投入项目资金 163 万元用于扶持肉牛养殖，每头补助 5000 元；投入 170 万元用于扶持生猪养殖，每头补助 1000 元；投入 25 万元用于扶持蚕桑种植，经验收合格后每亩给予 600 元用于种苗补助，每亩给予 400 元用于蚕棚建设补助；扶持景颇族建档立卡贫困户每户 6 万元用于建房补助，给予景颇族非建档立卡户每户 3 万元的建房补助。

2. 实施健康扶贫，构筑基本医疗保险、大病保险、医疗救助、医疗费用兜底医疗“四重保障”

勐约乡认真贯彻落实《云南省健康扶贫 30 条措施》，对建档立卡户实施精准帮扶。推进新农合和大病保险 100% 全覆盖，提高贫困人口大病费用实际报销比例；严格实行“先诊疗后付费”和“一站式”结算机制，2018 年全乡建档立卡贫困户“四重保障”实际报销的住院总费用为 2131689.75 元，住院医疗个人合规费用报销比例达到 90%。全面推行家庭医生签约服务。

3. 实施劳动力转移就业扶贫，积极帮助贫困人口转移就业

积极开展挖机、装机、叉车技能培训；种桑养蚕、畜牧养殖、林业资源投资等农村实用技术培训。2016 年组织建档立卡户劳动力 146 户 176 人

参加转移就业培训，补助资金 115680 元；2017 年组织建档立卡户劳动力 41 户 41 人参加转移就业培训，补助资金 257685 元；2018 年帮助建档立卡户 29 户 33 人实现转移就业。针对部分因家中有小孩、老人、病人、残疾人等情况无法外出务工的农户，通过就近设置各类公益性岗位，帮助其增加收入。全乡设置公益性岗位 83 个，聘用建档立卡贫困户人员 83 人，带动户均增收 6000 元。

4. 实施金融扶贫，通过政策性金融贷款，政府给予一定的贴息支持

发放小额信贷用于建档立卡户发展种桑养蚕、畜牧养殖等，最高可贷 5 万元，最长还款期限为 3 年。勐约乡积极向县扶贫办争取小额信贷，加大建档立卡贫困户扶持力度，2018 年，勐约乡共发放小额信贷 826 万元鼓励农户发展种桑养蚕、畜牧养殖。2014 ~ 2018 年年底，累计投入产业扶持资金 3800.148 万元，发放小额信贷 2441.8 万元。

### （四）党建引领素质提升激发内生动力

1. 强化基层党建与推动扶贫开发“双推进”

始终贯穿“以党建带扶贫，以扶贫促发展”的工作思路，以开展“两学一做”学习教育和村“两委”换届工作为契机，强班子、壮队伍、拓富路。推行“致富党员 + 贫困户”的结对帮扶模式，2015 ~ 2018 年，为 100 多名党员争取“创业致富贷款”1310 万元，带动群众增收致富。充分发挥党组织在民房建设、易地搬迁、贫困户精准识别、产业扶持、项目建设中组织群众、动员群众的作用，让党组织真正站到扶贫开发“前台”，真正居于扶贫开发“第一线”，切实增强了党组织推动发展、服务群众、凝聚人心、促进和谐的能力，为建成全面小康社会迈出坚实步伐。全乡 45 个村民小组活动室已全部建成投入使用，并按照“八有七个一”要求进行了配备。在 5 个村委会成立壮大村集体经济合作社，2018 年勐约乡 5 个村集体经济创收均超过 3 万元。

2. 加强思想教育，推进素质提升工作

一是以多种会议形式，召开乡村组脱贫攻坚动员部署工作会，明确目

标任务及工作要求，深入走访宣传，让群众透彻了解政策知识，积极参与到脱贫攻坚工作中。二是在进乡村组道路沿线、村寨明显位置采用布标、展板、户外广告、喷绘等多种形式宣传脱贫攻坚政策，同时将社会主义核心价值观粘贴画覆盖到各家各户，提升群众知晓度。三是以感恩思进，崇德向善为依托，紧紧围绕习近平总书记重要讲话精神宣传示范点建设，开展道德大讲堂和十九大“感党恩、话脱贫”活动 270 场次，让全乡各族群众牢固树立自强、诚信、感恩意识。

3. 充分发挥群众在脱贫攻坚中的主体作用

教育引导广大贫困群众解决好“意识贫困”和“思想贫困”问题，“创新试，主动干，大胆闯”依靠自身力量勤劳致富奔小康。教育引导广大干部群众克服消极厌战、松劲歇气、懒惰厌烦心理，列出时间表，理出路线图，一步一个脚印，一户一套方案，滴水穿石，常抓不懈，抓常抓长，久久为功，决战决胜。大力开展农业实用技术、职业技术、脱贫技能教育，扶贫扶智，精准培训，切实帮助贫困群众找到符合实际的脱贫路子、对症有效的脱贫良方、适用可行的脱贫技能，提高自我“造血”功能。培育一大批有知识、有能力，敢闯市场的新型农民，提高农村专业合作经营组织化程度，不断提高农民的自我发展能力、市场竞争力，促进农民增收。

4. 强化宣传引导助推扶贫攻坚

一是不断总结扶贫宣传工作的成功经验，创新宣传工作方式方法，努力提高新时期扶贫开发宣传效果。勐约乡加大对致富先进典型案例的宣传力度，以立标杆、树榜样，先富带后富、后富学先富的方式，示范带动周边群众共同致富；二是加大脱贫成功案例宣传力度，切实把经过长期实践切实可行的项目宣传出去、推广开去，支持鼓励群众放心投入、大胆尝试，真正把脱贫愿望转化成实实在在的脱贫行动；三是加大扶贫先进人物宣传力度。深入挖掘和宣传好扶贫攻坚过程涌现出的先进人物、先进事迹，树立榜样、鼓舞士气，吸引更多力量参与脱贫攻坚。

## 三 勐约乡温泉小组景颇族精准脱贫实践

温泉小组隶属于勐约乡广瓦村，距乡政府5.5千米，总人口47户181人，为纯景颇族自然村。全村建档立卡贫困人口20户69人，未脱贫1户2人。全村现有耕地546亩，其中水田118亩，旱地428亩，有林地689亩。2018年全村农村经济总收入489万元，人均可支配收入10718元。2015年脱贫攻坚工程启动以来，温泉村发生了天翻地覆的变化，所有农户都住上了安全稳固的住房，村内道路全部变成了水泥路和石板路，牛圈、排污、亮化等设施完善，全村焕然一新，一个美丽的新农村在龙江河畔屹立。温泉村精准扶贫的实践方案有以下几点。

1. 强化规划引领

依托现有的地形地貌和自然条件，依山就势进行规划设计，避免大开大挖，造成投资浪费，力求保持错落有致的乡村风貌，同时兼顾景颇民族特色，聘请省城乡规划设计院对温泉村进行规划设计，最终制定了《温泉村发展规划》。

2. 重点突出基础设施建设

温泉村着力进行交通、电网、人畜饮水工程等基础设施建设。村内道路四通八达，9条路（入户道路、步行道、养殖小区专用道路等）建设、电网改造和路灯架设完成；人畜饮水工程为200余人和有300头肉牛的养殖小区饮水、消防提供保障；同时，还建设中心小广场、农村超市、农尚房、公厕、垃圾池、“中国罐”污水处理等公共服务设施和绿化工程。通过基础设施建设，温泉村及周边吕中一、二组，广瓦新寨一、二、三组等村寨的通村道路、农田灌溉、生产道路等条件得到极大改善，人居环境得到非常大的提升。

3. 全力推进民居建设

“愁吃愁穿能解决，愁住问题难解决”，温泉村原有D级危房36户，全部是空心砖房或茅草房，毫无抗震抗灾能力，要脱贫首先要消除这些危房。一是争取政策支持。采取建房“补 6”或“补 3”支持农户建新房，“补 6”是指建档立卡贫困户建房可申请中国三峡集团景颇族精准帮扶 6 万元建房补助；“补 3”是指其他非建档立卡农户建房可申请中国三峡集团景颇族精准帮扶 3 万元建房补助。同时，温泉村计划采取钢结构方式建房，钢构款将通过争取相关项目资金予以解决，群众只需承担土建部分产生的费用。二是统一规划设计。按照“节约、实用和体现民族特色”的理念和“人畜分离、厨卫入户、开墙透绿”的原则设计出两种景颇族户型，一种是建筑面积 128 平方米，投资 13 万元；另一种是建筑面积 175 平方米，投资 16 万元。三是统规联建。充分发挥群众在民居建设方面的主体作用，召开群众大会选举成立了温泉村村民理事会，由村民理事会统筹民房建设和资金管理，并聘请工程建设监理全程监控民居建设质量、进度、安全。

4. 不断调整优化产业结构

发展产业是群众实现脱贫摘帽增收的根本支撑，按照“长短结合、短促脱贫、长促增收”的目标，因村因户施策，大力培育特色产业，做到产业扶持精准到户。一是继续巩固提升甘蔗产业。通过农业技术培训、加强中耕管理，进一步提高甘蔗平均单产，提高群众收入。二是大力扶持桑蚕产业发展。温泉村拥有气候、劳动力、土地资源等优势。三是探索发展高原特色水果种植和乡村旅游。引进褚橙集团落户温泉村，试种伦晚、春见等脐橙品种，还计划依托褚橙庄园、农户桑园和温泉景颇示范村探索开展乡村特色旅游，通过动员群众开设农家乐、客栈、民族手工艺品商店等方式，提高温泉村旅游开发吸引力和当地群众收入。四是加快发展村集体经济。投资建设 300 头养殖规模的温泉村标准肉牛养殖小区，按照“公司 + 合作社 + 建档立卡贫困户”和实现三方利益共享的模式，组建了振广农业专业合作社，建档立卡贫困户通过产业扶持到户项目入股合作社，参与利益分成。

5. 努力提高群众认识，转变群众思想

扶贫先扶志，思想上的彻底转变是阻断贫困代际相传的根本途径。自开展脱贫攻坚工作以来，温泉村在基础设施、民房民居、产业发展等方面取得了翻天覆地的变化，伴随着这些变化，温泉村群众思想上也在潜移默化中进步。一是群众管理村内事务的“主人翁”意识得到进一步加强。成立了温泉村党支部、村民理事会、护村队，配齐配强村干部，通过充分调动群众的积极性，发挥群众在维护村内环境、化解村内矛盾，村内建房等方面的主体作用，切实做到“温泉村的事就是我的事，就是全体村民的事”。二是通过带领群众走出去，带领群众考察红河、弥勒、楚雄紫溪彝村等地，请相关专家进村进行景颇文化、种植养殖等方面授课以及挂钩干部入户动员宣传，让群众切身体会到温泉村当下享受的政策支持，让他们找准问题，转变思想，相信只要通过勤劳的双手就能创造更加美好的生活，切实实现由“要我富”向“我要富”的转变。

脱贫攻坚让温泉村发生了天翻地覆的巨变，全面消灭了危房、解决了温泉村交通问题、水电问题、社保问题、教育问题和网络问题，这种变化是空前的。温泉村群众深感，这一巨变是在党和国家对边疆人口较少民族的关怀下取得的，是挂钩领导和挂钩单位真心帮助的结果。全村人感激不尽，大家都表示将铭记恩情，认真抓产业、谋发展，将生活过得更好。

# 第七章
# 云南人口较少民族贫困治理实践：怒江傈僳族自治州

## 第一节　独龙族的实践——以贡山县独龙江乡为例

### 一　独龙江乡概况及贫困状况

云南省怒江州贡山县独龙江乡是全国唯一的独龙族聚居区，地处中缅、滇藏结合部，国境线长 115 千米，独龙江乡面积 1194 平方千米，其中耕地面积 3045 亩，人均仅 0.71 亩。境内最高海拔 4969 米，最低 1200 米，高差达 3769 米，山高谷深，沟壑纵横，形成封闭式的地理环境。独龙江乡辖马库、巴坡、孔当、献九当、龙元、迪政当 6 个行政村、41 个村民小组，人口 4272 人，独龙族人口占总人口的 99%。

独龙族长期处于整族深度贫困状态，独龙江乡也一直是全省乃至全国最偏远、最封闭、最贫困的乡镇之一。究其致贫原因，有以下几点。①自然环境恶劣，基础设施建设落后。由于特殊的自然地理条件，交通不便一直是制约独龙族发展的最大瓶颈。1965 年，在党委政府和驻军部队帮助下，修建了全长 65 千米的人马驿道。从贡山县城到独龙江乡政府所在地巴坡村单边行程也要步行 3 天才能到达。1999 年，国家投资 1 亿多元修通全长 96 千米的独龙江简易公路，独龙族才告别了人背马驮的原始运输时代，有了自己的公路，但路面等级低，需要翻越海拔 3300 多米的雪山，每年仍有半年时间大雪封山，与外界隔绝，群众出行仍然不便。直到 2004 年，乡政府驻地从巴坡搬迁至孔当后，中国移动云南公司克服重重困难，为乡政府驻地开通了 GSM 移动通信网络，才结束了一个民族不通电话的历史。直到 2014 年独龙江隧道贯通，才结束了独龙江乡半年大雪封山与外界隔绝的历史。②社会发育程度低，产业结构单一，发展相当薄弱。独龙族是“直过民族”，20 世纪 50 年代，独龙族群众从原始社会末期直接过渡到社会主义社会。独龙族过去生产生活方式落后，干部群众整体素质不高，多数群众基本靠退耕还林补助及农村低保补贴生活。独龙江乡所处纬度较高，冬霜期及大雪期时间较长，受自然条件影响，农作物种植品种单一有限，养殖业零星点状分布，基本不成规模，属于“靠天吃饭”的状态。③教育卫生事业及公共服务滞后。由于独龙族群众观念落后，接受现代教育意愿不强，加上教育基础设施建设不足，独龙族群众受教育水平十分低下，文盲率极高。直到 2012 年，独龙族人均受教育年限仅为 6.46 年，文盲率依然高达 33.07%。同时，医疗卫生等公共服务建设也相对滞后，独龙江乡仅有一所卫生院和 6 个村卫生室。④生态保护任务繁重。独龙江乡处于“三江并流”腹地，是限制开发区，境内 88.26% 的面积被纳入高黎贡山国家级自然保护区范围。“饿着肚子看风景”是对独龙族贫困群众生活的真实写照。⑤思想观念落后、发展意识薄弱，人才缺乏。独龙族是“直过民族”，由于受地理条件的制约，与外界的交流较少，群众思想观念保守封闭，市场经济意识薄弱。生产生活对自然的依赖程度较高，劳动技能简单单一，现代技术技能水平十分低下。自主发展意识不强，“等、靠、要”等依赖思想比较严重。加上，独龙族群众受教育水平很低，多数在外受过教育的年轻人又不愿返乡，加上独龙江乡条件制约，极少有人愿意到此就业。就算是公务员、事业单位工作人员，人才流动性也很强。人才队伍严重缺乏，导致独龙江乡发展困难重重。

## 二　独龙江乡脱贫攻坚实践

1. 坚持高位推动省级统一规划统筹，整乡推进，整族帮扶

在实施独龙江乡整乡推进独龙族整族帮扶工作中，最鲜明的特征是始终坚持高位推动，由省级部门谋划统筹推进，打破原有层层指示安排部署的传统运行方式。在省级层面成立专项工作领导小组，突出和强化了省级职能部门在项目规划、资金筹措等方面的主体责任，将扶贫责任落实到省级部门，县、乡两级基层政府负责具体运行机制的实施，这一全新的运行模式为实现独龙江乡整乡推进独龙族整族帮扶项目如期完成发挥重要保障作用。二是在帮扶中，紧扣整乡推进整族帮扶主题，实行统一规划、整体推进，对独龙江所有村组实行同样的帮扶政策、对贡山县内所有独龙族群众实行同样的扶贫政策，在实现项目对所有村组覆盖的同时，着眼整族脱贫，打破行政区划限制，把其他独龙族聚居区一并纳入脱贫攻坚规划中进行扶贫，既注重解决了独龙江乡区域性贫困的问题，又兼顾了独龙族整族深度贫困的问题，开启了对建制乡镇和民族整体进行综合扶贫的新模式。

2. 四级联动形成合力，苦干实干一线帮扶，创新机制保障基层力量

构建了省、州、县、乡四级组织网络，分别成立独龙江乡整乡推进独龙族整族帮扶领导小组。州、县、乡（镇）成立以党委书记为指挥长，政府主要领导为常务副指挥长，相关部门主要负责人为成员的扶贫攻坚指挥部，建立州级领导联乡包村、县级领导联村包组、乡级领导联组包户、党员干部结对帮扶的四级领导干部挂钩联系制度、目标责任制度及激励机制。从 2009 年下半年到 2019 年底，省、州、县组建独龙江乡帮扶工作队，共下派帮扶人员和工作人员 3000 余人，将原先分散的 40 个自然村群众通过易地扶贫搬迁集中安置到 26 个安置点，新建安居房 1089 套。独龙江乡整乡推进独龙族整族帮扶规模大、点多面广，在实施中，针对基层人才匮乏、基础薄弱的问题，怒江州举全州之力，从州、县两级机关中抽调具备专业知识和有较高群众工作能力的干部，组建了州、县、乡、村帮扶工作队，

每个村至少安排10人，直接驻村开展项目实施、全面动员群众投工投劳参与建设，充分尊重群众意愿，帮扶效应成倍放大，在有力地强化基层力量的同时，充分实现了扶贫开发的组织和人力资源保障，成为整乡推进整族帮扶的主力军。

3. 综合扶贫全面启动“六大工程”

聚焦“两不愁、三保障”，精准扶贫，补齐短板。先后用5年时间，投入资金超过13亿元，完成独龙江乡整乡推进独龙族整族帮扶项目，实施了安居住房、基础设施、社会事业、特色产业、生态环境保护、素质提升“六大工程”。在独龙江乡实现“率先脱贫全面小康”工作中，开展了脱贫攻坚、基础设施、特色小镇、人居环境、旅游产业、生态环境、群众素质、基层党建“八大提升行动”。随着2014年独龙江公路高黎贡山隧道贯通，独龙族有了纵贯南北、覆盖全乡的公路、电力、通信网络及方便快捷的金融服务网点。全乡城乡基本医疗参保率达100%，全乡适龄儿童入学率达100%，贫困户适龄儿童实现14年免费教育。全族26个自然村（聚居点）全面建设完成村内道路、文化活动室、垃圾处理设施、公厕等基础设施的修建，群众拥有了水电入户、广播电视设施齐全的安居房，生活发生了极大变化。

4. 发动社会各界参与，共同帮扶合力攻坚

社会各界广泛参与帮扶独龙江，助力独龙族群众迈上小康道路。从2010年起，上海市将独龙族帮扶列入“十二五”沪滇合作的重要内容，筹资7200万元全力开展帮扶。珠海市荷包村资助50万元，援建村级卫生室。姚基金资助100多万元，援建九年一贯制学校学生宿舍等。拓宽扶贫路径凸显沪滇帮扶成效。在东西部扶贫协作政策的推动下，沪滇对口帮扶资金在独龙江帮扶工作中发挥了重要作用，并建立健全了资金使用绩效、项目安排、信息互通、检查验收等工作机制，增强了互信。在项目实施中，上海市帮扶资金约占项目总投入资金的6%，80%的旅游文化特色村、3%的集中安置点、21%的安居房的建设资金都来自上海市帮扶资金。尤其是上

海帮扶资金把投放重点放在旅游文化特色村建设上，突出了扶贫扶产业、扶贫注重持续脱贫的理念，让群众在旅游业的发展中得到收益。

5. 生态产业引领发展，实现“两山”和谐统一

积极探索生态环境优势转化为生态产业强势的机制途径，细化草果、核桃、漆树、山药、续断和畜牧业等 6 个产业发展子规划，积极实施生态补偿政策，实现“绿水青山”向“金山银山”转变。草果、羊肚菌、重楼、独龙蜂、独龙牛、独龙原鸡等特色种养产业初具规模。2018 年，全乡大小牲畜存栏 20285 头（只），出栏 10600 头（只），种植草果面积达 68277 亩，建成草果烘干厂 1 个，种植重楼 1723 亩、羊肚菌 663 亩，养殖独龙蜂 4625 箱。全乡草果产量达 1004 吨，产值约 743 万元，草果人均纯收入在 3000 元以上。

6. 着力强化基层党建，引领激发内生动力

开展基层党建提升年建设、边疆党建长廊建设等，全县独龙族党员数量达 503 人，占全县党员总数的 14.83%。同时成立党员先锋队、突击队，参与扶贫开发及家园建设，激发独龙族群众发挥脱贫攻坚主体作用。开展了“听党话、跟党走、感党恩”“自己家园自己建、自己家业自己创”“家庭内务整理每日一晒”等系列活动，持续开展普通话、种植养殖技术、家庭内务整理以及社交礼仪等培训，形成了“三队两个一”和“一周三活动”基层党建品牌，独龙族群众精神面貌焕然一新，素质能力得到较大提升，建设好家乡、守护好边疆的热潮不断高涨。

## 三　独龙江乡脱贫攻坚成效及经验

2010 年，云南省开始对怒江州贡山县独龙江乡启动“整乡推进 · 整族帮扶”项目，掀开了帮扶独龙族发展新的一页。2014 年，独龙江公路高黎贡山隧道贯通，标志着独龙族区域性的基础设施、公共服务等历史欠账问题基本得到解决。随着国家精准扶贫、精准脱贫方略的深入推进，独龙江乡独龙族帮扶工作成效显著。2018 年，独龙江乡实现了整乡脱贫，贫困发

生率由 2014 年的 37.4% 下降到 0.34%，独龙江乡农民人均纯收入达 6122 元，是 2009 年的 6.8 倍；贫困人口实现全部脱贫出列，实现了“第二次历史性跨越”。独龙族脱贫是全国脱贫攻坚任务中一项壮举，为云南省乃至全国深度贫困地区、“直过民族”和人口较少民族贫困地区脱贫攻坚提供了可资借鉴的经验。

## （一）独龙江乡脱贫攻坚成效

### 1. 特色产业发展

草果、重楼、独龙蜂、独龙牛、独龙原鸡、羊肚菌等特色种养产业初具规模。2018 年，独龙江乡大小牲畜存栏 23679 头（只），出栏 12210 头（只）。种植草果 66086.5 亩、重楼 1640.6 亩、花椒 8700 亩、核桃 8000 亩和茶叶 94.5 亩。建成独龙原鸡保种和扩繁基地 1 个，投放独龙牛 1153 头，建成草果烘干厂 1 个，养殖独龙蜂 4625 箱，种植羊肚菌 365 亩。到 2018 年末，全乡农民人均纯收入达 6122 元。

### 2. 基础设施完善

独龙江公路高黎贡山隧道通车，标志着独龙族聚居区彻底结束了每年有半年大雪封山期的历史。全乡 6 个村委会全部通柏油路，26 个自然村全部通车、通电、通安全饮水、通电话、通广播电视，并成为云南省第一个实现村村通 4G 网络的乡镇，有了方便快捷的金融服务网点，全乡 600 户群众有了机动车，占总户数的 52.8%，全乡涌现出 42 名农村党员致富带头人，迈上了高速发展的“快车道”。

### 3. 人居环境改善

建成安置点 26 个，安居房 1068 户，幸福公寓 20 套。昔日简陋的茅草房、木板房、篾笆房已被水电入户、卫生整洁、广播电视设施齐全的框架结构安居房取代。一座座整齐有序、村容洁净、生产发展的独龙族新村落拔地而起。现如今，来到独龙江的任何一个村，都会看到村民的房前屋后打扫得干干净净，屋内的衣物铺盖和锅碗瓢盆摆放得整整齐齐，地板拖得没有灰尘。公路沿线、公共场所也进行了美化绿化，“破、旧、脏、乱”

的农村形象已一去不复返。现在的独龙江乡已经成为贡山县安居工程建设的典范和旅游观光的一张新“名片”，成为怒江州乃至云南省最有特色、最有魅力乡镇之一，中国最美乡村之一。

4. 社会事业改观

教育、卫生、民政等一大批民生项目建成使用，独龙族小学生入学率、巩固率和升学率均保持100%，全族人均受教育年限不断提高，独龙族有了第一个女硕士研究生，独龙族歌手第一次在全国性比赛中获得冠军并登上了2013年春晚的舞台，2016年高德荣被授予“全国脱贫攻坚奖”。建成独龙族博物馆、乡文化站、2个群众性文体活动广场、26个村民文化活动室、26个篮球场、1个敬老院，组建了6支农民文艺演出队。符合低保条件的对象应保尽保，独龙族更加均等地获得公共卫生和基本医疗服务。

5. 素质能力提升

移风易俗蔚然成风，文明生活方式进入千家农户，独龙族农村群众第一次实现人畜分居。独龙族懂感恩、干劲足的人多了，“等、靠、要”的人少了。独龙族群众市场观念、商品意识、积累意识不断增强，融入现代文明步伐不断加快。独龙族群众从封闭、保守、落后的民族“直过区”走向开放、包容、发展的新天地，充分展现了独龙族同胞自强不息、人心思富、蓬勃向上、永记党恩的民族精神风貌。

6. 绿水青山显现

打好生态保护、生态产业和生态补偿的三套“组合拳”，全乡已有313名生态护林员，人均年工资收入达1万元。草果、重楼、羊肚菌等林下产业让越来越多的独龙族群众得实惠。独龙江的天更蓝，山更绿，水更清，花更艳，绿水青山就是金山银山的理念已深入人心，保护好生态环境已成为独龙族群众的普遍共识。绿色、生态越来越成为太古秘境独龙江的突出特征。

### （二）独龙江乡脱贫攻坚经验

1. 坚持党的领导，发挥中国特色社会主义制度的巨大优越性

以习近平同志为核心的党中央提出了精准脱贫方略，为独龙族整族脱

贫提供了根本保障。习近平总书记一直牵挂着独龙族群众的生产生活状况，先后做出一次批示、一次接见、一次回信，这充分体现了党的领导是实现独龙族率先脱贫全面小康的根本保证。没有党的坚强有力的领导，独龙族就不可能实现“一步跨千年”的历史巨变。长期以来，独龙江乡、独龙族群众生产方式十分落后，随着近年来大量的人力、物力、财力投入独龙江乡，独龙族实现整族脱贫，这一巨大的历史成就，只有在社会主义国家、在中国特色社会主义制度下才能做到。

2. 坚持以人民为中心，集中社会各界各行各业的优势合力攻坚

独龙族的贫困是全方位的，涉及生产生活的方方面面。各级政府统揽各界力量，帮扶独龙族整体脱贫，实施“整乡推进・整族帮扶”计划。行业部门在政策、资金、项目、干部方面大力支持，社会各界在政策指导、资金落实等方面倾力相助，定点扶贫单位和对口帮扶单位倾心、倾情、倾力帮扶。各行各业社会各界始终把实现好、维护好人民群众对美好生活的向往作为一切工作的出发点和落脚点，推动独龙族生产生活条件发生翻天覆地的变化。

3. 坚持精准扶贫、精准脱贫，发扬广大干部群众团结奋斗的精神

脱贫攻坚贵在精准，紧紧围绕“两不愁、三保障”目标，落实“六个精准”，对标脱贫标准，有效补齐住房、产业、基础设施以及教育、医疗、素质提升等脱贫短板。要做到精准扶贫、精准脱贫，必须不断转变作风，弘扬调研在一线进行、问题在一线解决的工作作风，以真抓真干的作风推进脱贫攻坚。同时充分发挥党员干部的引领作用，转变群众思想观念，改变陈规陋习，激励群众奋发图强、勤劳致富，将摆脱贫困的愿望变为现实。

4. 坚持产业与生态相衔接，推动发挥边疆民族团结优势，实现共同繁荣发展

积极探索打造特色生态产业、文化旅游产业，把独龙江的绿水青山变成金山银山，以“一草（草果）、两树（核桃、漆树）、一药（山药）”为主的特色种植业和以独龙牛、独龙鸡、高黎贡山猪为主的特色养殖业成为农民增收的重要渠道。产业的发展解决了独龙族自身发展问题，加快了独

龙族与外界交往的步伐，缩小了独龙族与其他兄弟民族之间的发展差距，并与其他民族建立起了不可分割、相互依存的关系，推动实现独龙族与其他兄弟民族共同繁荣发展，实现边疆民族团结、社会和谐、边境安宁。

5. 坚持整乡推进整族帮扶与精准施策相结合，推进个体与整体协调发展

独龙江乡整族帮扶着重关注个体需求与强化整族帮扶的关系，尊重独龙族群众的真实意愿，既做好基础设施、安居工程、社会事业等整体基本需求，也重视个体特殊需求与加强重点扶持，在推动产业发展、整体建设的同时，强调村庄、农户及个人的特殊需求。探索“手心相连”扶持机制，确保村村寨寨有项目，家家户户都受益，协调推进基础公平与优先扶持，帮扶的带动辐射效应得到成倍放大。

## 第二节　怒族的实践——以福贡县为例

### 一　福贡县概况及贫困状况

怒江州福贡县位于滇西北横断山脉碧罗雪山和高黎贡山之间的世界自然遗产“三江并流”的怒江大峡谷中段，全县土地面积2756.44平方千米，国境线长142千米，下辖马吉乡、石月亮乡、鹿马登乡、上帕镇、架科底乡、子里甲乡、匹河怒族乡等7个乡（镇），57个村，2个社区，612个村民小组。2010年第六次全国人口普查数据显示，全县总人口29311户102229人。其中傈僳族有75774人，占总人口的74.1%；怒族有20654人，占总人口的20.2%。辖区内人口密度每平方千米37人。

如果说怒江州是全省乃至全国脱贫攻坚战役中最难啃的“硬骨头”，那么福贡县就是这场战役的“上甘岭”。福贡县地处滇西北横断山脉怒江大峡谷腹地，是一个集边疆、民族、宗教、贫困、高山峡谷于一体的国家扶贫开发工作重点县。当地人曾形象地把当地情况概括为：“有天无地、有山无田、有人无路、有水无财”，也有人用“看天一条缝、看地一条沟，出门过溜索，种地像攀岩”来形容当地群众的生产生活状态。2010年，全

县仅有过境省道1条，交通道路里程短、密度小、技术标准低，公路路面普遍达不到国家四级标准，断头路多，配套设施不完善，抗灾能力弱，晴通雨阻现象严重，通行能力低下。2012年，福贡县农民人均纯收入为2228.7元，全县9万多农业人口中有贫困人口7.82万人，其中深度贫困人口1.62万人，1.2万人生存条件恶劣急需易地搬迁。[①] 2016年，全县仍有贫困乡镇5个、贫困村47个，占全县57个行政村的80%以上。[②] 全县总体贫困面广、贫困程度深，群众生活条件差的现象仍未得到彻底改变；已脱贫人口多为低层次脱贫，因病、因灾返贫现象普遍，返贫率居高。

福贡县贫困人口大都集中在自然条件差、基础设施薄弱、社会发育程度低的地区，这些地区生态脆弱性和地域边缘性的特点，决定了福贡县贫困状况呈现区域性贫困与整体性贫困交织、生态环境恶化与基本生存条件困难共生，扶贫成本高与投入标准低并存的特点。在贫困发生的空间上，全县呈现点、线、片的特点，既有点状贫困户，又有沿江分布的线状贫困带，还有集中连片的贫困片区，扶贫攻坚的难度大，任务艰巨。福贡的贫困既是历史的积淀，也是自然生存条件的限制所导致的，很大程度上还有欠投入、欠开发的原因，长期以来，扶贫攻坚始终是福贡工作的重中之重。

## 二　福贡县脱贫攻坚实践

福贡县脱贫攻坚，以贫困人口为基本对象，以贫困村为主战场，以增加农民收入为目标，切实加强贫困村基础设施建设，努力提高贫困群众的经济收入，卓有成效地开展了各项扶贫开发工作。2019年底，建档立卡贫困人口已由20639人减少至2439人，贫困发生率已从2014年的39.08%下降至2019年的7.39%，[③] 2020年57个贫困村出列，17441户73108人脱

① 福贡县地方志年鉴编辑部编：《福贡年鉴》（2013）。

② 《一手抓产业扶持一手抓素质提升 云南福贡实施“6+3”脱贫行动计划》，中国扶贫在线网，2016年9月19日，http://f.china.com.cn/2016-09/19/content_39324476.htm。

③ 《东西扶贫协作助力云南38.22万人脱贫》，中国政府网，2020年4月8日，http://www.gov.cn/xinwen/2020-04/08/content_5500299.htm。

贫，全县贫困发生率从 2014 年年底的 44.99% 降至 0%，与全国人民一起踏上全面小康的“快车道”。

福贡县怒族脱贫攻坚，在县域“6+3”脱贫攻坚行动中着力推进。在深入调查分析、摸清致贫原因、脱贫需求的基础上分类施策，精准发力，福贡县制定实施“6+3”脱贫攻坚行动，即对建档立卡贫困户实施“六个全覆盖”“三个加强”。

一是实施产业扶持、安居工程、生态建设、劳动力转移、社会保障、帮扶人员全覆盖的“六个全覆盖”。①产业扶持全覆盖。对福贡县 30 万亩核桃，实施提质增效，确保部分贫困户户均有已产生效益的 2 亩核桃，每年实现增收 4000 元左右；对已逐步进入收益期的 30 万亩草果加强管理，让部分贫困户户均有已产生效益的 2 亩草果，每年实现户均增收 3600 元左右；结合“一村一品”的产业发展思路，支持发展重楼、小黄姜等中药材，黑木耳、羊肚菌等食用菌，支持发展紫山药、竹叶菜、竹笋、椿木等绿色食材产业，支持发展茶叶、漆油等有机产业，打造独具特色的峡谷生态农业产业系列产品；结合贫困户实际，扶持发展生猪养殖，确保有养殖愿望和有养殖条件的贫困户至少每户养殖一头后备母猪，每年可增收 2160 元；继续支持有条件的贫困户养殖牛、羊、鸡、蜜蜂等传统养殖业。②安居工程全覆盖。易地扶贫搬迁，按照“4+6”的标准（补助 4 万元，提供长期政策性支农惠农贷款 6 万元），实施易地搬迁 117 个点，解决 7583 户 28843 人的安居问题。同时，鼓励建档立卡贫困户到乡政府驻地按照“8+6”的标准（补助 8 万元，提供长期政策性支农惠农贷款 6 万元）和县城以上城市“10+6”的标准（补助 10 万元，提供长期政策性支农惠农贷款 6 万元）帮助群众买房，确保贫困户早日“挪穷窝”；实施农村危房改造工程，对建档立卡贫困户按户均补助 4 万元的标准，鼓励贫困户实施就地改造和插花安置，优先保证住房最危险、最需要改造、经济最困难的 4400 多户贫困户都能住上安全、舒适的新居。③生态建设全覆盖。依法保护好现有的 358.91 万亩林地，对坡度在 25°以上的陡坡地实施退耕还林，同时，落实林业惠农政策，让贫困群众在保护生态中受益；对全县524个地质灾害隐患点实施工程治理。④劳动力转移全覆盖。加大技能培训力度和劳务输出力度，确保实现所有劳动力技能培训全覆盖，确保有劳动力的贫困家庭至少有1人拿到技能资质证书，确保有劳动力的贫困户转移1名劳动力，就地、就近或外出务工，实现每年增收12000元。⑤社会保障全覆盖。落实免费教育政策，加强控辍保学，让90%以上的学生完成高中或职业技术教育，确保实现新增“两后生技能培训”全覆盖；落实新农合，使贫困户家庭成员参加新农合比例达到100%；符合条件的家庭成员100%参加城乡居民养老保险；提高对农村因为疾病、年老、残疾或其他特殊原因完全或部分散失劳动能力，无法通过扶贫行动计划脱贫的农村贫困人口的社会保障力，使该部分人群应保尽保，实现“两线合一”。⑥帮扶人员全覆盖。福贡县117个挂联单位、3014名帮扶人员分别挂钩10496户38476人，实现每1户建档立卡贫困户有1名帮扶人员。帮扶人员要充分调动贫困群众的主观能动性，变“要我脱贫”为“我要脱贫”，确保贫困户精准脱贫。

二是对贫困乡（镇）和贫困村加强基础设施建设、加强基层党组织建设、加强资源整合，实现“三加强”。①加强基础设施建设。紧紧瞄准年度脱贫出列的贫困村，全面加强通村道路硬化、通电、通网络宽带、电子商务服务站、饮水安全等基础设施建设，全力统筹贫困村卫生室、公共活动场所、广播电视等公共服务配套建设，明显改善贫困村基础设施条件和提高贫困村公共服务水平，全面达到贫困村退出考核标准要求。②加强资源整合。抓住省委、省政府全面推行扶贫开发目标、任务、资金、权责“四到县”的机制，加强项目整合，加强资金整合，加强利用社会帮扶，加强创新融资方式，集中力量打好脱贫攻坚决胜战，确保脱贫项目顺利完成。③加强组织保障。县委、县政府切实担负好脱贫攻坚第一责任人的职责，加强班子队伍建设，积极靠前指挥、真抓实干，以目标倒逼、责任倒排，分年度细化工作目标方式，将工作目标细化到领导、部门、乡镇、村、户和人；挂钩领导切实履行好工作职责，落实指导好联系乡和挂钩村的脱贫攻坚各项政策措施，做到不脱贫、不脱钩；“6 + 3”脱贫攻坚行动涉及的各责任单位、成员单位紧紧围绕目标任务，服从脱贫出列时间节点安排，做到扶贫项目优先安排、扶贫资金优先保障、扶贫工作优先对接、扶贫措施优先落实；乡镇和村一级积极发挥主力军作用，做实、做细规划，确保资金投向准确、资金安排合理，资金使用安全，把每一项脱贫攻坚工作落到实处；挂联单位（部门）、基层干部、驻村队员进一步落实帮扶责任，确保帮扶措施，落实到户，精准到人。

福贡县脱贫攻坚着力推进“四大工程”，并取得显著成效。

（1）产业扶持工程。福贡县立足当地林地多、气候温润的优势，以退耕还林为契机，将草果作为怒族贫困群众产业扶贫重点项目，并引导群众转变传统种植模式，逐年扩大种植面积，打造了新的增收富民产业。发展产业是脱贫攻坚的主要途径和长久之策，福贡县积极探索草果产业培植方式，成功创建云南省草果产业“一县一业”特色县。截至 2019 年年底，全县累计草果种植面积达 56 万亩，挂果面积达 14 万亩，产量达 1.7 万吨，产值达 1.42 亿元。福贡县还充分发挥农民合作社、家庭农场、龙头企业作用，带动怒族贫困户增收致富，草果已成为福贡县怒族带动力最强、辐射面最广、贡献率最大的脱贫产业。2020 年，福贡县注册登记草果种植农民专业合作社 24 家，入社建档立卡贫困户 1200 余户，带动建档立卡贫困户增收近 1000 万元。

（2）易地扶贫搬迁工程。为解决好“一方水土养不起一方人”的贫困群众住房问题，福贡县实施易地扶贫搬迁工程，锁定搬迁对象 5494 户 22500 人。确保贫困户早日“挪穷窝”，对于建档立卡的易地扶贫搬迁户，政府按照“4 + 6”的标准（补助 4 万元，提供长期政策性支农惠农贷款 6 万元）进行帮扶，实施易地搬迁 117 个点，解决 7583 户 28843 人的安居问题。同时，在安置点进行一系列保障建设。一是构建基层党建体系。新建安置点党支部 8 个，就近挂靠党支部 7 个，建设党群活动室 30 个，实现安置点党组织全覆盖。构建公共服务体系。配备专职干警及辅警 72 人、调解员142人，新建幼儿园9所，扩建小学1所、初中1所，设置医务室11个，公共安全、教育、医疗等公共服务得到全面保障。二是构建就业服务体系。采取“公益性岗位+劳务输出+扶持创业+生态就业+扶贫车间”五个一批就业模式，实现有劳动力家庭户均1人就业，群众生活得到强力保障。三是构建文化服务体系。在全县千人以上4个安置点组建感恩宣讲团4支，其他安置点组建不同规模的宣讲队，持续开展感恩宣讲教育，让感恩情怀深植于人心。组建文艺宣传队4支，群众文艺队14支，常态化开展文艺活动。建成民族特色村使馆7个，为搬迁群众留住乡情。成功举办“安居杯”篮球赛、干群联谊篮球赛、游园活动、“福贡天天乐·百姓大舞台”等一系列丰富多彩的文体活动，让搬迁群众住得开心。

（3）教育扶贫工程。控辍保学是福贡县脱贫攻坚工作重中之重，是斩断贫困代际传递的重要手段。为确保所有适龄少年接受九年义务教育，学得一技之长立足于社会，福贡县结合各地区、各民族实际情况积极探索、创新举措，于2019年9月10日，在县委党校开办普职融合办学点，促进义务教育与职业教育的融合。面对严峻的控辍保学形势，福贡县以一时不懈怠、一刻不停顿、一生不放弃的责任感、紧迫感全面推动控辍保学工作，采取一系列精准措施，织牢控辍保学“防护网”，确保适龄儿童少年不因贫失学、辍学。为使学生切实补足“文化之钙”，福贡县选派全县教育系统中懂民族语、教学能力强的教师到普职融合班进行教育教学工作。福贡县普职融合班除常规文化课程外，还开设有计算机、农村供用电、人工智能编程、美容美发、中餐烹饪、棒球加工、音乐等7个特色专业。2020年7月顺利毕业206人，其中有32名学生到州职业学校就读，64名学生到珠海务工。学校现有学生225人。同时，大力开展成人教育培训。2019年，福贡县加强了对20～50周岁年龄段的人员进行实用技术和职业技能的培训，全县共统筹资金262.44万元，对2437户建档立卡贫困户的9000人全面开展职业技能培训活动，并输送633名（含建档立卡贫困户213户213人）学生到职业院校就读，送生率达91.37%。

（4）劳动转移就业工程。福贡县着力把促进劳动转移就业作为打赢深度贫困脱贫攻坚战的重要手段，围绕“务工一人、脱贫一户”的目标，千方百计扩大劳动力转移就业渠道和规模，多措并举组织引导建档立卡劳动力外出务工，让广大贫困群众的钱袋子鼓起来。通过政府有序组织和自发式帮带外出务工相结合的方式，以党建引领劳务输出，鼓励村、组干部带队外出务工，为群众外出务工提供组织保障，切实打好稳定就业战，让贫困群众“敢于走出去”，有效实现转移就业一批、稳定脱贫一批。自 2018 年起，子里甲乡金秀谷村党总支书记坡相夺，带头组织金秀谷村及附近乡镇 560 余位村民走出怒江大峡谷，开启珠海“淘金”路。3 年来，在福贡县驻珠海劳务服务站的组织、管理和热情服务下，福贡籍珠海务工人员稳定就业率达 96%，务工人员平均月工资达 5000 余元，最高工资达到 7500 元，有效带动了群众外出务工增收脱贫致富的积极性。同时，依托东西部扶贫劳务协作机制，对省外转移就业的务工人员给予稳岗奖励，及时兑现稳岗补贴。全县建设各类扶贫车间 27 家，吸纳就业 485 人，增设乡村公益性岗位 13790 个，开展电焊工、棒球缝制、汽车修理、挖机装载机操作、种植养殖、民族服饰加工等技能培训和引导性培训共 121829 人次，其中培训建档立卡贫困群众 67558 人次。2016～2021 年 4 月，福贡县劳动力累计转移 163335 人次，其中，省外转移就业 34506 人次、县外省内转移就业 9430 人次、县内转移就业 119399 人次，政府有序组织省外转移就业 58 批次 3128 人，累计劳务经济收入达 27.6 亿元。[①] 福贡县领导班子注重在劳动力转移上下功夫，确保有劳动力的贫困家庭至少有 1 人拿到技能资质证书，确保有劳动力的贫困户转移 1 名劳动力，就地、就近或外出务工，每年实现增收 12000 元。同时，落实免费教育政策，让 90% 以上的学生完成高中或职业技术教育。2019 年福贡县已有 633 名学生去职业技术学校学习。重视对口帮扶，截至 2019 年 10 月底，珠海全市落实帮扶资金 6442.32 万元，

① 《“决战脱贫”结硕果 克难奋进谱华章》，云南省发展和改革委员会网站，2021 年 4 月 23 日，http://yndrc.yn.gov.cn/ydfpybq/75418，最后访问日期：2022 年 2 月 15 日。

对福贡县医疗卫生、教育、人居环境提升、产业发展、劳务培训等项目进行帮扶建设，从福贡输送 13 批次 617 名劳务人员到斗门企业就业，解决 538 人就近、就地就业问题。

## 三 福贡县匹河怒族乡脱贫攻坚实践

匹河怒族乡位于福贡县南部，乡境内以怒族为主体民族，是全国唯一的怒族乡。匹河乡距县城 45 千米，东以碧罗雪山山脊为界与兰坪县接壤，西以高黎贡山为界与缅甸相邻，南毗泸水市洛本卓乡，北连子里甲乡。全乡整个区域属 V 字形峡谷地貌，总面积 401 平方千米，乡境内国境线长 16 千米，辖普洛、老姆登、知子罗、沙瓦、架究、托坪、瓦娃、棉谷、果科 9 个行政村，47 个自然村，95 个村民小组。2014 年，通过精准识别，匹河乡共有建档立卡户 2140 户 7863 人，其中，深度贫困村 8 个，一般贫困村 1 个，贫困人口约占总人口数的 3/4。截至 2016 年年底，匹河怒族乡 9 个行政村有建档立卡户 1311 户 4691 人，贫困人口占全乡农村人口总数人口的 46%。贫困面广，程度深。

匹河怒族乡脱贫攻坚着重开展了以下工作。①将易地扶贫搬迁作为脱贫攻坚的头号工程。匹河怒族乡始终紧紧围绕“搬得出、稳得住、能致富”的目标，严格按照“规模适宜、功能合理、经济安全、环境整洁、宜居宜业”的工作原则，不断完善基础设施及公共服务配套设施。同时以安置点基层党组织建设为核心，抽调了县、乡、村三级的 21 名干部组建管委会，持续开展“扶贫暖心行动”，帮助搬迁群众排忧解难，多措并举力促搬迁群众稳定脱贫。②聚焦住房安全保障。深入开展了住房安全大排查、农村危房改造清零等行动，全面排查梳理四类重点对象和非四类重点对象住房情况，在县住建部门专业技术督导组指导下，制定“一户一方案”的加固改造和新建工作，严格把控工程进度和质量，共实施完成了农村危房改造 1818 户，已全面竣工，并验收入住。③聚焦义务教育均衡发展。实施了“全面改薄”工程，有效改善全乡小学、中学两所学校基本办学条件，持续加强教师业务能力和“直过民族”普通话培训，顺利完成了义务教育均衡发展验收工作，2020 年，全乡 2 所义务教育学校“20 条办学底线”全部达标。④坚持将产业发展作为群众稳步致富的根本途径。围绕怒江“绿色香料”产业发展和“治伤疤、保生态、防返贫”生态建设巩固脱贫成果行动，按照“江西草果、江东茶叶、江边特色水果”的绿色产业发展总体布局，持续推进产业结构优化调整工作。⑤持续推进农村低保制度和脱贫攻坚政策有效衔接。实行精准施保、分类施保、应保尽保。结合建档立卡精准识别工作，同步开展农村低保动态调整。全乡纳入农村低保的有 403 户 888 人，进一步将兜底保障网做实做密，确保兜住脱贫底线。⑥聚焦农村饮水安全。全面开展农村饮水安全现状排查和认定工作，同时对各村实施饮水安全巩固提升工程，完成建设取水池 23 个、蓄水池 25 个，安装管道 154.64 千米、安装一体化净水设备 41 套。2020 年 10 月，全乡 9 个村饮水安全巩固提升项目已出具水质检测报告，水管、水箱全部安装并投入使用，全乡 9 个村饮水安全都已达标。[①]

架究村是匹河怒族乡贫困程度最深、贫困面最广和脱贫攻坚难度最大的行政村。架究村离乡政府驻地 1 千米，全村人都是怒族人，村落所在地均属贫瘠和高寒山区，匹河怒族乡到架究村仅靠一座钢索吊桥供人马通行，没有通车公路，村民都是依靠蜿蜒曲折的山路与外界保持联系，而且村民土地离村落很远，且都是半山腰，交通十分不便。2014 年精准扶贫实施以来，架究村发生了翻天覆地的变化。为顺利实现架究村 2020 年贫困村出列、贫困户脱贫的目标，架究村认真贯彻落实福贡县委县政府、匹河怒族乡党委政府关于脱贫攻坚的安排部署，认真落实“爱心超市”扶贫项目，研究制定了《架究村爱心超市积分管理办法（试行）》。根据管理办法，由驻村工作队和村干部相互配合，共同负责群众的积分兑换和日常管理工作，

① 《福贡县匹河乡：扶贫“小事”诠释绣花功夫》，福贡县融媒体中心网站，2020 年 10 月 29 日，https://baijiahao.baidu.com/s?id=1681852326456559626&wfr=spider&for=pc。

对所有农户所得积分进行统计整理。一个积分一元钱，村民只要自立自强、勤劳上进、孝老敬亲、团结邻里、自觉参与环境卫生整治等日常工作和公益活动即可获得相应积分，通过村委会的统计，群众就可以用自己获得的积分到指定的超市兑换米、面、油、盐、酱、醋等日常生活用品，不用村民自己花一分钱。积分兑换改变了以往的送钱送物的帮扶方式，最终的目的是使大家从思想上强起来、精神上立起来、行动上硬起来、生活上富起来，村民要主动克服“等、靠、要”的思想，让“比着干”成为常态，让“勇脱贫”成为共识，每个人都应该从自身做起，积极参与到脱贫攻坚、人居环境提升、乡风文明实践、新时代文明实践中来，在夺取架究脱贫攻坚战全面胜利的同时，共同为架究村下一步的乡村振兴战略打下坚实基础。积分不高，能兑换的物品不多，但调动的是村民的积极性，提升的是村民的精神气，激发的是村民的内生动力，真正体现的是扶贫与扶志的结合。“爱心超市”扶贫项目在提升群众幸福感、满意度、获得感的同时也逐步帮助贫困群众站起来、富起来，为打赢打好脱贫攻坚战注入了强大动力。

值得一提的是，福贡县匹河怒族乡老姆登村是一个地处怒江大峡谷里的怒族村寨。老姆登村贫困状况十分严峻，2014 年，全村 398 户 1280 人中有 176 户 634 人属于建档立卡贫困户。截至 2016 年年底，老姆登村共有建档立卡贫困户 115 户，建档立卡贫困人口 405 人，贫困发生率为 35.03%。老姆登村人均耕地只有 0.76 亩，山上交通也不方便，依靠种地脱贫，几乎是不可能的。精准扶贫以来，老姆登村实施乡村旅游计划，基础设施大为改善，旅游设施日益健全，2020 年，老姆登村里全村有 19 家客栈，全村旅游业直接从业人员有 130 余人，旅游年收入达 300 多万元。如今，神秘的怒江大峡谷吸引了越来越多的背包客和自驾游爱好者，风景优美、云雾缭绕的老姆登村成为游客打卡地。

## 第三节　普米族的实践——以兰坪白族普米族自治县为例

### 一　兰坪白族普米族自治县概况及贫困状况

怒江州兰坪白族普米族自治县位于云南省西北部，东与丽江、大理州剑川县接壤，南与大理云龙县毗邻，西靠福贡县、泸水市，北接迪庆州维西，地处世界自然遗产“三江并流”核心区，被誉为“三江之门”，是全国唯一以普米族命名的自治县，也是国家扶贫工作重点县。根据2010年的人口普查数据，兰坪县总人口为21.4万人，14种少数民族人口占全县总人口的94.8%，其中人口较少民族有普米族和怒族，建档立卡贫困户为1.31万户4.73万人，占全县总人口的22.1%，贫困面大、贫困程度深，同步实现小康的目标任重道远。兰坪县的普米族主要聚居在通甸镇的德胜、河边、龙潭、弩弓、东明、箐头、水俸7个村；河西乡的箐花、大羊、三界、联合4个村；石登乡的庄河、回龙、大竹箐、仁甸河4个村；金顶镇的高坪、干竹河2个村；啦井镇的挂登、桃树、长涧3个村，共计20个村，共有人口21397人，约占全县总人口的10%。兰坪县普米族聚居地区大多分布在海拔2000米以上高寒山区和偏僻落后的澜沧江河谷地带，当地的经济建设和社会发展都明显滞后于兰坪县的其他地区。

### 二　兰坪县普米族脱贫攻坚实践

#### 1. 教育扶贫

一是建立健全教育扶贫机制，注重工作落实。①建立统筹协调机制，成立党政主要负责同志任“双组长”的教育精准扶贫工作领导小组，实行县处级领导挂包乡镇联系学校制度，扎实推进教育精准扶贫。②落实控辍保学机制，压实“双线四级六长”工作责任，建立健全“五帮一”劝返复学机制，落实宣传教育、责令整改、行政处罚、申请强制执行或提起诉讼

“四步法”。2014～2019年，累计提起“控辍保学”诉讼18件，切实增强家长履行保障适龄儿童少年接受并完成规定年限的义务教育的法定职责意识。2019年兰坪县实现义务教育基本均衡。③落实精准资助机制，认真落实“两免一补”、高中阶段学生资助、“雨露计划”等惠民政策，确保应助尽助、精准资助；在国家给予寄宿生生活费补助基础上，县财政对中小学生、农村学前班学生分别给予每生每年100元生活补助、800元营养餐膳食补助。④落实教师队伍保障机制，完善教育事业编制统筹管理机制，加强教师培训培养和待遇保障。2016～2019年，新增编制内教师213名，招聘教师358名，其中233名教师到乡村学校任教；培训教师2.1万人次，其中培养州级骨干教师137名，教师、校长支教交流323名；发放乡镇教师补贴4407万元、乡村教师生活补助3591万元，共计6312人次；建设教师周转宿舍756套，保障乡村教师“安居乐业”。二是强投入，改善办学条件。注重“补短板、强弱项”，统筹实施5项工程，全面改善提升各级各类学校办学条件。①实施学校布局调整工程。兰坪县小学由33所调减到13所，教学点由93个调减到71个，新增教育用地676.8亩，新建改扩建学校92所，实现“校点调精、规模调大、队伍调优、质量调高”。②实施幼儿园全覆盖工程。深入推进“一村一幼、一乡一中心”建设，采取新建幼儿园、改扩建闲置校舍等方式，不断扩大学前教育资源总量。2016～2019年，兰坪县新建改建幼儿园44所，实现全县所有行政村和人口较多的自然村幼儿园全覆盖，确保适龄幼儿“有学上”。③实施中小学校标准化建设工程，实施62所义务教育学校标准化建设项目。④实施易地搬迁配套学校工程。新建10所易地扶贫搬迁配套学校，新增学位6770个，其中幼儿园学位1770个、小学学位3800个、初中学位1200个，实现了安置点适龄儿童少年“不落一人”顺利入学。⑤实施普通高中提升工程，支持兰坪一中发展建设，按照省一级一等完全中学标准建设县民族中学。三是促协作，放大帮扶效能。落实职教东西部协作机制，深化东西部对口帮扶职教合作，开展“定向招生、订单培养、精准脱贫”工作，2016～2019年，累计输送

590余名初、高中毕业生到珠海接受优质职业教育。汇聚社会帮扶资源，获得中交集团、大理大学、珠海东西部扶贫协作帮扶等援建资金1.8亿元。落实对口帮扶机制，有效对接中国人民大学对口帮扶工作，推动当地中小学校与中国人民大学附属中学和附属小学建立“友好学校”，通过“互联网+教育”促进优质教育资源共享；协调安排中国人民大学49名研究生、珠海市36名骨干教师开展支教工作，并设立高中“人大班”“珠海班”，有力助推教育教学质量提升。落实校企合作机制，持续加强校企合作，大力推行“订单培养”，优先推荐建档立卡贫困家庭毕业生到企业就业；建成一所集职业教育、成人教育和职业培训为一体的综合性中等职业技术学校，设立职业技能鉴定站，实施初、高中毕业生未能继续升学的农村户籍学生职业教育全覆盖试点工作。①

2. 易地扶贫搬迁

兰坪县坚持把易地扶贫搬迁作为重要民生工程，“挪穷窝”与“换穷业”并举、安居与乐业并重，确保搬迁对象“搬得出、稳得住、能致富”。①建立指挥协调和管理机制，保障项目建设落实。兰坪县成立易地扶贫搬迁协调领导小组，高位推动，形成了高效有力的指挥体系，同时建立县协调办、成员单位、县城北区临时党工委、“五方”责任主体的联动处置机制。各指挥部自成立以来，通过召开协调会、现场会及时协调解决了征地拆迁、规划设计、中介服务、资金筹集、工程施工、质量安全等方面出现的困难和问题。项目业主与施工单位的工地例会、形式分析会已成常态，形成了源头、过程、监管全方位保障落实体系。全面落实“五方”责任主体，设计、监理、评估、驻场代表、施工管理人员各司其职，做到现场管理人员职责明确，管理制度上墙，管理触角延伸到项目工程的每一个部位。此外，成立县级项目督导组，驻场跟踪督查，严督实导，对项目推进情况

① 《云南省兰坪县多措并举坚决打好打赢教育脱贫攻坚战》，中华人民共和国教育部网站，2020年10月19日，http://www.moe.gov.cn/jyb_xwfb/s6192/s222/moe_1757/202010/t20201020_495798.html，最后访问日期：2021年4月18日。

进行定期及不定期督导提醒，促使项目工程提速提效保质创优。②注重群众工作，维护群众利益，易地搬迁工作依法依规有序开展。起草征收土地协议、征收地上附着物补偿协议等，把维护群众合法利益贯穿到征迁工作的每一个细节，不折不扣地落实好群众应享受的政策和利益。各指挥部严格依法履行好相关法定程序，按照公开、公平、公正的原则，逐项、逐户核实土地、人口数量，及时准确足额地把征地拆迁补偿款发放到群众手中，做到“阳光公正，公开透明”。在工作过程中，指挥部、镇村严守工作纪律，针对征迁工作中出现的历史遗留问题、失地农民的后续保障、房屋及附属设施评估价格难以达成一致等一系列尖锐问题，与群众耐心沟通，以真心为民赢得拆迁群众的理解和支持；同时注重纪律和作风，规范权力运行，强化风险防控，从思想上筑牢拒腐防变防线，筑牢纪律防线，自觉置身于纪律和规矩的监督之下行使权力、履行职责。③科学规划、全盘谋划搬迁工作，统筹开展搬迁后续工作。将就业产业工作当作解决搬迁群众稳得住和要脱贫的关键环节，科学谋划、统筹考虑，通过加大劳动力转移、公益性岗位就业等，确保易地扶贫搬迁户实现至少“一户一人”就业，用实实在在的成效打消搬迁群众的思想顾虑。紧扣“以岗定搬、以业定迁”的目标，到点到户编制产业发展和就业帮扶规划。编制完成规模内易地扶贫搬迁相关的《兰坪县易地扶贫搬迁劳动力就业安置工作方案》《兰坪县易地扶贫搬迁农业产业实施方案》《兰坪县易地扶贫搬迁集中安置点生态建设实施方案》《兰坪县易地扶贫搬迁新增任务跨县安置劳动力就业工作方案》等文件。根据劳动力培训意愿，开展挖掘机、装载机、汽车维修等各类技能培训1042人。开展公益性岗位摸底、“两后生”送学等工作。加大贫困劳动力转移力度，通过县内就近转移就业、省内县外转移就业、向珠海等省外城市转移就业等方式，已有序组织转移和自发帮带就业2563人。制定《兰坪县易地扶贫搬迁集中安置点社区设置方案》，将县城集中安置点划分为永安、永昌、永泰、永祥、永兴等5个城市居民委员会，基层组织保障得到进一步强化。④注重易地搬迁宣传，引导群众自愿“挪穷窝”。把易地扶贫搬迁的重要意义、政策，以群众喜闻乐见的形式讲深讲透，进一步提高贫困户对搬迁政策的知晓率，打消他们的思想顾虑，让更多的贫困户愿意挪出“穷窝”，住进“新房”。积极协调各级媒体，通过广播电视、微信、微博、网站手机等各种平台以及宣传墙、简报等多种形式，对易地扶贫政策进行广泛宣传。兰坪网、兰坪电视台、兰坪在线、三江之门兰坪微信公众号设置“政策解读”专题专栏，编制《兰坪县城北区易地扶贫搬迁集中安置建设项目宣传方案》，制作《北区易地扶贫搬迁项目实现首幢封顶》《勠力同心战贫困　栋栋高楼迎“幸福”》等专题，相关新闻和专题及时在《怒江报》、兰坪电视台、相关微信公众号上进行实时发布。①

3. 产业扶贫

兰坪县依托资源优势，分类施策、合理布局，因地制宜、创新产业扶贫模式，着力培育建设中药材、高山杂粮、山地牧业、特色果蔬四大基地特色产业，通过引进龙头企业“外力”带动本地产业发展，组织动员乡村能人、致富带头人组建农民专业合作社，全力推进产业扶贫，产业发展实现每个村都有集体经济，每一户贫困户都加入一个以上新型经营主体，都有一项以上产业项目覆盖，带动贫困户户均增收 3815 元。在发展特色产业过程中，兰坪县实现以下几点。①兰坪县坚持将传统产业与特色产业相结合。在优化红米、高山杂粮、生态林业、山地牧业等传统产业的基础上，因地制宜大力发展道地中药材、特色水果、特色蔬菜、香料产业。抓好长期产业与短期产业相结合。在培育花、果、林、蔬等支柱产业的同时，着力发展肉牛、生猪、生态鸡、食用菌、中药材等“短平快”稳增收产业，实现“以短养长”，为贫困户打造“短期能稳定脱贫、长期能巩固致富”的产业扶贫体系。②将规模发展与零散生产相结合。结合地理区位和行业

① 和树芳、张超：《扶贫搬迁要确保搬得出稳得住能致富——兰坪白族普米族自治县做好易地扶贫搬迁工作的实践探索》，《社会主义论坛》2019 年第 3 期。

特点，林业方面重点打造集中连片规模经营，在澜沧江地质脆弱、干热河谷地带发展以花椒、山胡椒为代表的香料产业和特色水果产业，实现生态效益和扶贫效益“双带动、双促进”；农业方面，在坝区发展集中规模化现代农业，集中发展特色水果、蔬菜、中药材、乌骨羊、高黎贡山猪、绒毛鸡等种植养殖产业，在半山区、山区采取以“村党组织+村级集体经济（村级合作社）+贫困户”、以奖代补等方式扶持贫困户，壮大村集体经济实力，引导激发贫困户发展产业的内生动力。③强化利益联结机制。破解产业资金效益安全和市场风险，促成资金跟着卡户走、卡户跟着能人走、能人跟着企业走、企业跟着市场走。强化贫困户与涉农企业、合作组织、种养大户的利益联结和效益分配机制，进一步促进市场主体壮大和贫困户增收。④强化激励保障机制。以“以奖代补、以工代赈、先建后补、贷款贴息”的资金使用方式，推广“龙头企业+合作社+贫困户”“合作社+贫困户”“小额信贷+贫困户”“扶贫车间+贫困户”等合作发展模式，按照每个扶贫项目都有一个方案、一个标准、一项措施的要求，进一步激发贫困群众内生动力，鼓励和引导贫困群众参与产业发展。⑤强化帮扶带动机制。有效整合东西部合作、集团帮扶等各类扶贫资源，进一步落实好产业指导员分片包干制度，让贫困户通过直接参与生产、土地租赁或流转、就地就近就业、入股分红等多种形式增加收入。⑥落实技能教育培训机制。针对年轻人大都出去打工，如今有了车厘子、蓝莓、草莓、蔬菜、中药材种植基地的实际情况，兰坪县通过增加项目投入、开展就业技能培训等方式，大力提高贫困农户人口的就业能力和素质，采取多种形式为种植户提供技术培训和服务，使贫困群众变为“产业工人”，实现了技能培训和就业创业无缝对接。截至2019年8月，兰坪县通过引进14个龙头企业，流转土地4.5万亩，带动1.6万户5.6万人贫困户稳定脱贫；组织643个专业合作社带动8500户3.1万人贫困户稳定脱贫；发展特色种植业带动9.7万贫困人口，年人均增收1000元以上；特色养殖业带动建档立卡贫困户3.98万人，年人均增收800元以上；扶贫车间带动建档立卡人口189人就业，户均年收益 4500 元。[①]

4. 金融扶贫

兰坪县创新推出免抵押、免担保、财政贴息、县级建立风险补偿机制等优惠政策，为用好用活扶贫小额信贷，让想发展、能发展的贫困群众有资金发展产业，从而实现脱贫致富。2015 年至 2020 年 3 月，兰坪县共发放 5 个企业扶贫项目贷款 2500 万元，财政贴息资金 75 万元，项目带动 2358 户 7630 人发展；累计发放到户扶贫贷款 3.6 亿元，财政贴息 1227.08 万元，惠及 9168 户建档立卡贫困户。[②] 中国人民银行兰坪县支行引导地方金融机构用好扶贫再贷款、支农再贷款政策，着力扩大农户贷款面。截至 2020 年 6 月末，兰坪县运用扶贫再贷款政策向建档立卡户放贷 655 笔，共 3119 万元；向 7 家带动建档立卡贫困户就业的企业放贷 3450 万元，直接带动 481 户建档立卡贫困户增收。加大扶贫小额信贷发放力度，设立信贷风险补偿基金 600 万元。截至 2020 年 6 月末，累计发放扶贫小额信贷 29064 万元，6539 户建档立卡户受益，占全县建档立卡贫困户总数的 23.99%。推进建设以普惠金融服务站为落脚点，为构建高效便捷的农村支付服务环境打下坚实基础。截至 2020 年 6 月末，兰坪县共建成惠农支付服务点 36 个，普惠金融服务站 134 个（其中，易地扶贫搬迁安置点 24 个），行政村覆盖率达 100%。同时，持续推进农村信用体系建设及农村支付环境建设两项金融服务基础性工程，以农村信用体系建设为着力点，走出一条可推广、可复制的金融服务农村的新路子。[③]

5. 企业帮扶

云南省创造性地提出“一个民族一个行动计划”“一个民族一个集团

① 《兰坪县特色产业成群众增收致富支柱产业》，怒江大峡谷网，2020 年 8 月 19 日，https://www.nujiang.cn/2020/0819/79894.html，最后访问日期：2021 年 4 月 18 日。

② 《兰坪县：扶贫小额信贷助力脱贫攻坚》，怒江大峡谷网，2020 年 3 月 27 日，https://www.nujiang.cn/2020/0327/77356.html，最后访问日期：2021 年 4 月 15 日。

③ 《人行兰坪县支行打好金融扶贫“五张牌”》，云南网，2020 年 7 月 22 日，http://nujiang.yunnan.cn/system/2020/07/22/030820548.shtml，最后访问日期：2021 年 4 月 18 日。

帮扶”的扶贫工作模式，三峡集团对口帮扶普米族。2016 年 3 月，三峡集团与云南省政府签订《支持云南省人口较少民族精准脱贫攻坚合作协议》，2016～2019 年三峡集团投入 20 亿元帮扶资金，围绕能力素质提升、劳务输出、安居工程建设、特色产业培育、基础设施改善、生态环境保护六大工程对云南怒族、普米族、景颇族 3 个“直过民族”和人口较少民族给予持续帮扶。2016～2019 年，三峡集团累计投入 6.7 亿元对普米族进行整族帮扶，普米族贫困发生率由 2014 年的 22.58% 降至 2019 年底的 0.78%，实现整族脱贫。截至 2020 年 3 月底，三峡集团在普米族聚居区内累计建设农村学前教育校舍 13 所、建设标准化农村中小学校 2 所、组织职业技能培训 780 人次、组织劳务输出 890 人次、实施农村安居房建设及危房改造 5288 户、实施房屋美化亮化工程 1350 户、种植经济作物 5617 亩、养殖猪牛羊等畜类 11194 头、养殖鸡鸭鹅等禽类 7680 只、发展农村专业合作组织 9 个、培育特色农户 194 户、村内道路硬化 366 千米、建设饮水安全巩固提升工程 92 个、增设村级社区服务站 17 个、安装太阳能路灯 2135 盏、安装热水器 420 户、建设乡镇垃圾处理工程 180 个、改造农村畜圈 1825 户、改造残疾人家庭无障碍设施 1052 户、捐赠标准化卫生室医疗器械 84 套。①

## 三　兰坪县普米族脱贫攻坚成效及经验

怒江兰坪县作为地处三区三州的深度贫困县，贫困面大、贫困人口多、贫困程度深、贫困发生率高，脱贫任务十分艰巨。2020 年 10 月，兰坪县 9.47 万贫困人口脱贫，78 个贫困村出列，贫困发生率降至 3% 以下，压在兰坪普米族群众头上的“贫困大山”被彻底搬走，实现从深度贫困到整体脱贫的跨越，实现了与全国各族人民同步进入小康社会的宏伟目标。兰坪县普米族脱贫攻坚工作，以脱贫攻坚统揽经济社会发展全局，立足普米族贫困实际，贯彻精准扶贫方略，划分贫困类型，分析致贫原因，因人、因

① 《普米人心中有“三峡”丨三峡集团帮扶普米族精准脱贫工作纪实》，搜狐网，2020 年 8 月 31 日，https://www.sohu.com/a/415797866_696766，最后访问日期：2021 年 4 月 12 日。

地、因事精准施策，取得了整族脱贫的决定性胜利，实践并积累了宝贵经验。[①]

1. 坚持科学理论指引

兰坪县认真学习和贯彻落实习近平总书记考察云南重要讲话精神和对怒江工作的重要指示批示精神，在落地落实上下功夫，切实把学习成效转化为打赢兰坪脱贫攻坚战、推动深度贫困普米族实现经济社会高质量跨越发展。脱贫攻坚实践工作坚持以人民为中心的根本立场和工作导向，按照脱真贫、真脱贫的要求，把决战决胜脱贫攻坚作为最大的民生工程，加大教育扶贫、易地扶贫搬迁扶持、产业扶贫、生态扶贫以及社会帮扶的力度，大力改善贫困群众生产生活条件。

2. 坚持党的坚强领导，重视队伍建设，抓党建促脱贫

兰坪县决战普米族脱贫攻坚，始终坚持党的坚强领导，重视党建工作，提高政治站位，强化政治担当。严格履行党政“一把手”负责制和县、乡、村三级书记责任，全面压实县级领导、行业部门、乡（镇）、村组、驻村工作队的责任。通过组建易地扶贫搬迁“背包工作队”、人居环境提升“背包工作队”、“扶贫暖心工作队”及“就业小分队”的形式，选派县直机关50%的干部下沉到一线，吃住在一线，作战在一线，冲锋在一线，激发党员干部群众干事创业、担当作为、甘于奉献，有力有序有效推进重点工作，确保如期完成脱贫攻坚目标任务。同时，抓党建促脱贫攻坚，增强基层党组织的政治功能和组织力，发挥政治领导和思想引领作用，深化脱贫攻坚与基层党建“双推进”，强化县、乡、村三级书记抓脱贫攻坚责任，全面加强基层组织建设，选好配强村“两委”班子，积极发挥驻村工作队作用，大力整治软弱涣散基层党组织，不断发展壮大村集体经济，培养贫困村创业致富带头人和乡村能人。

① 经验做法参考常飞《脱贫攻坚的兰坪实践路径》一文的相关论述。常飞：《脱贫攻坚的兰坪实践路径》，云南理论网，2020 年 10 月 26 日，http://llw.yunnan.cn/system/2020/10/26/031070379.shtml，最后访问日期：2021 年 4 月 12 日。

3. 坚持精准扶贫，“五个一批”扶真贫

贯彻精准扶贫、精准脱贫基本方略，严格落实“六个精准”，扎实做好“五个一批”脱贫攻坚工作。①加大产业扶贫。依托本地优势，因地制宜，统筹整合涉农资金 31.61 亿元，积极发展木本油料、香料、中药材、高山优质杂粮、高山畜牧业等高原特色农业。实现村集体经济全覆盖，贫困户产业帮扶全覆盖。②扎实推进易地扶贫搬迁。通过挂牌督战，组建“背包”工作队到全县 8 个乡镇驻村蹲点、集中攻坚，动员贫困群众搬出大山，实现易地扶贫搬迁安置户分房率达 100%，啃下“最后的硬骨头”。③积极开展生态扶贫。实施“治伤疤、保生态、防返贫”生态建设巩固脱贫成果行动，提升农村人居环境，组建 46 个生态扶贫专业合作社，推进澜沧江、沘江沿岸 10.6 万亩生态修复治理工程，带动 2 万人增收受益，实现生态修复、产业发展和群众就业同步推进。④认真抓好教育扶贫。强化控辍保学，落实教育帮扶，紧盯“一个都不能少”，压紧压实“双线四级”工作责任，建立健全“五帮一”劝返复学机制，完成全省首例依法控辍保学“官告民”案件审理，确保没有义务教育阶段适龄学生失学辍学。⑤落实兜底保障。对没有劳动能力的特殊贫困群众进行兜底保障，做到应保尽保。按照“脱贫不脱保”“救助渐退”原则，及时开展分类救治、临时性救助和兜底保障，全力防止因残因病致贫返贫。

4. 统筹协调社会扶贫力量，强化东西部扶贫协作，推进定点帮扶

东西部扶贫协作和央企定点帮扶形成了助推兰坪脱贫攻坚的重要力量，发挥了积极作用。广东珠海横琴新区、保税区的对口帮扶，在资金投入、产业扶持、劳务协作、人才培养等方面给予兰坪大力支持，累计投入帮扶资金 2.12 亿元，财政资金 1.86 亿元，推动了东西部扶贫协作和滇粤区域合作，特别是 2020 年克服新冠肺炎疫情影响，向广东输出 5022 名劳务人员，超过了东西部帮扶年度计划转移 4000 人的工作目标。2020 年 7 月在兰坪召开的滇粤扶贫协作工作联席会议，对帮扶工作成效给予了高度肯定。三峡集团、大唐集团的定点帮扶，开展了提升能力素质、劳务输出、安居

工程、特色产业培育、基础设施改善、生态环境保护等六大工程，帮助贫困群众实现脱贫。中国人民大学、云南省交通厅、云南国土资源学院、中交集团、珠海市等通过单位定点购买和鼓励单位职工购买兰坪农特产品等方式进行消费扶贫，拓宽了产品的销售渠道，解决了产品销售难的问题，带动了贫困群众增收。

5. 全盘谋划，积极做好易地扶贫搬迁后续工作

兰坪县3.99万建档立卡贫困群众进行易地扶贫搬迁，搬迁规模和人数十分巨大。在“搬得出”问题基本解决之后，兰坪县强化责任意识，坚持问题导向，严格落实“四不摘”要求，加大对易地扶贫搬迁的后续扶持，加强对安置点的社区治理，加强动态预警监测和风险研判，多措并举巩固脱贫成果，在建立防止返贫长效机制、发展产业、扩大就业、增加收入和扶贫扶志上下功夫。兰坪县以易地扶贫搬迁这一重大民生工程为抓手，抢抓发展机遇，组织实施重大项目、重大工程，推进扶贫车间和就业创业服务站（点）建设，组织劳动技能培训，通过安排公益性岗位和向省外、省内县外、县内劳务输出等方式，帮助1.9万名易地扶贫搬迁群众实现就业。同时，通过开展“感恩共产党、感谢总书记”的感恩教育活动，开展“扶贫暖心”活动，加大扶贫、扶志、扶智力度，不断激发贫困群众内生动力，帮助他们尽快适应新身份、新生活，彻底摆脱思想贫困、精神贫困。

# 第八章
# 云南省人口较少民族整族脱贫经验及启示

## 第一节　云南省人口较少民族整族脱贫的基本路径

### 一　科学规划“一个民族一个实施方案”

对人口较少民族的扶贫工作是云南省脱贫攻坚战略的重要组成部分，也是“最难啃的硬骨头”是全省脱贫攻坚的重中之重。云南省加强组织领导，完善政策措施，围绕“两不愁、三保障”目标，采取超常规举措，精准施策，按照因地制宜、因族举措、分类指导的原则，采取“一族一策”“一个民族一个实施方案”的举措，“不让一个兄弟民族掉队”。以科学规划为指导，聚集力量，决战决胜“直过民族”和人口较少民族脱贫攻坚战，探索出了一条脱贫攻坚的特色之路。在脱贫攻坚工作中，按照《云南省全面打赢“直过民族”脱贫攻坚战行动计划（2016—2020年）》要求，云南省扶贫办、民族宗教委员会联合编制针对基诺族、布朗族、德昂族、景颇族、阿昌族、普米族、怒族、傈僳族、独龙族、佤族、拉祜族11个“直过民族”和人口较少民族脱贫攻坚实施方案。同时，各州市、县市根据区域“直过民族”和人口较少民族分布情况，分别制定州市、县市“直过民族”和人口较少民族脱贫攻坚实施方案，建立“省级统筹，州（市）负总责，县（市）乡（镇）抓落实”工作机制，在全省范围内全面实施“一个民族一个实施方案”，精准失策、精准帮扶。例如，西双版纳勐海县根据县域内布朗族、景颇族、拉祜族、佤族4个“直过民族”和人口较少民族贫困现状，分别制定《勐海县布朗族精准脱贫攻坚实施方案（2016—2020 年）》《勐海县景颇族精准脱贫攻坚实施方案（2016—2020 年）》《勐海县拉祜族精准脱贫攻坚实施方案（2016—2020 年）》《勐海县佤族精准脱贫攻坚实施方案（2016—2020 年）》，以科学规划确定脱贫攻坚目标、发展思路、建设任务等，搭建整合平台，实现合力推进，确保 4 个人口较少民族及“直过民族”聚居区如期全面建成小康社会。

## 二　整族帮扶“一个民族一个企业帮扶”

云南省着力推进企业集团结对帮扶，形成了由三峡集团、华能集团、大唐集团、中烟云南公司、省烟草专卖局（公司）等 5 家企业集团履行社会责任，对口精准帮扶布朗族、阿昌族、怒族、普米族、景颇族、拉祜族、佤族、傈僳族等 8 个“直过民族”和人口较少民族聚居区（涉及 8 个州市、21 个县市区）的“一个民族一个集团帮扶”的整族帮扶、精准帮扶之路，帮助 43 万贫困人口精准脱贫。①云南中烟工业公司帮扶保山市布朗族脱贫攻坚。2015 ~ 2017 年，云南中烟工业公司聚焦保山市 2 县 13 个布朗族聚居村 9742 名贫困人口，共投入帮扶资金 6 亿元。实施安居工程、产业发展、基础设施、社会事业保障、素质提升、生态环境保护、基层党组织凝聚力战斗力提升等 7 大工程，63 个项目，方案总投资 12. 51 亿元。②云南烟草专卖局（公司）帮扶德宏州阿昌族脱贫攻坚。2015 ~ 2017 年，云南烟草专卖局（公司）聚焦德宏州 4 县市 33 个阿昌族村 1. 7 万贫困人口，3 年投入帮扶资金 8. 5 亿元，实施经济发展、生产条件改善、安居建设、综合推进提升 4 大工程，16 类 60 个项目，方案总体投资 11. 58 亿元。③三峡集团帮扶怒族、普米族、景颇族脱贫攻坚。2016 ~ 2019 年，三峡集团每年投入 5 亿元共 20 亿元，帮扶丽江、怒江、德宏、迪庆 4 州市 11 个县市怒族、普米族、景颇族聚居区 10 万建档立卡贫困人口脱贫，实施能力素质提升、劳务输出、安居工程、培育特色产业、改善基础设施、生态环境保护等 6 大工程，24 个项目，方案总投资 81. 23 亿元。④华能集团帮扶拉祜族、佤族脱贫攻坚。2016～2019年，华能澜沧江集团公司每年投入5亿元共20亿元，帮扶普洱、临沧2市4个县拉祜族、佤族聚居区15万贫困人口脱贫攻坚，实施提升素质能力、组织劳务输出、开展安居工程、培育特色产业、改善基础设施、生态环境保护等六大工程，57个项目，方案总投资84.8亿元。⑤大唐集团帮扶傈僳族脱贫攻坚。2016～2019年，大唐集团投入10亿元，帮扶丽江、怒江、楚雄3州市6个县傈僳族聚居区16万建档立卡贫困人口脱贫。到2016年底，三峡集团帮扶怒族、普米族、景颇族聚居区贫困人口由10万人减少到6万人，华能集团帮扶拉祜族、佤族聚居区贫困人口由16.05万人减少到5.36万人，中烟云南公司帮扶保山布朗族聚居区贫困人口由9742人减少到2874人，云南省烟草专卖局帮扶德宏阿昌族聚居区贫困人口由1.15万人减少到5386人，[①] 脱贫攻坚成效巨大。

## 三　发展产业"抓牛鼻壮实力"

产业精准扶贫是云南少数民族、边境地区及深度贫困地区脱贫攻坚、兴边富民的最重要的举措之一。从产业扶贫的领域来说，包括：农业，主要是种植业和养殖业；加工业，主要是特色农产品加工业；服务业主要是旅游业。产业扶贫主要致力于：推动传统农业现代化、实现农产品加工产业升级，旅游产业扶贫逐渐成为民族地区产业扶贫的重点领域，同时，形成了龙头企业带动的模式，有公司带动模式，如"公司＋基地＋农户""公司＋合作社＋农户"等，有合作社带动模式，如"合作社＋农户""专业合作社＋基地＋农户"以及国有企业带动等产业扶贫模式。具体做法有以下5种。①"做特做优"传统产业，继续推进特色产业扶贫，着力构建"一村一品、多村一品、一乡一业、一县一特"的特色产业发展体系；挖掘和利用特色农业资源优势，以规模化、产业化、标准化、品牌化发展为

---

① 《云南加大力度打好直过民族脱贫攻坚战》，新华网，2017年8月5日，http://m.xinhuanet.com/2017-08/05/c_136501859.htm，最后访问日期：2020年3月13日。

重点，壮大特色优势种植业、养殖业、林业发展体系。②大力发展乡村旅游，探索“旅游+扶贫”新机制。挖掘贫困地区旅游资源，以市场为导向，开发以生态观光、文化旅游、城郊游憩、休闲农业等为重点的乡村旅游产品。同时，加快贫困地区旅游基础设施建设，注意开发特色旅游产品，打造民族文化旅游品牌，有针对性地开展对贫困人口旅游服务能力的培训，提高旅游服务质量，拓宽贫困人口就业增收渠道。③积极鼓励入股分红，探索资产收益扶贫新机制。贫困地区水电、矿产等资源的开发，赋予土地被占用的村集体股权，优先让贫困人口分享资源开发收益，真正实现“资源变股权、资金变股金、农民变股东”，积极鼓励并推动股份合作、保底分红、二次返利、财政投入形成的资产量化到户，推进资产收益扶贫。④培育发展农村电商产业，探索“互联网+扶贫”新机制。在贫困地区推行电子商务脱贫模式，通过互联网把生产基地和消费市场连接起来，带动贫困地区脱贫致富。⑤着力提升专业科技，探索科技产业扶贫新机制。加大农林技术推广和培训力度，强化贫困地区基层农业技术推广体系建设，强化新型职业农民培育，扩大贫困地区培训覆盖面，着力提高贫困人口素质和贫困家庭劳动力技能，提升贫困地区产业发展专业科技水平，为贫困地区产业发展注入持久动力。

## 四　教育扶贫“提智力增志气”

云南省紧盯薄弱短板精准施策，针对内生动力不足、增收渠道单一等突出贫困特点，以提升智力、增长志气为根本，坚持优先发展民族教育，制定超常规措施，精准施策。加上云南省滇西边境山区是教育部定点帮扶的连片特困区，教育扶贫以强有力举措深入推进。主要做法有以下几种。①推进学前免费教育。在迪庆州、怒江州实施学前2年免费教育，并逐步向“直过民族”和人口较少民族聚居区、沿边行政村、少数民族人口占30%以上的行政村推行。②改造义务教育薄弱学校。全面改善民族地区义务教育条件薄弱学校的基本办学条件，逐步使中小学生均占地面积、生均校舍面积、教学仪器配备、图书馆、体育场、绿化面积等指标基本达到国家标准。③提升中等教育水平。办好云南师大附中、云南民大附中、云南民族中学高中民族班。扩大省和州市优质高中民族班招生规模，逐步提高民族学校、民族班生均公用经费和贫困学生生活补助标准。率先在怒江州、迪庆州实施普通高中 3 年免费教育，逐步在“直过民族”和人口较少民族聚居区、边境县、民族自治地方推行。推广怒江州、迪庆州农村学生中等职业教育全覆盖试点经验，逐步在边境县、“直过民族”和人口较少民族聚居区实现未能升学的初高中毕业生职业技术教育全覆盖。④发展民族高等教育。建立健全省内高校对口帮扶民族地区的长效机制，鼓励省内高校每年招收一批掌握民族语言的少数民族学生，着力提高少数民族人口接受高等教育的比例。加快培养云南世居少数民族硕士生、博士生。⑤办好云南农业大学、云南林业职业技术学院、云南民族中等专业学校特有民族本科及大中专班，给予学费免除和补助生活费的优惠政策。支持云南民族大学少数民族预科教育基地以及东南亚、南亚和西亚语言文化教育基地建设，办好民族语言文化专业，采取免费等方式培养少数民族语言文化人才，确保云南民族大学在校少数民族学生比例不低于 70%。⑥加快发展高等职业教育，建设云南民族文化职业学院。⑦普及国家通用语言教育。在“直过民族”聚居区创建州市级以上语言文字规范化示范学校（院）650 所，全面提高国家通用语言普及程度，有计划、分批次重点培训 13 万人次，确保 45 周岁以下人口能熟练使用国家通用语言。在不通汉语地区小学低年级推行双语教育，确保少数民族学生小学三年级以前通过汉语关，学会普通话。每年完成 1000 人次少数民族双语教师普通话培训，确保学员普通话口语达到二级乙等以上水平。在民族地区学校每年举办中华经典诵读写和规范汉字书写比赛，提升学生国家通用语言文字应用能力。自 2016 年 9 月开始，云南省在迪庆藏族自治州、怒江傈僳族自治州深度贫困地区实施 14 年免费教育。结合语言培训与实用技能、生活技巧培训，启动了“双语科普”促进“直过民族”聚居区普及国家通用语言工作，通过开展“小手牵大手”

推普活动，使2.42万不通汉语的少数民族群众达到汉语“脱盲”水平。[①]

## 五　基础设施“夯基础强民生”

交通、水利、能源、信息等基础设施薄弱是制约贫困地区经济社会发展的瓶颈。随着国家及云南省扶贫开发战略及兴边富民工程深入实施，云南省少数民族地区、边境地区交通、水利、能源、通信等基础设施得到大幅改善。“十二五”期间，通过开展怒江州扶贫攻坚、宁蒗大会战、澜沧县拉祜族综合扶贫、红河州南部山区综合开发等特困群体重点帮扶，“少深边”[②] 地区基础设施条件进一步改善；通过实施4个集中连片特困地区区域发展与扶贫攻坚规划，基础设施建设投入5192.1亿元、占规划数的115.7%。

云南省的“少深边”扶贫开发，注重补齐发展短板，持续改善民生，加快民族地区基础设施建设，推进基本公共服务均等化。按照“五通、八有、三达到”要求，大力实施基础设施建设、抗震安居、人居环境提升、公共服务提升工程。主要做法包括以下几个方面。①道路建设。加快民族地区、沿边一线通村路、巡逻路、产业路、旅游路建设，实施危桥改造、县乡道改造；加快沿边和乡村公路建设，“直过民族”和人口较少民族聚居地区、沿边地区20户以上的自然村通硬化路，行政村之间公路通畅。②水利建设。实施水源建设，实施高效节水灌溉、农村饮水安全巩固提升等工程，保障少数民族聚居区农村饮水集中供水率达到85%，农村自来水普及率达到80%。③电网改造。实施电网改造升级工程，提高农村地区供电可靠性和综合电压合格率，实施以电代柴改造工程，逐步实现农村家庭电气化；改造升级边境地区、“直过民族”和人口较少民族聚居区农村电网。④通信网络建设。实施边境乡镇行政村（社区）通宽带、自然村和重要交通沿

① 《云南加大力度打好直过民族脱贫攻坚战》，新华网，2017年8月5日，http://m.xinhuanet.com/2017-08/05/c_136501859.htm，最后访问日期：2020年3月13日。

② 即“少数民族贫困”“深度贫困”“边境连片特困”。

线通信信号覆盖工程，实现边境乡镇行政村（社区）、民族地区自然村广播电视网络全覆盖，所有行政村通光纤，城市、重要场所和行政村4G网络全覆盖。⑤安居工程建设。按照人畜分离、厨卫入户和体现地域特色、民族特色的要求，实施民族地区、边境地区整体性（D级）危房拆除重建，同步实现建档立卡农户危房基本住房有保障。⑥提升教育医疗卫生条件。民族地区、沿边一线县学校及县级医院、妇幼保健计划生育服务机构、乡镇卫生院、社区卫生服务中心加快建设并支持民族医药科研院所建设，支持有条件的民族地区建设民族医院并大力加强公立医疗卫生机构医务人员、乡村学校教师周转房及配套设施建设。⑦保护和改善生态环境。实施民族地区重点生态建设工程，建设地质灾害综合防治体系。⑧民族文化公共设施和服务体系建设。支持各级民族类博物馆、公共图书馆、文化馆（站）、边境文化长廊、边境口岸国门文化交流中心建设。通过集中扶持，边境地区、“直过民族”和人口较少民族聚居地区基础设施有了较大改善，群众生产生活条件大为改观，自我发展能力得到不断增强。2019年，人口较少民族聚居区基础设施建设进一步加强。人口较少民族主要聚居的422个行政村100%通硬化路，98.4%的自然村通公路，61.6%的村通客运班车，99%的村通宽带，80.1%的村已接入光纤宽带，95.3%的村通4G移动电话。422个行政村中99.54%的自然村能有效接收广播电视信号，99%的自然村通手机信号，97.2%的自然村有安全饮用水，81.6%的自然村有清洁能源保障。[①]

## 第二节　云南省人口较少民族整族脱贫的经验

### 一　教育扶贫提升区域发展动力

教育扶贫是云南省扶贫攻坚的一大特色。当前，云南省“少深边”地

① 《云南省扶持人口较少民族发展成效显著》，中国民族宗教网，2019年11月6日，http://www.mzb.com.cn/html/report/191132153-1.htm，最后访问日期：2020年5月18日。

区也形成了教育部定点联系滇西边境山区，沪滇、粤滇教育对口支援，高校“挂包帮”“转走访”的教育扶贫大格局。云南省纳入规划的区域包括滇西边境山区、乌蒙山片区和滇黔桂石漠化片区等连片特困地区。其中，滇西边境山区连片特困区包括云南省保山市、丽江市、普洱市、临沧市、楚雄彝族自治州、红河哈尼族彝族自治州、西双版纳傣族自治州、大理白族自治州、德宏傣族景颇族自治州和怒江傈僳族自治州等10个州（市）、61个县（市、区），区域内有48个民族自治县、19个边境县、56个贫困县、45个国家扶贫开发工作重点县，贫困人口400多万，是“少深边”扶贫开发的核心区，也是云南省脱贫攻坚的主战场。《教育部定点联系滇西边境山区工作方案》和《教育部　云南省人民政府加快滇西边境山区教育改革和发展共同推进计划（2012—2017年）》构建了教育部定点联系滇西工作布局。借助教育部定点帮扶滇西边境山区的发展机遇，云南省以智力扶贫助力区域脱贫攻坚及提升发展内生动力，着力攻坚教育扶贫良好格局。①教育部定点扶贫。一方面，云南省配合编制实施2018～2020年教育部、云南省加快滇西教育改革发展共同推进计划，深化职业教育集团和教育部直属高校定点扶贫、专项扶贫计划，持续推进滇西地区农村青年创业人才培养计划、滇西中小学英语教师出国研修、经济管理研修班等项目，加快探索滇西人力资源开发扶贫模式；另一方面，2013年以来教育部从部级机关、直属单位和直属高校选派的挂职干部几乎覆盖了云南省22个边境县市和所有人口较少民族、“直过民族”聚居县市，他们充分发挥教育优势，重点聚集智力扶持，同时发挥桥梁纽带作用，开展多路径帮扶，在医疗卫生、电子商务、民族医药、水电项目、民间工艺等领域招商引资、引导项目落地，为“少深边”地区脱贫攻坚做出了重大贡献。②沪滇、粤滇教育对口支援。云南省借沪滇、粤滇合作平台，深入推进职业教育东西协作。与上海市和广东省东莞市、中山市、珠海市结成结对帮扶的地区，突出以职业教育合作帮扶为重点，统筹好基础教育、高等教育等领域的对口帮扶工作，在从资金、项目等方面寻求支持的同时，推动在人才培养、教师队伍建设、学校管理等方面深入合作。③高校“挂包帮”“转走访”。云南省还推进高校“挂包帮”“转走访”工作，全省44家高校派驻村扶贫工作队，充分发挥成员单位教育、科技、医疗、人才、智力、信息等方面优势，深入推进教育扶贫、科技成果转化扶贫、产业扶贫、健康扶贫等，切实帮助“少深边”贫困地区提高经济、社会、教育、科技发展水平，州、县两级教育行政部门也借助“挂包帮”“转走访”高校在科研、人才上的优势，助推当地教育扶贫。教育扶贫各方帮扶力量齐心共谋，合力攻坚，为“少深边”地区实现“教育脱贫一批”目标贡献力量。

## 二 社会帮扶增强精准扶贫合力

云南省不断壮大人口较少民族及“直过民族”扶贫开发社会帮扶力量。中央和省级定点扶贫、上海对口帮扶、社会组织和外资扶贫等计划稳步发展。教育部、自然资源部、水利部、国家林业和草原局作为滇西边境片区、乌蒙山片区和滇桂黔石漠化片区联系部委，均不断加大对云南的支持力度。据统计，截至2015年底，政府机构组织省级300个、州市级2087个、县级10948个单位挂包帮扶88个贫困县和4277个贫困村，组织57万名干部职工帮扶159万户贫困户。国有企业集团对口帮扶与各级政府机关部门挂钩帮扶相结合，构建了点线面结合的“大扶贫”格局，形成了“少深边”地区脱贫攻坚的强大合力。云南省探索并走出了一条国有企业整族帮扶人口较少民族和“直过民族”的特色精准扶贫之路。中国三峡集团帮扶怒族、普米族、景颇族；中国华能集团帮扶拉祜族、佤族；中国大唐集团帮扶傈僳族；中烟云南工业公司帮扶保山市布朗族；云南省烟草专卖局帮扶德宏州阿昌族；广东省对口帮扶怒江州、昭通市；上海市对口帮扶人口较少民族和民族地区，大力推进“整乡推进、整族帮扶、到村到户、整体脱贫”。同时，云南省在少数民族、边境地区以及深度贫困地区，尤其重视“挂包帮”“转走访”等政府部门定点挂钩帮扶工作。“领导挂点、部门包村、干部帮户”“遍访贫困村贫困户”，省、州、县、乡各级干部倾情投入开展"挂包帮""转走访"，形成了"五级书记"抓脱贫攻坚的体制机制。如在陇川县，有国有企业对口帮扶，如云南省烟草专卖局帮扶德宏州阿昌族，中国三峡集团帮扶景颇族等，同时还有3家省直部门、24家州直部门、74家县直部门长期派驻工作队开展工作。自脱贫攻坚工作启动以来，省、州、县累计下派驻村工作队员1200人次，3613名干部开展了结对帮扶，形成精准帮扶强大合力，在推动扶贫政策的精确落实上起到了主力军作用。

## 三　社会宣传激发脱贫内生动力

打赢打好脱贫攻坚战，关键在"人"，关键在凝聚贫困地区干部群众的意识、干劲、能力。云南省"少深边"扶贫抓住"人"这个关键，坚持扶贫开发与扶志扶智结合，大力开展扶贫社会宣传，建立正向激励机制，引导贫困地区干部群众消除"等、靠、要"思想，引导贫困群众艰苦奋斗、自强自立、勤劳致富，培育贫困群众自我发展意识和能力，提升贫困地区和贫困群众可持续的脱贫发展内生动力。一是社会宣传形式多样而且体现民族特色。设计本地特色、民族特色的扶贫宣传展板、漫画、标语、宣传牌、宣传标语、文化墙等；在少数民族聚居的贫困县制作民族语脱贫攻坚政策音频发放到贫困村；扶贫政策解读知识动漫视频在地方电视台分期滚动播放；报纸、广播电视、网络、手机等新闻媒体开设脱贫攻坚专题专栏进行宣传报道；电视大屏、广播、大喇叭等传统媒体与手机等新媒体的结合等多种形式，促进了扶贫宣传的全覆盖，为扎实推进脱贫攻坚工作营造了良好的舆论氛围。二是扶贫政策宣传精准化。组织讲解员与贫困村群众进行零距离讲解，尤其是在民族地区采取"民族干部包本民族贫困村组"的方式，调动素质好、能力强、作风实、懂民族语言的优秀少数民族干部，组成少数民族驻村扶贫工作队入驻各民族贫困村，"用民族干部宣讲、用民族语言讲解、用民族文字阐述、用民族节庆展示、用民族文化体现"，深入基层全面宣讲，切实提升群众对脱贫攻坚政策的知晓率和满意度。同时，“挂包帮”各部门、企业分别组建扶贫政策宣讲团，走村入户抓宣传，增加群众满意度、知晓度、认可度；驻村扶贫工作队宣传扶贫政策，传播文明知识。三是扶贫宣传立体化。创新改进宣传方式，通过群众喜闻乐见的形式开展“脱贫攻坚”奔小康、“感党恩”等系列文化活动编排舞台艺术作品，传播苦干实干、共奔小康的社会正能量，营造了致富光荣、安贫可耻的浓厚氛围。此外，开展文艺演出的同时进行脱贫攻坚道德教育宣讲，开展“文明村”“最美家庭”“好婆婆、好儿媳”“十星级文明户”评选活动，在广大贫困村开展脱贫光荣户、扶贫好干部、最美扶贫干部等典型评选，通过赞乡贤、树标杆，大力弘扬各村先进典型，传播苦干实干、共奔小康的社会正能量，营造了浓厚的扶贫氛围，激发了贫困户的内生发展动力。

此外，围绕激发贫困群众内生动力，助力脱贫攻坚工作目标，云南省下发《关于在脱贫攻坚中深入开展“自强、诚信、感恩”主题实践活动的通知》决定在脱贫攻坚工作中深入开展“自强、诚信、感恩”主题实践活动。一是树立自强信心。针对部分群众“靠着墙根晒太阳，等着别人送小康”，脱贫主动意识不强、脱贫信心不足等情况，要强化思想引领、助力脱贫攻坚，教育引导群众与其怨天尤人、自暴自弃、苦熬坐等，不如自我反省，发奋图强、苦干巧干。整合各类资源，帮助贫困群众寻找出路。要大力宣传脱贫致富典型，树立脱贫致富标杆；要引导困难群众不等不靠、革除陋习、自力更生，增强脱贫内生动力，巩固扩大思想扶贫成果。二是强化诚信意识。依托“农民教育”系列活动，以开展社会主义核心价值观教育活动为载体，重点加强对不诚信、不讲孝道、不懂得感恩、不守社会公德人群的法制教育，引导树立正确的婚育观、家庭观、消费观等，坚守主阵地、传播正能量，主动摒弃背信弃义、见利忘义等不良风气，倡导健康文明的生活方式，争做讲文明、讲诚信、讲正气的新型农民。三是激励感恩奋进。要把宣传落实扶贫政策放在首位，引导贫困群众在“账”上算清楚、想明白，从内心深切体会发展带来的实惠；帮助党员干部群众理清脱贫的好措施、好办法，深刻理解党在脱贫路上“不落下一户，不丢下一人”的真切关怀，感恩从中央到地方的倾力扶持，纠正“不以贫为耻，反以贫为荣”的错误思想，激励奋发有为干劲。云南省“自强、诚信、感恩”活动的开展，从培养贫困户脱贫志气入手，通过开展感恩教育、励志教育、民风教育、培训教育等方式，给群众灌输并更新勤劳致富理念，从骨子里挖掉“病根”，摒弃“等、靠、要”的消极思想，营造了“勤劳致富光荣、自主脱贫可贵”的风尚，大幅激发了贫困群众愿意脱贫的主体意识和内生动力。

## 第三节　云南人口较少民族整族脱贫的启示

### 一　边境地区脱贫攻坚与兴边富民相结合

云南省 25 个世居少数民族，其中 16 个跨境民族、11 个人口较少民族和“直过民族”聚居区均分布在边境地区。针对云南少数民族人口地理位置分布实际，结合少数民族贫困实际，云南省从制度设计上就重视将少数民族脱贫攻坚与兴边富民、稳边固边相结合。《云南省加快少数民族和民族地区经济社会发展“十二五”规划》《云南省扶持人口较少民族发展规划（2011—2015 年）》《云南省脱贫攻坚规划（2016—2020 年）》《云南省全面打赢“直过民族”脱贫攻坚战行动计划（2016—2020 年）》《云南省建设我国民族团结进步示范区规划（2016—2020 年）》等脱贫攻坚规划，尽管以少数民族脱贫为中心规划设计，但均涉及兴边富民重要内容。同时，云南兴边富民《云南省兴边富民工程“十二五”规划》《云南省兴边富民工程“十三五”规划》《云南省深入实施兴边富民工程改善沿边群众生产生活条件三年行动计划（2015—2017 年）》《云南省深入实施兴边富民工程改善沿边群众生产生活条件三年行动计划（2018—2020 年）》等规划均将边境沿线少数民族脱贫攻坚作为重点任务，例如在《西双版纳州人民政府关于印发兴边富民工程“十三五”规划的通知》就明确指出，西双版纳州

13个边境乡镇贫困人口较为集中、贫困程度深、脱贫难度大。截至2015年，全州有建档立卡贫困村46个，有贫困户10042户，有贫困人口38550人。将“深入推进精准扶贫”“全面改善边境一线群众基本生产生活条件”列入规划。指出要巩固“三位一体”“大扶贫”格局，深入推进扶贫开发“63686”行动计划，紧扣脱贫、摘帽、增收三大目标，科学划分贫困类型，精准扶贫对象确定、精准项目安排、精准资金使用、精准措施到户、精准因村派人、精准脱贫成效，实施整乡整村推进、安居工程、村组道路硬化、一村一品特色产业培育、劳动力转移就业培训、科技成果推广转化等“六个到村到户”项目，确保2020年实现贫困县脱贫摘帽、贫困乡贫困村脱贫出列、贫困户如期脱贫。而且将“人口较少民族整族帮扶”作为推进精准扶贫的“八大工程”之一列入规划。

边境少数民族脱贫攻坚与兴边富民紧密衔接，不仅改善了沿边群众生活条件，提高了人民群众生活水平，而且也凝聚了人心，加强了民族团结和国家认同，坚持了边境稳边、固边的基础。尤其是自2015，实施人口较少民族及“直过民族”精准扶贫及两轮兴边富民“三年行动”计划以来，云南沿边群众生产生活条件得到显著改善，通乡公路全部硬化、抵边自然村村村有硬化道路，电网、互联网、广播电视、移动电话网络全覆盖，建设农村安居房、饮用水安全工程，有合格村级活动室、有卫生室和村医，有宜居生活环境，有高产稳产农田，有经济作物、有商品畜、有劳动技能，不仅受到了云南境内沿边群众的高度赞扬，而且在沿边一线境外一方也产生了良好反响。例如2016年“11·20”事件，缅北地区暴发激烈战事，缅方民地武装与缅政府均在邻近芒市芒海镇的勐古地区发生大规模军事冲突，有9479名缅甸边民涌入芒海镇。芒海镇政府采取有力措施，在边境一线的村委会、村民小组进行边界识别，对避战边民采取集中安置和投亲靠友两种安置方式。中国一边的安定团结、保障有力与境外一边的战乱贫穷、社会混乱形成强烈的对比，中国政府脱贫攻坚、兴边富民、强边睦邻政策已深入两国边民心中。又如中缅边境勐海县，积极发挥基层党建在扶贫开发与禁毒工作中的带动作用，开展扶贫开发、禁毒工作与基层党建“三推进”实践活动，坚持以党建工作为引领，一手抓扶贫，一手抓禁毒，引领扶贫攻坚和边境禁毒工作深入开展，为县域“贫困县摘帽”和“毒品走私入境通道通报警示地区摘帽”闯出一条跨越式发展路子。

## 二　民族地区扶贫开发与生态保护相结合

云南地处长江、珠江、澜沧江等六大江河的源头或上游，少数民族多居住在山区及沿江沿河地带，生态环境复杂、脆弱敏感，同时居住地区又多需要保护生物多样性、维系大江大河下游的生态安全，承担巨大的生态功能。例如地处东亚、南亚和青藏高原三大地理区域交汇处的“三江并流”区域是世界自然遗产保护区，是我国生物多样性的中心和世界温带生物多样性最丰富的区域。同时，这一区域又多属我国深度贫困“三区三州”的主要范围，扶贫开发和生态环境保护压力十分巨大。

针对云南少数民族分布实际，云南“少深边”地区脱贫攻坚将扶贫开发与生态环境保护相结合，统筹协调，解决脱贫攻坚与生态保护，区域经济社会发展与社会可持续发展之间的关系。云南境内民族地区、边境地区扶贫开发，结合生态功能区划，注重处理生态保护与扶贫开发的关系，大力实施贫困地区生态保护修复工程，建立生态保护补偿机制，发展绿色经济，使贫困人口通过参与生态保护实现就业脱贫。在扶贫开发实践中，注重强化森林资源保护，通过整合各类林地管护项目，通过实施林业改革、退耕还林、生态林产业、生态补偿、完善基础设施等项目，实现生态保护与绿色脱贫统筹推进。如在中缅边境陇川县，生态资源开发利用已成为群众增收的一大途径。2014～2017 年，完成退耕还林政策补助资金兑付 2523.13 万元，惠及农户 4352 户；兑付生态补偿资金 2125.2 万元，惠及农户 24719 户；投入 1594.75 万元，实施木本油料基地建设等林产业项目 13 个。同时，加快发展林下经济，制定出台《关于加快林下经济发展的意见》，积极扶持发展林业循环经济，草果、重楼等林下特色产业促进了贫困群众增收致富。此外，在公益林、天然林、国有林等重点林区设立护林员岗位，为领取贫困群众增收提供了有力支持。如在陇川县选聘 534 名建档立卡贫困人口担任各级护林员，每人每年给予 0.6 万元至 1 万元不等的补助，为林区贫困群众增收提供了有力支持。总之，云南省脱贫攻坚将生态保护与产业发展、转移就业、易地安居、教育扶贫、健康扶贫、兜底保障、社会扶贫和提升贫困地区区域发展能力相结合，以“绿水青山就是金山银山”为理念，把生态环境保护摆在更加重要的位置，使贫困人口从生态保护中得到更多实惠，提升经济发展整体质量和水平，促进了扶贫开发与资源环境可持续协调发展。

## 三　扶贫开发与民族文化保护传承相结合

云南省扶贫开发始终重视将少数民族和民族地区脱贫致富、社会发展与少数民族优秀传统文化保护、传承和发展相结合。在民族地方扶贫开发、兴边富民，打赢脱贫攻坚战的同时，云南省下大功夫做好民族文化繁荣与创新工作。一是在制度建设上，如《云南省建设我国民族团结进步示范区规划（2016—2020 年）》明确将民族文化繁荣工程同民生持续改善工程、发展动力增强工程一同列入规划，特别提出打赢民族地区脱贫攻坚战，同步进入建设小康社会的同时，重视传承保护和创新开发少数民族文化。《云南省少数民族特色村镇保护与发展规划（2016—2020 年）》坚持“保护改造特色民居、发展特色产业、改善人居环境、传承特色文化、促进团结进步”的建设方向，研究提出少数民族特色村镇规范化、标准化管理的评价标准和考量指标，使少数民族特色村镇进一步提档升级。同时，认真总结特色村镇建设经验，向国家民委申报，命名挂牌中国少数民族特色村寨。2018 年，云南省有 154 个少数民族特色村寨被国家民委命名为“中国少数民族特色村寨”，此外积极与旅游、住建、文化、财政等部门联合协作共同推进，在国家民委命名的基础上，继续命名挂牌一批省级民族特色村寨。二是开展民族古籍典籍整理和翻译出版工作，拍摄制作 25 个世居少数民族影像志，建成云南少数民族文化资源数据库和云南少数民族语言文字资源数据库；加强各级少数民族传统文化生态保护区、民族民间文化艺术之乡和非物质文化遗产保护设施建设；实施与科技、旅游、金融等融合互动发展的民族文化创意产业等项目促进民族文化的传承发展、创新利用。三是大力培养乡土民族文化能人、民族民间文化传承人，发展非物质文化遗产传承人，建设民族文化传习馆和民族民间人才工作室，用打造知名的民族文化精品、寻找民族民间文化传承创新带头人等形式保护、传承和开发优秀民族文化，提升民族地区文化软实力，推进民族文化创造性转化和创新性发展。四是通过开展优秀民族传统文化进校园活动，如在中小学开展民族文化传承和传播活动，在职业院校和高等院校依托学科及专业优势创新民族文化传承人才培养，加强民族文化师资队伍建设和技能人才培养，完善民族文化特色专业和课程建设等形式，实现民族文化校园传承。五是通过支持少数民族新闻出版、云南广播电视台民族语频道建设，并开办少数民族语言广播电视节目、网站，建设云南省少数民族语言节目译制中心和少数民族文字出版基地增强民族文化传播能力。民族地区扶贫开发，基础设施建设、产业扶贫、教育扶贫、生态扶贫、易地搬迁、社会扶贫等强有力举措，尤其是精准扶贫战略的实施使得少数民族地区实现了社会经济的跨越式发展。少数民族，尤其是“直过民族”社会经济跨越式发展的背后所连带的便是民族传统文化所面临的巨大变迁，少数民族优秀传统文化的传承保护成为扶贫开发不得不面对的一个问题。当前，云南省扶贫开发与民族文化传承与保护相结合的现实实践可以为我国其他一些地区，尤其是多元文化富集的少数民族地区提供一些思路和启示。

# 第九章
# 云南人口较少民族贫困治理思考：以整族脱贫为讨论中心

贫困治理是国家治理的重要内容。在国家治理视域下，贫困治理是国家、社会、公众及个体应当协同参与的公共事务。云南边境“直过民族”和人口较少民族整族脱贫以国家“顶层设计”和地方“在地化”创新相结合的制度和政策为保障，走出了一条以政府为主导，社会、市场和公民等主体共同参与的协同共治之路。从学理上梳理和审视整族脱贫实践历程，总结治理经验，优化治理路径，不仅可以为我国“后扶贫时代”的整族脱贫成效巩固服务，而且还有可能为国际贫困治理提供可资参考的云南实践和中国经验。

有关贫困内涵的诸多学理追溯已然表明，对贫困的界定已经超越了“经济物质匮乏”的单一向度，而向“能力贫困”“权利贫困”“制度贫困”等多维度发展。[①] 贫困被看作一种“结构维度”的社会事实，也是一

---

① Amartya Sen, Poverty: An Ordinal Approach to Measurement, Econometrica, *Econometrica*, vol. 44 (2), 1976, pp. 219 - 231. 阿玛蒂亚·森：《以自由看待发展》，任赜等译，中国人民大学出版社，2002，第 161 ~ 183 页。阿玛蒂亚·森：《衡量贫困的社会学——对彼得·汤森教授的答复》，载国务院贫困地区经济开发领导小组办公室编译《国外贫困研究文献译丛》（第一册），改革出版社，1993，第 134 ~ 141 页。20 世纪 90 年代，贫困的概念内涵开始兼顾穷人的民主权利、生存选择和发展权利等内容，在贫困与穷人的定义中最低的生理需求仅是测定贫困的一个方面。其中，以印度经济学家阿玛蒂亚·森的论断最具突破性。在森看来，贫困是一种对基本能力的剥夺，而所谓“能力”是指“一个人可以获得的各种功能性活动的不同选择组合。因此，能力是一种自由，获得各种功能性活动的选择的实质自由（substantive freedom）”，“贫困不仅仅是相对地比别人穷，而且还是基于得不到某些物质福利的机会，即不拥有某些最低限度的能力。贫困最终并不是收入问题，而是一个人无法获得某些最低限度需要的能力问题”。森的思想后来被联合国机构接受并发展成为人类贫困指数概念，贫困内涵由此扩展到“权利贫困”（entitlement poverty），政治、社会、文化等制度因素开始融入贫困概念。

种“文化维度”的社会存在，更是一种的“意识维度”的主观体验。[①] 在贫困结构解释和文化解释的对垒中，[②] 尽管社会结构功能论者声称贫困存在的合理性和正当性，[③] 但正如著名经济学家亚当·斯密所指出的“有大部分人陷入贫困悲惨状态的社会，绝对不能说是繁荣幸福的社会”，[④] 消除贫困是人类梦寐以求的理想，是各国人民追求幸福生活的基本权利。因此，世界各国历来都将反贫困（anti-poverty）、减贫（release poverty）及发展（develop）视作重要的社会责任。

“贫困治理”（poverty governance）是伴随“治理”（governance）理念产生的一个概念，与传统国家自上而下的“统治”对举，旨在“通过治理主体的多元化、治理手段的多样化、治理向度的多维化等，改变传统的单一主体的单向度减贫及‘大水漫灌式’的减贫方式，实现减贫资源的多元供给”，[⑤] 它具备以下三方面特征：一是贫困治理主体不是政府单一主体，而是政府、市场组织、社会组织、民众等多元主体；二是贫困治理过程是多元主体资源投入并相互协商、协作的过程；三是贫困治理的总体效应是贫困人口减少、贫困程度降低、社会均衡程度提高。[⑥]“贫困治理”因其关涉问题的普遍性、重要性和紧迫性，是当前国家治理、社会治理乃至全球治理的重要内容，也是国家治理体系及治理能力现代化建设的重要组成部

---

① 张翠霞：《贫困、反贫困与民俗学研究思考——兼谈贫困治理的民俗学参与路径》，《广西民族研究》2019 年第 4 期。

② 周怡：《贫困研究：结构解释与文化解释的对垒》，《社会学研究》2002 年第 3 期。

③ 以美国学者甘斯（Guns）为代表的社会结构功能论者在承认贫困及社会不平等现象客观存在的同时，认为贫困是社会功能运转所需要的社会存在，人们无法从根本上消灭贫困。贫困是普遍存在的社会事实，是社会、政治、经济、文化的产物，世界上许多国家和地区的反贫困策略、反贫困行动都屡遭失败，这在结构功能论者看来，就一定有它不能不如此的社会功能。

④ 亚当·斯密：《国民财富的性质和原因的研究（上）》，郭大力、王亚南译，商务印书馆，2009，第 72 页。

⑤ 向德平、华汛子：《党的十八大以来中国的贫困治理：政策演化与内在逻辑》，《江汉论坛》2018 年第 9 期。

⑥ 华中师范大学　中国国际扶贫中心组编《中国反贫困发展报告（2014）——社会扶贫专题》，华中科技大学出版社，2014。

分。[①] 当前的贫困治理研究，作为“治理”对象的“贫困”，不再被视作单一个体事件，而是一个国家、社会、公众及个体等共同参与的公共事务。贫困是国家、市场、社会、民众等“共谋”的结果，据此反贫困策略和行动也应当寻求上述多元主体的“共商协作”。这是贫困治理的内核和要义，也是贫困治理的基本路径和手段。

边境民族地区贫困治理是我国反贫困的重点和难点。云南集边疆、民族、贫困、山区于一体，其中独龙族、德昂族、基诺族、怒族、阿昌族、普米族、布朗族、景颇族、佤族、拉祜族、傈僳族等 11 个世居“直过民族”和人口较少民族，[②] 主要聚居于云南 8 个边境州（市）[③] 长达 4060 千米的边境线上。云南“直过民族”和人口较少民族整体性贫困、区域性贫困、深度贫困及素质型贫困问题十分突出，2015 年底，聚居区建档立卡贫困人口 70.27 万人，贫困发生率达 28.2%，高出全省 15.5 个百分点，[④] 加之民族整体性贫困问题与边境稳定、国家安全等问题杂糅叠加，边境少数民族贫困治理又超越了一般贫困治理所关涉的范畴，贫困治理难度大，是云南省乃至全国脱贫攻坚中“最难啃的硬骨头”。

中国政府自 20 世纪 50 年代民族“直过”时期开始，便对云南边境“直过民族”和人口较少民族进行持续帮扶，践行“全面实现小康，少数民族一个都不能少，一个都不能掉队”[⑤] 的承诺，并为此付出了艰苦卓绝的努力。尤其是精准扶贫基本方略实施以来，凭借国家“总动员式”的扶

---

① 张翠霞：《贫困、反贫困与民俗学研究思考——兼谈贫困治理的民俗学参与路径》，《广西民族研究》2019 年第 4 期。

② 人口较少民族是指全国总人口在 30 万人以下的民族。云南人口较少民族有 8 个，分别是独龙族、德昂族、基诺族、怒族、阿昌族、普米族、布朗族、景颇族。

③ “直过民族”和人口较少民族主要分布在云南保山、红河、普洱、西双版纳、德宏、怒江、临沧、文山等 8 个边境州市。

④ 2015 年，云南省贫困人口总数为 471 万人，其中少数民族贫困人口总数为 289.1 万人，11 个“直过民族”和人口较少民族贫困人口数为 70.27 万人；2015 年，云南省 15 个特有民族贫困发生率达 28.2%，11 个“直过”和人口较少民族包含在内。数据来源：《云南省脱贫攻坚规划（2016—2020 年）》，云南省人民政府门户网站，2017 年 8 月 15 日，http://www.yn.gov.cn/zwgk/zcwj/zxwj/201708/t20170814_142279.html，最后访问日期：2020 年 5 月 10 日。

⑤ 中共中央党史和文献研究院编《习近平扶贫论述摘编》，中央文献出版社，2018 年，第 23 页。

贫开发顶层设计，以及社会“全员参与式”的反贫困行动，瞄准“两不愁、三保障”脱贫目标，边境少数民族贫困治理成效巨大。2019 年年底，云南省民族自治地方（8 个自治州）贫困人口由 2015 年年底的 178.52 万人减少至 2019 年的 13.57 万人，11 个“直过民族”和人口较少民族贫困发生率降至 2.41%，独龙族、基诺族、德昂族、阿昌族、布朗族、普米族、景颇族、佤族、拉祜族 9 个“直过民族”实现整族脱贫。① 中国贫困治理成果惠及世界，诸多外媒声称“中国脱贫攻坚具有世界意义”，② 为全球贫困治理提供了中国方案和中国智慧。据此，我国少数民族特殊困难群体的贫困治理实践也值得从学理上进行梳理和阐释，显示了社会科学知识生产参与国家重大战略、服务国计民生的能力。而我们有关云南边境“直过民族”和人口较少民族贫困治理的研究，不仅能够为全国其他民族省区脱贫攻坚及 2020 年后“后扶贫时代”巩固贫困治理成效提供参考借鉴，而且将有可能在世界各国群体性、区域性贫困治理中，以整族脱贫的云南实践和中国经验，支持和丰富国际反贫困的理论和实践。

## 第一节　整族脱贫的国家治贫制度与政策

贫困治理是国家治理的重要组成部分。在国家治理视域下，“贫困固然是一个国家发展落后的表现，但也是国家治理不足的结果”。③ 遵循国家治理的制度逻辑，“一个国家的运行过程、解决问题的能力与方式、应对危机的抉择、中央与地方政府间关系、国家与社会的关系，都是建立在一系

① 《云南深度贫困地区贫困发生率下降到 3.52% 9 个民族整族脱贫》，人民网，2020 年 3 月 19 日，http://yn.people.com.cn/GB/n2/2020/0319/c378439 - 33889227.html，最后访问日期：2020 年 5 月 10 日。

② 《综合消息：成果惠及世界 决心鼓舞世人——国际社会积极评价中国脱贫攻坚成就与经验》，新华网，2019 年 3 月 10 日，http://www.xinhuanet.com/politics/2019lh/2019 - 03/10/c_1124215832.htm，最后访问日期：2020 年 6 月 11 日。

③ 燕继荣：《反贫困与国家治理——中国“脱贫攻坚”的创新意义》，《管理世界》2020 年第 4 期。

列制度设施之上的”。[1] 简言之，国家治理必须通过制度和政策来实现，贫困治理也不例外。有学者从“边缘与贫困”角度指出，少数民族贫困问题是一个“边缘群体”的贫困问题，少数民族群体发展的不足的原因，从一定程度上来说是制度的失败和国家政府的缺位。[2] 结合我国实际，中国政府自20世纪50年代帮扶边疆少数民族实现民族“直过”以来，始终将边疆“直过民族”和人口较少民族发展视作一项重要的工作任务来抓，未曾从制度设计上“边缘化”少数民族。但是不可否认，随着我国经济的飞速发展，与发达地区相比，边境少数民族地区无疑游走在核心发展的边缘，在政治、经济、社会、文化等方面都显露了贫困的诸多面相，成为困扰中国各级地方政府的难点问题。尤其是“直过民族”和人口较少民族贫困群体，是少数民族贫困群体中的“贫中之贫”“困中之困”，整体性、区域性整族贫困问题十分突出。攻克这一贫困治理中的“难中之难”问题，绝不可能绕过国家和各级地方政府治贫制度和政策的精准设计、精准施策。中央及各级地方政府出台和实施的一系列针对“直过民族”和人口较少民族扶贫开发的宏观规划和制度安排，为少数民族贫困治理体系的有效运转，提供了有力的政治保障和制度支撑，是我国社会主义制度优越性的充分体现。

## 一 “顶层设计”：国家整族脱贫的制度和政策

“直过民族”和人口较少民族贫困群体扶贫开发，作为国家贫困治理的一个有机组成，经历了与国家总体扶贫开发较为相似的历程。20世纪50年代，边疆少数民族实现了“民族直过”，许多少数民族从原始社会末期、奴隶社会等社会形态直接过渡到社会主义社会。随着20世纪70年代末80年代初改革开放政策在边疆民族地区的全面铺开，“直过民族”和人口较少民族迎来了以体制改革推动民族地区经济社会发展的新阶段。1986年

---

① 周雪光：《中国国家治理的制度逻辑》，三联书店，2017，第9页。

② 朱晓阳主编《边缘与贫困——贫困群体研究反思》，社会科学文献出版社，2012。

“国务院贫困地区经济开发领导小组”成立，扶贫开发制度逐渐建立，特别随着《国家八七扶贫攻坚计划（1994—2000年）》的实施，“直过民族”和人口较少民族的扶贫开发也逐渐由“救济式扶贫”向“开发式扶贫”转变，为新时期的“直过民族”和人口较少民族的扶贫开发奠定了良好的基础。

进入新世纪，国家有关“直过民族”和人口较少民族扶贫开发制度政策渐趋完善，以《中国农村扶贫开发纲要（2011—2020年）》《扶持人口较少民族发展规划（2011—2015年）》《少数民族事业“十二五”规划》《兴边富民行动规划（2011—2015年）》等为代表的一系列特殊扶持政策，将“直过民族”和人口较少民族作为重点群体纳入扶贫开发规划，加大扶持，为“直过民族”和人口较少民族整族脱贫、全面建成小康社会奠定了坚实基础。

对少数民族特殊困难群体进行精准识别、精准施策、精准帮扶，是国家“精准扶贫”方略的基本要求。2016年《“十三五”促进民族地区和人口较少民族发展规划》出台，这是新时期促进少数民族和民族地区精准扶贫和全面建成小康社会的行动纲领。该规划以科学治贫、精准脱贫为理念，加大“五个一批”扶持力度，因地制宜、分类施策，精准确定治贫制度和政策。第一，对生存条件恶劣、生态环境脆弱、“一方水土养不起一方人”的“直过民族”和人口较少民族建档立卡贫困人口，实施易地扶贫搬迁并积极帮扶搬迁群众稳定脱贫。第二，对“直过民族”和人口较少特困民族实施语言扶贫，帮助少数民族群众学用国家通用语言、普及科技知识、提高生产生活技能，提升贫困群众素质和激发内生动力扶贫。第三，对人口较少民族聚居区的建档立卡贫困村，推进实施整村整族精准脱贫。第四，对守土戍边不宜搬迁的陆地边境抵边一线乡镇“直过民族”和人口较少民族贫困村边民，采取特殊扶持政策，加大边民扶持力度，改善边民生产生活条件，加强边民脱贫致富能力，确保边民安心生产生活、安心守边固边。在“精准扶贫”方略指导下，“直过民族”和人口较少民族绝对贫困治理因类施策精准帮扶取得了前所未有的成效。

综上，将国家有关“直过民族”和人口较少民族扶贫开发的制度和政策放置于我国扶贫开发的总体历程中考查，我们可以发现，国家“顶层设计”呈现较为显著的反思性和发展性。国家各阶段有关“直过民族”和人口较少民族开发的制度和政策均以解决温饱，摆脱绝对贫困为基本目标，但新时期确定的“两不愁、三保障”脱贫标准精准细致，体现出显著的时代特征，成为我国贫困治理的先期首要任务，国家及地方各级政府的治贫制度和政策均瞄准这一目标任务展开，在国家政治保障、制度保障、政策执行、组织动员等诸多方面都进行了较为密集地建设、调整和提升，为整族脱贫提供了强大的制度保障和政策保障。

## 二 “在地转译”：地方政府整族脱贫的制度和政策创新

国家治理视域下的扶贫开发政策制度具备国家公共政策领域“复杂政策”的特点，[①] “直过民族”和人口较少民族整族脱贫过程中“国家—地方”贫困治理制度和政策，体现了贫困治理过程中国家“顶层设计”与地方政府“在地转译”的有机结合，中央和地方“两个积极性”的发挥能够有效弥合“决策一致性”与“需求在地化”之间的张力，回应“直过民族”和人口较少民族贫困治理差异性的需求。

云南边境“直过民族”和人口较少民族脱贫发展问题一直以来都是云南地方各级政府治贫制度和政策设计的重点。在贯彻落实中央和国家扶贫开发“顶层设计”的同时，基于云南“直过民族”和人口较少民族地理分布、整族贫困实际和贫困特征，地方政府在贫困治理制度建设中努力实现国家“顶层设计”的“在地化”精准“转译”和创新，这是云南“直过民族”和人口较少民族贫困治理制度与政策建设的基本特点。国家及中央治贫制度和政策在云南的“在地转译”与实施，始终都着眼于云南省实际，不以某一民族、区域为限，而是结合云南省“少数民族贫困”、“边境连片特困”和“深度贫困”这三个相互杂糅又不可分割的“直过民族”和

① 吕方、梅琳：《“复杂政策”与国家治理——基于国家连片开发扶贫项目的讨论》，《社会学研究》2017 年第 3 期。

人口较少民族贫困实际，将“直过民族”和人口较少民族整族脱贫、“民族团结进步示范区”建设、沿边少数民族聚居区“兴边富民”行动计划和深度贫困区脱贫攻坚紧密结合，在制度和政策上积极寻求中央和国家制度政策在云南的“在地”创新，精准设计、精准施策，多维发力共同推进“直过民族”和人口较少民族整族脱贫。

首先，在国家“精准扶贫”方略指引下，2016 年《云南省脱贫攻坚规划（2016—2020 年）》颁布，指出要对“直过民族”和人口较少民族贫困群体和贫困地区进行精准施策、精准帮扶，创新采用“一个民族一个行动计划”“一个民族一个集团帮扶”的模式，因族因村施策，动员和引导中央、省级企业集团结对帮扶“直过民族”及人口较少民族实现整族脱贫。其次，聚焦独龙族、德昂族、基诺族、怒族、布朗族、景颇族、傈僳族、拉祜族、佤族等 9 个“直过民族”整族脱贫目标，制定并实施《云南省全面打赢“直过民族”脱贫攻坚战行动计划（2016—2020 年）》。在该计划指导下各“直过民族”和人口较少民族聚居区的各县（市、区）地方政府，又从县域发展和民族贫困实际出发，分别设计和制定 11 个“直过民族”和人口较少民族的精准脱贫实施方案。再次，按照习近平总书记“把云南建设成为我国民族团结进步示范区”的指示，《云南省建设我国民族团结进步示范区规划（2016—2020 年）》以我国民族团结示范区创建为引领，瞄准如期实现全面脱贫全面小康目标，特别是实施怒江州脱贫攻坚全面小康行动计划，帮扶“直过民族”和人口较少民族贫困人口。在该规划指导下，各政府职能部门专项规划和“行动计划”先后制定，全力配合和助推“直过民族”和人口较少民族整族脱贫攻坚和小康社会建设。最后，地方各级政府始终将“直过民族”和人口较少民族整族脱贫与稳边固边、兴边富民紧密结合。2015 ~ 2020 年先后实施两轮“兴边富民行动计划”①

① 《云南省深入实施兴边富民工程改善沿边群众生产生活条件三年行动计划（2015—2017 年）》和《云南省深入实施兴边富民工程改善沿边群众生产生活条件三年行动计划（2018—2020 年）》两轮“兴边富民”行动计划。

有力助推边境“直过民族”和较少民族整族脱贫。此外，云南地方政府各相关职能部门，在遵循和执行中央和省级“直过民族”和人口较少民族整族脱贫制度和政策的同时，设计和制定了一系列专项帮扶计划和实施方案，[①] 为“直过民族”和人口较少民族整族脱贫、增强发展动力、补齐全面建成小康社会短板奠定了坚实基础。

总之，地方各级政府“在地化”的帮扶制度和政策，多管齐下多举并发，直击“直过民族”和人口较少民族贫困问题“靶心”。在自上而下的治理结构安排中，地方以其“在地化”的地方制度设计和政策创新，绕过了国家“标准化”制度设计和决策的风险，是“国家—地方”贫困治理协作过程中制度和政策精准化设计、差异化实施的真切体现。

## 第二节　整族脱贫的多主体协同治理实践

如前所述，在国家治理视域下少数民族贫困不是一个个体的、私人的问题，而是一个具有高度社会性、开放性的公共事务。聚居于云南边境的“直过民族”和人口较少民族整体性深度贫困问题，是关涉少数民族群众发展福祉，关乎社会公平正义，并与国家边境安全和社会稳定相勾连的复杂公共事务。如何对这一复杂公共事务进行有效治理，摆脱区域性、整体性贫困，同时回应不断发展的市场、社会（社会组织和个人）以及贫困主体自身不断提出的参与贫困治理的需求？这是新时期我国“以政府为中心”的绝对贫困治理模式面临的新挑战。对此，一方面如前文所述，我们

① 云南省民宗委编制实施《云南民族团结进步示范区建设“十县百乡千村万户示范创建工程”三年行动计划（2016—2018 年）》《云南民族团结进步示范区建设“十县百乡千村万户示范创建工程”三年行动计划（2019—2021 年）》《云南省少数民族特色村镇保护与发展规划（2016—2020）》；云南省交通厅牵头编制和实施《云南省“直过民族地区”沿边地区较大人口规模自然村通硬化路建设规划》；云南省教育厅牵头编制实施《云南省人民政府关于加快发展民族教育的实施意见》《关于在云南“直过民族”聚居区普及国家通用语言工作方案》《云南省加强教育精准扶贫行动计划》；云南省发展改革委牵头制定《“直过民族”基础设施建设行动计划》；云南省农业农村厅制定《“直过民族”聚居区扶贫产业培育行动计划》等。

要积极寻求“国家—地方”在贫困治理体制机制和制度政策层面的有效配合和创新；另一方面也是更为重要的，我们要积极实现政府、社会、市场和公民在贫困治理过程中跨域、跨部门的协作联动和协同治理。

所谓“协同治理”，是两个或两个以上的治理主体，包括政府（中央政府和地方政府）、企业、非政府组织和市民社会，以公共利益和公共价值为追求、为了解决单个主体无能为力的复杂问题，基于权力和资源的相互依赖共同参与和联合治理公共事务的过程，[①] 它强调政府主导下与市场主体、社会组织、贫困人口之间，基于资源、权利的相互依赖和扶贫本身的复杂性，为解决贫困问题而进行的跨部门持续互动。云南“直过民族”和人口较少民族整族脱贫是以赋权、赋能为基础，瞄准“两不愁、三保障”，通过精准帮扶，增强贫困地区和贫困人口发展能力以实现脱贫的过程。这一过程，需要多元治理主体在经济、文化、教育、卫生、生态、交通等多领域中的多方协作治理。审视云南“直过民族”和人口较少民族的贫困治理历程，“直过民族”和人口较少民族整族脱贫的实现，便是有效遵循并实践了这样一条以政府为主体，多元治理主体共同参与的协同共治模式和路径。以下，将着力对云南“直过民族”和人口较少民族贫困治理中的跨部门协作进行讨论。

## 一　政府主导：“一个民族一个实施方案”

2016年，云南启动实施了《全面打赢“直过民族”脱贫攻坚战行动计划（2016—2020年）》，各聚居区州（市）、县（市、区）根据区域“直过民族”民族分布情况，分别制定脱贫攻坚实施方案。同时，强化工作部署，层层压实责任，建立“省级统筹，州（市）负总责，县（市）乡（镇）抓落实”的工作机制，在全省范围内全面实施“一个民族一个实施方案”精准失策、精准帮扶。该计划全面实施提升能力素质、组织劳务输出、安居工程、培育特色产业、改善基础设施、生态环境保护六大工程，25个项

---

① 张成福、李昊城、边晓慧：《跨域治理：模式、机制与困境》，《中国行政管理》2012年第3期。

目，总投资343.9亿元，为确保“直过民族”如期全面建成小康社会提供了政策和资金保障。在具体落实中，西双版纳州把“直过民族”脱贫攻坚作为“十三五”时期第一民生工程，夯实脱贫攻坚主体责任。加大资源整合力度，做好“直过民族”贫困人口的脱贫发展，编制了“西双版纳州全面打赢‘直过民族’脱贫攻坚战行动计划”和5个“直过民族”脱贫攻坚实施方案，建立“州负总责、县（市）乡（镇）抓落实”的工作机制，层层立下“军令状”，不脱贫、不脱钩。

## 二　企业帮扶：“一个民族一个集团帮扶”

云南“直过民族”和人口较少民族整族脱贫着力推进企业集团结对帮扶，形成了由三峡集团、华能集团、大唐集团、中烟云南公司、云南省烟草专卖局（公司）等企业集团履行社会责任，对口精准帮扶布朗族、阿昌族、怒族、普米族、景颇族、拉祜族、佤族、傈僳族等8个“直过民族”和人口较少民族的“一个民族一个集团帮扶”的整族帮扶之路。2016年年底，三峡集团帮扶怒族、普米族、景颇族聚居区贫困人口由10万人减少到6万人；华能集团帮扶拉祜族、佤族聚居区贫困人口由15.09万人减少到14.24万人；中烟云南公司帮扶保山布朗族聚居区贫困人口由9742人减少到2874人；云南省烟草专卖局帮扶德宏阿昌族聚居区贫困人口由1.15万人减少到5386人。[①] 2016～2019年，三峡集团每年投入5亿元，帮扶怒江、德宏等4州市11个县市的怒族、普米族、景颇族聚居区10万建档立卡贫困人口脱贫；华能集团帮扶普洱、临沧2市4个县的拉祜族、佤族聚居区15万贫困人口，实施提升素质能力、组织劳务输出、安居工程、培育特色产业、改善基础设施、生态环境保护等六大工程，57个项目。

---

① 《云南省加大力度打好直过民族脱贫攻坚战》，中国政府网，2017年8月5日，http://www.gov.cn/xinwen/2017-08/05/content_5216109.htm，最后访问日期：2020年6月5日。

## 三　社会协同：政府主导下的“多元参与”

新时期，“直过民族”和人口较少民族扶贫开发社会帮扶力量不断壮大，充分体现了中国特色和时代内涵，实现了中国扶贫攻坚的多样性和政府主导下全社会参与扶贫的格局。云南“直过民族”和人口较少民族社会扶贫，主要包含2个核心机制：一是以各级党政机关企业单位为主体的定点扶贫；二是以东部发达省区市县乡镇为主体的东西部扶贫协作。定点扶贫主体十分多样，不仅包括传统的各级党政机关，还包括民主党派、人民团体、高等院校、科研院所、国有企业、军队和武警等；东西部扶贫扶协作主体除省级地方政府外，还包括东部参与扶贫的省市下的区县、乡镇、街道办事处，甚至是村或社区。此外，民营企业和商会，专业社会工作组织形成了新的社会扶贫主体。这些主体的扩张构成了“直过民族”和人口较少民族新时代社会扶贫的新内容。以怒江州“直过民族”和人口较少民族社会扶贫为例，2017年，怒江全州有21家中央、省级机关、企事业单位挂钩25个贫困村，选派工作队员102名，投入帮扶资金4113万元。其中，珠海市在对口扶贫协作下实现了对怒江州4个县结对帮扶的全覆盖，输送124名“两后生”到珠海市接受职业技能培训，选派20名干部到珠海市挂职，40名校（园）长、125名骨干教师到珠海市顶岗学习，300名各级干部到珠海市接受培训。此外，三峡、中交、大唐、云南能投等国有集团投入帮扶资金4.78亿元，扶持特色种养业，建设安居房4114户、幼儿园3所，组建名师工作室10个，19所学校与上海、天津、珠海等地学校建立帮扶协作关系。[①] 这些体现了新时代社会扶贫力量在云南脱贫攻坚中的地位。

## 四　主体参与：增强内生发展动力，多渠道参与脱贫致富

打赢“直过民族”和人口较少民族脱贫攻坚战并持久巩固脱贫成果的

---

① 《怒江州抓实社会帮扶力推脱贫攻坚》，云南网，2018年3月7日，http://nujiang.yunnan.cn/html/2018-03/07/content_5111798.htm，最后访问日期：2020年6月10日。

关键和重点都在于“人”。云南省“直过民族”和人口较少民族整族脱贫，坚持“扶智”和“扶志”相结合，外部力量帮扶和内生动力脱贫相结合，以“产业精准扶贫强实力”“教育精准扶贫增智力”“健康扶贫强体力”“语言扶贫增能力”“宣传教育增动力”等多措并举共同作用，力图从根本上激发和增强“直过民族”和人口较少民族贫困地区贫困群众脱贫和发展的内生动力。第一，以产业精准扶贫多种模式扩大“直过民族”和人口较少民族参与渠道。龙头企业带动的“公司＋基地＋农户”“公司＋合作社＋农户”，合作社带动的“合作社＋农户”“专业合作社＋基地＋农户”等产业扶贫模式将贫困人口纳入产业链中，同时“互联网＋扶贫”电商产业发展，入股分红资产收益等扶贫新机制也为贫困人口拓宽了致富渠道，不仅使其在“大产业”发展中受益，同时也优先让贫困人口分享资源开发收益，实现“资源变股权、资金变股金、农民变股东”。第二，教育扶贫阻断贫困人口贫困代际传递。针对“素质型”贫困短板及内生动力不足、增收渠道单一等突出贫困特点，着力推进“直过民族”和人口较少民族教育精准扶贫。在西双版纳州，除国家和地方教育扶贫的一般扶持政策外，还专项实施人口较少民族综合保险、提供学生助学补助、开办“直过民族班”、招收“直过民族”师范生等特殊扶持政策和项目。第三，语言扶贫增强贫困群众脱贫能力。云南创新开展推普助力脱贫攻坚，制定《云南省“直过民族”和人口较少民族推广普通话及素质提升实施方案》，首次将现代人工智能科技与普通话学习培训相结合，启动语言扶贫手机 App 项目，确保 45 周岁以下人口能熟练使用国家通用语言。在“直过民族”和人口较少民族聚居区创建州市级以上语言文字规范化示范学校（园）650 所，分批次重点培训 13 万人次，帮助 2.42 万不通汉语的少数民族群众达到汉语“脱盲”水平。[①]

---

① 《云南省加大力度打好直过民族脱贫攻坚战》，中国政府网，2017 年 8 月 5 日，http://www.gov.cn/xinwen/2017-08/05/content_5216109.htm，最后访问日期：2020 年 7 月 7 日。

## 第三节　整族脱贫的贫困治理经验及后扶贫时代路径优化

如前所述，贫困问题的减少和降低需要国家公共治理的变革。贫困治理的过程是一个社会再动员、再组织和再塑造的过程，这一过程直接促进了国家治理体系的完善和治理能力的提升。[①] 云南“直过民族”和人口较少民族贫困治理，是新时期中国行业扶贫、专项扶贫、社会扶贫“三位一体”扶贫大格局自然覆盖的部分，但同时云南“直过民族”和人口较少民族整族脱贫，又以其独具创新性的政府、市场、社会及贫困主体多元共治模式丰富和发展了中国“大扶贫”贫困治理的实践和内涵。2019 年云南省 9 个“直过民族”和人口较少民族实现整族脱贫，2020 年怒族和傈僳族 2 个“直过民族”也如期脱贫。同时，云南边境 11 个“直过民族”和人口较少民族同全国人民一起步入小康社会。随着“直过民族”和人口较少民族整族脱贫的实现，贫困治理也将从以精准扶贫、精准脱贫为核心的扶贫时代过渡到以巩固脱贫成果、防止返贫为核心的后扶贫时代。在巩固脱贫成果防止返贫的后扶贫时代，我们需要对整族脱贫的实践和成效进行科学审视，总结整族脱贫治理经验，优化后扶贫时代的贫困治理路径，以更好地服务和指导后扶贫时代所面临的渐进式的变革与机制创新。

### 一　整族脱贫贫困治理经验

#### 1. “中央—地方”贫困治理制度和政策全面贯彻和落实整族脱贫国家战略

“直过民族”和人口较少民族“整族脱贫”是党和国家的庄严承诺，如前文第一部分所述，我国“中央—地方”的一揽子有关“直过民族”和人口较少民族贫困治理的制度和政策建设充分体现了将“整族脱贫”作为国家战略全力推进的决心和勇气。云南各级地方政府也充分认识到“整族

① 洪大用：《协同推进国家治理与贫困治理》，《领导科学》2017 年第 30 期。

脱贫攻坚”作为国家战略在云南贯彻实施的重要性和紧迫性，坚决执行并决战“整族脱贫”战略，不仅为“直过民族”如期全面建成小康社会提供了政策和资金保障。同时，强化工作部署，层层压实责任，各级党委和政府不断完善“省负总责、党政主抓、部门主责、省市联动、社会参与”的工作格局，把攻坚之战推向深入。

2. “因地施扶，因族施策”差异化精准推进整族脱贫

总体而言，云南“直过民族”和人口较少民族在致贫问题上总体表现出居住地域山高谷深，交通不便，社会发展迟滞性和隔离性突出，生产生活粗放，市场意识、自我发展意识淡薄，主动融入社会发展主流意愿低，自我发展能力弱，贫困程度普遍较深，返贫风险大等问题。但具体看，各民族由于聚居地域环境、交通通达条件、传统文化特点、基层社会治理等方面的差异，在导致贫困的具体特点和脱贫攻坚的具体难点和痛点上明显存在着因族而异的状况。因此，针对“直过民族”和人口较少民族贫困实际，结合少数民族、地域特征和发展差异，以及各民族不同的文化传统，“精准诊疗，对症下药”，因地制宜、分类指导、因族施策，制定切实可行的整族脱贫实施方案，开创了“一个民族一个行动计划”“一个民族一个集团帮扶”的“一族一策”“一族一帮”特色扶贫之路。

3. “两个结合，双融双促”共同推进整族脱贫

云南“直过民族”和人口较少民族整族脱贫始终坚持与边境地区“兴边富民”行动、“民族团结进步示范区”建设相结合，坚持双融合双推进，走出了一条具有时代特征、云南特点的脱贫攻坚和民族团结进步之路。在实际工作中，积极探索先行先试，实施“兴边富民”两轮行动计划，创新改善沿边群众生产生活条件三年行动，创造性提出示范区建设与扶贫开发“双融合、双促进”并拓展到基层党建、乡村振兴等领域，不仅改善了沿边群众生活条件，提高了人民群众生活水平，而且也凝聚了人心，加强了民族团结和国家认同，夯实了边境稳边、固边的基础。以推进民族团结进步建设事业为抓手，以民族互助强化民族团结，促进各民族共同繁荣发展，

凝心聚力形成了“内地援边疆、汉族帮民族、民族相互帮、全国大家帮”的全省乃至全国民族团结相帮互助同进步的良好社会氛围，激发了中华民族合力互助的无穷力量，共同谱写了新时代中华民族建设助力脱贫攻坚的伟大华章。

4. 整族脱贫与区域生态建设互促双赢

“直过民族”和人口较少民族脱贫攻坚始终坚持与区域生态环境保护和多元民族文化发展相结合。“绿水青山就是金山银山”，整族脱贫决不能以牺牲区域生态环境为代价，地方经济社会的发展也不能置少数民族文化于不顾。“直过民族”和人口较少民族多居住于在山区及沿江沿河地带，生态环境复杂、脆弱敏感，同时居住地区又需要保护生物多样性、维系大江大河下游的生态安全，承担巨大的生态功能。整族脱贫战略将扶贫开发与生态环境保护相结合，统筹协调，解决脱贫攻坚与生态保护，区域经济社会发展与社会可持续发展之间的关系。云南境内民族地区、边境地区扶贫开发，结合生态功能区划，注重处理生态保护与扶贫开发的关系，大力实施贫困地区生态保护修复工程，建立生态保护补偿机制，发展绿色经济，使贫困人口通过参与生态保护实现就业脱贫。在扶贫开发实践中，注重强化森林资源保护，通过整合各类林地管护项目，通过实施林业改革、退耕还林、生态林产业、生态补偿、完善基础设施等项目，实现生态保护与绿色脱贫统筹推进。云南省脱贫攻坚将生态保护与产业发展、转移就业、易地安居、教育扶贫、健康扶贫、兜底保障、社会扶贫和提升贫困地区区域发展能力相结合，以“绿水青山就是金山银山”为理念，把生态环境保护摆在更加重要的位置，使贫困人口从生态保护中得到更多实惠，提升经济发展整体质量和水平，促进了扶贫开发与资源环境可持续协调发展。

5. 整族脱贫与民族文化保护传承融合发展

国家扶贫开发使得少数民族地区实现了社会经济的跨越式发展。少数民族尤其是“直过民族”社会经济跨越式发展的背后所连带的便是民族传统文化所面临的巨大变迁，少数民族优秀传统文化的传承保护成为扶贫开发不得不面对的一个问题。云南省“直过民族”和人口较少民族整族脱贫始终重视将少数民族和民族地区脱贫致富、社会发展与少数民族优秀传统文化保护、传承和发展相结合，实现二者间的有机融合和整体结合，走出一条少数民族扶贫开发与民族文化保护传承相结合的发展之路。在制度建设上，明确将民族文化繁荣工程同民生持续改善工程、发展动力增强工程一同列入规划，特别提出打赢民族地区脱贫攻坚战，同步进入小康社会的同时，要重视传承保护和创新开发少数民族文化。同时，开展民族古籍典籍的整理和翻译出版工作，拍摄制作少数民族影像志，建设少数民族文化资源数据库和民族语言文字资源数据库，加强各级少数民族传统文化生态保护区、民族民间文化艺术之乡和非物质文化遗产保护利用设施建设；实施与科技、旅游、金融等融合互动发展的民族文化创意产业项目促进民族文化的传承发展、创新利用。大力培养乡土民族文化能人、民族民间文化传承人，保护非物质文化遗产传承人，建设民族文化传习馆和民族民间人才工作室，打造知名的民族文化精品、民族民间文化传承创新带头人等形式保护、传承和开发优秀民族文化，提升民族地区文化软实力，推进民族文化创造性转化和创新性文化产业发展。

## 二　后扶贫时代贫困治理路径优化

### 1. 建立面向整族脱贫人口的返贫预警机制与防贫制度政策体系

举多方合力靶向瞄准云南“直过民族”和人口较少民族贫困问题，在现行脱贫标准下，“难中之难”的整族脱贫目标才得以攻克。巩固脱贫成果防止返贫，是实现稳定脱贫、高质量脱贫和持续脱贫的基础性工作。但是，面对脱贫质量低、返贫风险高等一系列问题，整族脱贫问题的解决也不可能一蹴而就。后脱贫时代的整族脱贫成效巩固需要建立一套面向脱贫人口的返贫预警机制，实现贫困治理关口前移，才能确保脱贫人口不返贫。国家和地方各级政府要对现行整族脱贫治贫政策和制度进行有效的调整和改革，通过信息化、大数据手段建立返贫预警系统，针对“直过民族”和人口较少民族发展实际，从政策环境、市场环境、自然环境、社会环境以及主体自身发展环境等方面建立返贫预警机制。具体来说，可以建立针对“直过民族”和人口较少民族农特产品市场、民族文化产业、自然灾害以及个人教育、生存技能、老弱病残疫的返贫预警机制，并在预警机制基础之上制定防贫政策体系以保障预警和防贫机制的有效运行。

2. 提高社会、市场治理主体参与优化整族脱贫贫困治理格局

从治理效度而言，政府可以是贫困治理的主体，但却不应当是唯一的治理主体。贫困治理的多元主体参与是有效治理贫困的历史性经验。整族绝对贫困问题的解决得益于新时期“三位一体”的“大扶贫”格局。实践证明，市场组织、社会组织可以通过市场机制、自我组织机制有效完成资源的有效分配，在参与贫困治理的过程中，它们又极有可能成为创新治理方式、丰富治理策略的主体。后扶贫时代整族脱贫成效的巩固和发展，需要在政府引导下，进一步引入社会、市场等非行政力量，提高各类社会团体、社工组织、NGO以及社会个人的参与度和积极性，提升“直过民族”和人口较少民族地区的基础设施、社会公共服务供给能力和水平；遵循市场规律，鼓励和引导各类大中小型企业在“直过民族”和人口较少民族地区的自由投资，实现资金、人才、科技、信息等的自然流动，提升区域经济发展的产业化、专业化、科技化水平，巩固整族脱贫成效，实现持续脱贫和发展。

3. 实行主体能力建设和提升工程，持续激发整族脱贫的内生动力

整族脱贫过程中，外部帮扶力量与贫困主体内部需求之间时常会发生错位，这在一定程度上影响了贫困治理的成效。脱贫和发展的根本在于“人”，也就是贫困主体本身。尽管新时期的整族脱贫政策及实践都注重和强调贫困主体和当地人的参与，但实际上就贫困地区基层行动者而言，基层组织、乡村精英及农民的主体性与能动性依然不足。后扶贫时代，巩固整族脱贫成效，应当重视主体能力建设，以内生发展动力巩固脱贫成效。实行主体能力建设和提升工程，一方面，瞄准“直过民族”和人口较少民

族地理区位、自然资源、特色产业、民族文化等优势，以“人无我有”的特色产业发展，增强区域发展内生动力；另一方面实行教育培训、语言推广、文化惠民、科技服务及对外交流等项目，转变思想观念，提高“直过民族”和人口较少民族在政治、经济、文化等社会公共事务上的参与度，提升其公共事务参与能力和水平，以主体能力建设和培养激发内生性持续发展动力。

图书在版编目（CIP）数据

云南人口较少民族贫困治理：理论与实践 / 张翠霞著. -- 北京：社会科学文献出版社，2022.6
（中国减贫研究书系. 专题研究）
ISBN 978 - 7 - 5201 - 9743 - 4

Ⅰ.①云… Ⅱ.①张… Ⅲ.①民族地区 - 扶贫 - 研究 - 云南 Ⅳ.①F127.74

中国版本图书馆 CIP 数据核字（2022）第 022723 号

中国减贫研究书系·专题研究
云南人口较少民族贫困治理：理论与实践

著　　者 / 张翠霞

出 版 人 / 王利民
责任编辑 / 胡庆英
文稿编辑 / 刘红红
责任印制 / 王京美

出　　版 / 社会科学文献出版社·群学出版分社（010）59366453
地址：北京市北三环中路甲 29 号院华龙大厦　邮编：100029
网址：www. ssap. com. cn
发　　行 / 社会科学文献出版社（010）59367028
印　　装 / 三河市尚艺印装有限公司

规　　格 / 开　本：787mm × 1092mm　1/16
印　张：16.75　字　数：237 千字
版　　次 / 2022 年 6 月第 1 版　2022 年 6 月第 1 次印刷
书　　号 / ISBN 978 - 7 - 5201 - 9743 - 4
定　　价 / 98.00 元

读者服务电话：4008918866